INSTALACIONES ELÉCTRICAS DE VIVIENDAS, LOCALES Y OFICINAS

Ingeniero Alberto Luis Farina

Egresado de la entonces Escuela Industrial Superior de la Nación General José de San Martín, hoy Instituto Politécnico Superior del mismo nombre de Rosario, lo que le permite iniciar su carrera laboral en el ámbito fabril con su flamante título de Electrotécnico Nacional.

Luego comienza sus estudios en la Facultad Regional Rosario de la Universidad Tecnológica Nacional, culminándolos cuando recibe el título de Ingeniero Electricista.

Como tal desarrolló su carrera profesional trabajando en los distintos aspectos que hacen a la especialidad pero centrando su accionar en las instalaciones eléctricas destinadas a la fuerza motriz, control e iluminación. Realizó trabajos en sistemas de alta, media y baja tensión, con lo cual se ha convertido a lo largo de los años en un experto en estos temas, actuando también como perito judicial y consultor.

Con estas experiencias se desempeñó y continúa haciéndolo, a través de los servicios que presta en las más importantes empresas de nuestro país y del exterior.

Paralelamente a su actuación profesional, ha desarrollado la carrera de docente en la misma Facultad en que se graduó, así como también en colegios técnicos. Es en estos ámbitos por donde transita los distintos cargos docentes y directivos hasta llegar a ser finalmente Profesor Titular Ordinario de las siguientes cátedras: Instalaciones Eléctricas y Luminotecnia, Seguridad, Riesgo Eléctrico y Medio Ambiente y en Integración Eléctrica 1.

En la Pontificia Universidad Católica Argentina se desempeñó como docente de Electrotecnia 2 en la carrera de Ingeniería Industrial y continúa haciéndolo en la carrera de Post-Grado de Higiene y Seguridad en el Trabajo.

La actividad docente también lo lleva a ser jurado en concursos de cargos docentes y al dictado de conferencias y cursos sobre diversos temas relacionados con su extensa experiencia profesional.

En cuanto a la redacción, se inició como columnista en la editorial Editores SRL, continuando con otras hasta nuestros días en que las revistas *Avance eléctrico* e *Ingeniería eléctrica* lo cuentan en su staff.

En lo que respecta a libros, ha publicado:
- Las actualizaciones del libro *Instalaciones eléctricas* (2002, 2007, 2008, 2009, 2010 y 2014) así como la de *Instalaciones de potencia* (2009) y *Circuitos eléctricos de potencia* (2010), cuyo autor es el Prof. Ing. Marcelo Antonio Sobrevila.
- Como autor: *Cables y conductores* (2001), *Seguridad e higiene: riesgo eléctrico e iluminación* (2009), *Introducción a las instalaciones eléctricas en inmuebles* (2008 y 2009), *Cables y conductores eléctricos* (2011) y *Riesgo eléctrico* (2015).

Estas actividades interrelacionadas le han permitido contribuir una vez más en la actualización de este libro, volcando sus experiencias profesionales y las de redacción con la didáctica propia de la docencia.

ALBERTO LUIS FARINA

INSTALACIONES ELÉCTRICAS DE VIVIENDAS, LOCALES Y OFICINAS

LIBRERÍA Y EDITORIAL ALSINA
Estados Unidos 2120 - (C1227ABF) Buenos Aires
Telefax: 54 - 011-4941-4142
E-mail: info@lealsina.com
ARGENTINA

2015

© 2015 by Librería y Editorial Alsina
Buenos Aires

Diseño de tapa e interior: Jorge Vega

ISBN 978-950-553-268-1

Queda hecho el depósito que establece la ley 11.723

Impreso en Argentina - *Printed in Argentina*

Farina, Alberto Luis
   Instalaciones eléctricas de viviendas, locales y oficinas / Alberto Luis Farina. - 1a ed. edición para el alumno. - Ciudad Autónoma de Buenos Aires : Librería y Editorial Alsina, 2015.
   298 p. ; 23 x 14 cm.

   ISBN 978-950-553-268-1

   1. Innovación Tecnológica. I. Título.
   CDD 621.3

ÍNDICE

AGRADECIMIENTO

La enseñanza técnica en general y de las instalaciones eléctricas en particular, objeto de este libro, debe emplear abundante material gráfico que permita mostrar los diversos elementos que se utilizan para poder realizar el proyecto, la construcción y el posterior mantenimiento de las mismas.

El grado de complejidad que van adquiriendo los componentes de las instalaciones eléctricas debido al progreso de la ingeniería en general, hace que para enseñar no solo se deba recurrir a dibujos y esquemas, sino que también, en algunos casos, sea necesario agregar imágenes.

Es por ello que el lector observará no solo los dibujos y esquemas necesarios ejecutados por el autor, sino también algunas fotografías de los productos comerciales, así como las tablas o menciones sobre los mismos. Esto se incluye solamente con una intención pedagógica, dado que ayuda al lector a conocer mejor los componentes de las instalaciones eléctricas.

De esta manera y sin ningún otro interés, es que se han incorporado fotos y características técnicas obtenidas de documentaciones diversas de carácter público, que brindan las empresas que fabrican, distribuyen o importan componentes y que son útiles para guiar al lector en su aprendizaje. Por ello, el autor agradece a las empresas que han puesto a disposición la información.

El autor también debe señalar que a lo largo del texto se han tenido en cuenta las normas, información y documentación diversa emitida por la Asociación Electrotécnica Argentina (AEA).

PRÓLOGO

Cuando se mencionan los términos "instalaciones eléctricas", se está definiendo un sistema compuesto por distintos elementos que se utilizan para poder utilizar la energía eléctrica. Concepto este muy amplio ya que son innumerables las formas de hacerlo, pero dentro de ese espectro esta obra está dedicada a las de los inmuebles destinados a viviendas, locales y oficinas.

La orientación de este libro permitirá a las personas que quieran capacitarse en el proyecto, cálculo, ejecución y mantenimiento de las instalaciones eléctricas en forma informal, aunque puede ser de gran ayuda para los instaladores, técnicos e idóneos por la información y características de los elementos que contiene.

Es de destacar que también puede emplearse en el ámbito educativo de las carreras técnicas, la arquitectura, la ingeniería, las escuelas de oficios, etc. O sea es muy ampio el espectro de las personas que se interesan por este tema con el mismo objetivo: conocer las instalaciones eléctricas para poder proyectarlas, ejecutarlas y mantenerlas.

Estas prácticas tienen un grado de responsabilidad muy elevado, ya que la utilización de la energía eléctrica entraña siempre un riesgo para los seres vivos y para sus pertenencias. Lo cual significa que indefectiblemente se hace necesario tener un mínimo de conocimientos sobre los componentes, su empleo y de las reglamentaciones regulatorias.

Mi modesta pero irrenunciable pretensión es que quien trabaje en alguno de los aspectos antes mencionados de las instalaciones eléctricas, no ponga en riesgo al usuario y que las mismas sirvan a su propósito de la mejor manera posible.

No puedo cerrar este prólogo sin hacer mención a quien fuera el mentor de la enseñanza de las instalaciones eléctricas en nuestro país, el Prof. Ing. Marcelo A. Sobrevila.

Alberto Luis Farina
Rosario, 6 de octubre de 2015

NOTA DEL AUTOR
(muy importante)

Este libro tratará todos los aspectos que hacen a las instalaciones eléctricas destinadas a viviendas, oficinas y locales (unitarios), por lo cual cuando se haga mención a instalaciones eléctricas debe entenderse que son las de este tipo, y a las que me referiré simplificadamente como IE.

SISTEMAS ELÉCTRICOS

1.1. INTRODUCCIÓN

La energía eléctrica, mediante sus múltiples aplicaciones, es la responsable de asegurarle a los seres humanos una gran parte de su calidad de vida. Es un medio imprescindible. Nada se puede producir o procesar, o vivir confortablemente si no se dispone de ella.

Para el uso de la energía eléctrica se requiere una condición: SEGURIDAD, lo cual significa: LIBRE Y EXENTO DE PELIGRO, DAÑO O RIESGO.

La necesidad de seguridad en las IE se debe a que las manifestaciones de la energía eléctrica pueden acarrear lesiones y hasta la muerte de las personas o la destrucción de sus bienes.

Es posible que esto ocurra, como también lo es cuando se utilizan equipos y aparatos que emplean otras formas de energía. La diferencia es que el uso de la energía eléctrica es obligatorio e inevitable para el ser humano, no así otros sistemas o aparatos.

También es cierto que no solo en su integridad física las personas pueden resultar dañadas por esta fuente de energía, sino que también sus bienes pueden ser destruidos por incendios derivados de un defecto en la IE o en los equipos conectados a ella.

La situación es que debemos usarlas sí o sí, pero para nuestro bienestar y no para tener desgracias personales o pérdidas materiales, por lo que se hace necesario que su uso no entrañe riesgos.

La conclusión es que necesitamos artefactos y equipos (electrodomésticos, luminarias, etc.) así como IE que sean eficientes y fundamentalmente seguras.

En consecuencia, las IE deberán hacerse solo cuando se tenga la certeza de que cumplen con los requisitos que le demandará la carga que se conectará a las mismas, más allá de las cuestiones económicas que hacen al trabajo de su ejecución.

Los pilares en que se basa la seguridad son:
* ejecución de un proyecto,
* empleo de materiales normalizados,
* cumplimiento de las reglamentaciones,
* control del proyecto,
* idoneidad de quien ejecuta la obra
* control de las obras correspondientes.

1.2. PRODUCCIÓN Y DISTRIBUCIÓN DE LA ENERGÍA ELÉCTRICA

En nuestro país, luego de que la energía eléctrica es generada en distintas zonas geografías (montañas, llanos, etc.) y con distintas tecnologías (hidráulica, térmica, atómica, etc.), debe recorrer un largo camino hasta llegar a los centros de consumo, sean estos plantas industriales o bien localidades y es para ello que se utilizan las líneas de transmisión de extra alta tensión (500 kV) y de alta tensión (132 kV).

Después del arribo al lugar establecido, mediante sistemas de control, maniobra y transformación, se van modificando los niveles de la tensión para poder llegar a los usuarios, los cuales pueden recibir la energía eléctrica con distintos valores, desde media tensión (MT) (33 000 y 13 200 volt) hasta baja tensión (BT) (380 y 220 volt). El primero de los valores (MT) es utilizado para ciertos consumos (grandes edificios, establecimientos productivos, etc.), los segundos (BT) para ciertos usos comerciales y de producción, en cambio el último valor es el empleado en las aplicaciones domésticas (220 V).

En la Figura N° 1.1 se muestra un esquema elemental de cómo se llega desde una central generadora hasta los usuarios individuales, lo cual se logra a través de líneas, estaciones transformadoras (ET) y subestaciones transformadoras (SET).

1.3. FORMA DE CONECTAR A LOS USUARIOS DE LA ENERGÍA ELÉCTRICA

Desde las diversas centrales generadoras, a través de los distintos tipos de líneas se alcanzan las estaciones transformadoras (**ET**) y de distribución, en donde la tensión es reducida hasta la llamada MEDIA TENSIÓN (**MT**) (33 y 13,2 kilovolt entre fases), a partir de las cuales la energía eléctrica se distribuye a las subestaciones transformadoras (**SET**) de donde salen las líneas de distribución de BAJA TENSIÓN (**BT)** con que se llega a cada usuario.

En la Figura N° 1.1 se puede apreciar que las SET reducen la tensión de 3 x 13,2 kV hasta un sistema común trifásico tetrafilar (compuesto por tres fases más un neutro), de cuatro conductores. A esta red se la denomina como de: 3 x 380/220 volt o más simplemente, de 380-220 volt.

A cada conductor se lo denomina fase. Su identificación se hace por medio de las letras **R, S y T** (o **L₁, L₂ y L₃** según las Normas IRAM) para los conductores vivos y **N** para el neutro. A su vez, a cada fase o conductor se le asigna un color. Siendo los mismos: fase R (L1): marrón, fase S (L2): negro, fase T (L3): rojo y el neutro (N): celeste.

En la Figura N° 1.2 se muestra el esquema unifilar general de la conexión

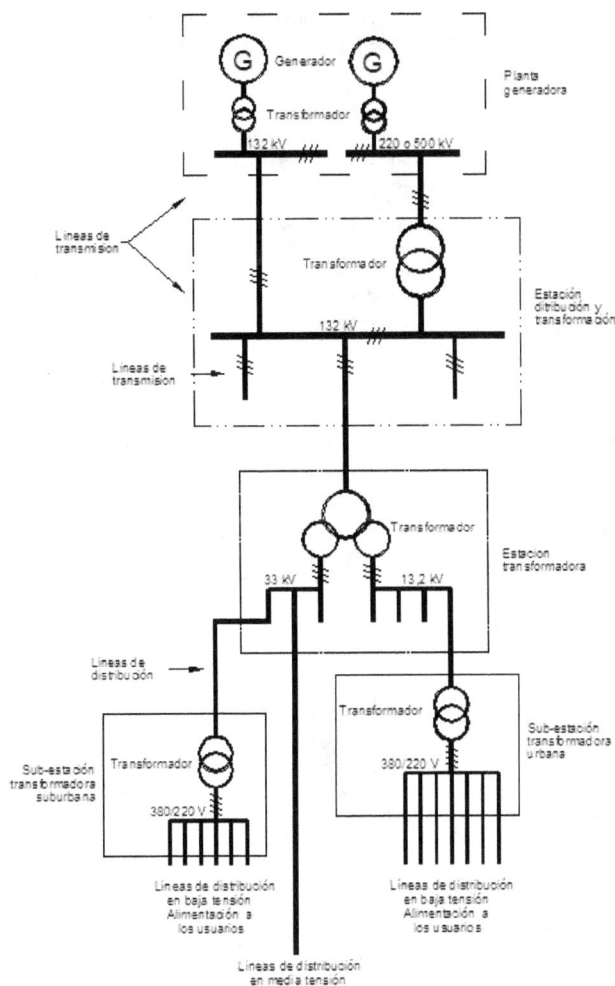

Fig. N° 1.1 Esquema de la producción y distribución de la energía eléctrica

de una SET con un transformador a una red de distribución de MT y en la Figura N° 1.3 la misma conexión utilizando la representación multifilar. En ambas representaciones el transformador alimenta una red de BT.

13,2 kV

3 x 380 / 220 VOLT

**Fig. N° 1.2 Esquema
unifilar general
de una SET**

La llamada representación unifilar consiste en que mediante un solo trazo se representa a todos los conductores o cables a la vez. Para indicar cuántos de estos tiene una línea, se dibujan pequeños trazos oblicuos, que representan la cantidad que tiene.

En la Figura N° 1.1 se observa que desde las máquinas generadoras salen tres conductores de la corriente eléctrica, llegando con esa cantidad hasta la SET, donde luego del último transformador pasa a ser una red de cuatro conductores o cables como muestra la Figura N° 1.3.

A partir de la SET se tienden las redes de BT para alimentar a los distintos usuarios en la forma que lo indica la Figura N° 1.4.

Para llegar a estos últimos se pueden emplear dos tecnologías.

Una de ellas consiste en tender cables en forma subterránea como lo muestra la Figura N° 1.5 derivando desde este, mediante un accesorio como el mostrado en la Figura N° 1.6, a los usuarios. En la Figura N° 1.7 se muestra en planta la forma de acometer a dos usuarios linderos. Este sistema se utiliza en las zonas de la ciudad más densamente poblada.

Desde la derivación, el cable llega a un terminal de empalme siguiendo una canaleta especialmente ejecutada en la pared del frente del inmueble, para penetrar en la CAJA DE TOMA, y de allí a través de un caño al tablero del medidor (contador) de la energía eléctrica. Sea en este tipo de distribución subterránea, como en la distribución aérea, tanto la caja de toma como el tablero del medidor, son accesibles desde la calle.

Las IE subterráneas se efectúan mediante el empleo de cables, con aislamiento de material plástico (o seco), en contraposición a los viejos cables cuyo aislamiento era papel impregnado en aceite aislante (aún existente en ciertos sectores de las grandes ciudades).

Red de distribución
de media tensión
3 x 13,2 kV

R
S
T

Transformador

R S T N
380/220 V

Sub-estación
transformadora

**Fig. N° 1.3 Esquema
trifilar general de
una SET**

La otra tecnología empleada es la de las denominadas líneas aéreas, las cuales a su vez pueden ser de dos tipos constructivos: una mediante el empleo de conductores soportados por aisladores, los cuales a su vez están fijados a las crucetas de los postes y la segunda forma es empleando cable preensamblado (Figura N° 1.8).

Con ambas tecnologías se tienden las redes rodeando unas cuantas manzanas haciendo "anillos" desde los cuales se hacen las conexiones a los distintos usuarios.

Volviendo a la Figura N° 1.4, en la misma se puede apreciar la red común de BT de 3 x 380/220 V, y la forma en que se conectan los consumidores para los servicios de iluminación y fuerza motriz (FM). De la misma forma se pueden obtener

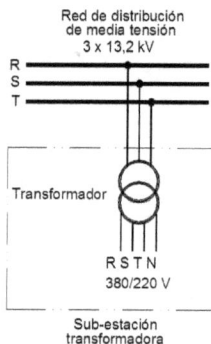

dos valores de tensión. Eligiendo las tres fases vivas R, S y T se obtiene la alimentación para los motores eléctricos (ME), es decir, la fuerza motriz (FM) trifásica de 3
x 380 V. En cambio si se elige una cualquiera de las tres fases vivas y el neutro, por
ejemplo: R y N, se obtiene alimentación monofásica de 220 V, utilizable para iluminación, motores pequeños de uso doméstico y en electrodomésticos en general.

De acuerdo con la importancia que tenga el consumo (potencia instalada)
del usuario, se puede alimentar desde la red de MT (mediante el empleo de los
equipos y aparatos adecuados) (Figura N° 1.3).

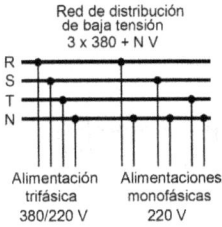

Fig. N° 1.4
Esquema de conexión
de los usuarios a la
red de BT

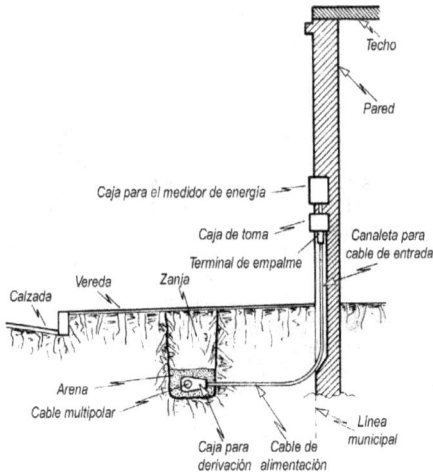

Fig. N° 1.5 Esquema de la conexión de un
usuario a una red de BT subterránea

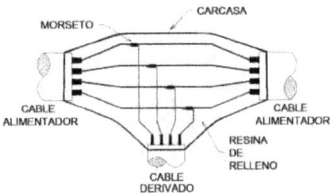

Fig. N° 1.6 Forma de derivar un cable
tendido en forma subterránea

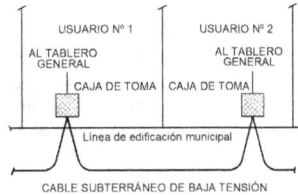

Fig. N° 1.7 Esquema de la interconexión de
las cajas de toma en una red de BT

1.4. INSTALACIONES ELÉCTRICAS

La construcción de grandes supermercados, shoppings, universidades, hospitales, edificios para oficinas, grandes edificios a los cuales se denomina torres, han tomado una dimensión que sobrepasa largamente a pequeños y medianos establecimientos productivos o fábricas en cuanto a potencia eléctrica instalada y grado de sofisticación. En consecuencia, resulta difícil llegar a una clasificación simple de las IE, ya que no solo se limitan a la BT, porque muchos de estos edificios mencionados no solo reciben alimentación en MT sino que también tienen generación propia.

Consideramos entonces que existen INSTALACIONES ELÉCTRICAS DOMICILIARIAS Y DE POTENCIA. En cualquiera de los dos casos se pueden distinguir por su utilización las instalaciones de iluminación y las de fuerza motriz.

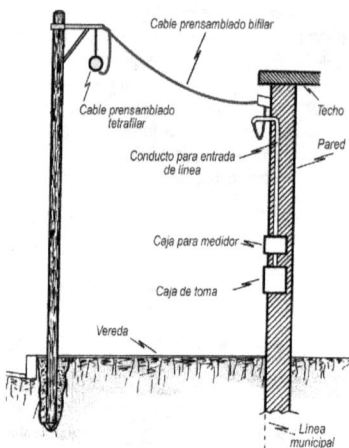

Fig. Nº 1.8 Esquema de la conexión de un usuario a una red de BT aérea

En esta obra solo se abordarán las primeras, entre las cuales se consideran a las de viviendas, locales y oficinas y que se denominarán como IE.

1.5 DENOMINACIONES EMPLEADAS

En los sistemas eléctricos de corriente continua de dos conductores o bifilares, se denominan a cada uno de ellos como: POSITIVO (+) y NEGATIVO (-) de acuerdo con su potencial.

En los sistemas eléctricos de corriente alterna, trifásico de cuatro conductores o cables (tetrafilares) estos corresponden a cada una de las fases y al conductor neutro. Siendo las denominaciones: L_1, L_2, L_3 y N o también R, S, T y N respectivamente.

En las IE monofásicas (bifilares) o sea aquellas formadas por una fase y el neutro, tales como las que se utilizan en general en las viviendas, es muy común escuchar con el lenguaje popular designar a tales conductores o cables como "positivo" y "negativo", lo cual se debe a una costumbre arraigada al menos en nuestro país, que seguramente tiene su origen en la distribución de la energía eléctrica que se hacía antiguamente por medio de tensión continua y en donde sí era válida esa denominación.

En los sucesivos capítulos se hará referencia a las fases vivas que se utilizan en los sistemas de distribución como CONDUCTOR VIVO y se simbolizará con v, y para el neutro se mantendrá el nombre de NEUTRO y se simbolizará con n.

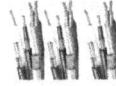

CAPÍTULO 2

MATERIALES PARA LAS INSTALACIONES ELÉCTRICAS

2.1. INTRODUCCIÓN

Para la correcta ejecución de las IE, se hace necesario el empleo de una gran variedad de materiales y aparatos según la funcionalidad con que se las quiera dotar. Estos, a su vez, deben cumplir con las exigencias relacionadas con la seguridad y las reglamentaciones vigentes, por lo cual se hace necesario que se deba prestar la debida atención en el momento de la selección de los mismos, debiéndose tener siempre presente que todos los materiales y equipos deben cumplir con las normas IRAM, lo cual queda puesto de manifiesto si llevan el sello y las inscripciones correspondientes.

A continuación se tratarán las características fundamentales de los materiales y en el próximo capítulo la de los aparatos que se emplean en las IE. Si bien son los más comunes existen muchos otros tipos que pueden ser necesarios en aplicaciones especiales. Al respecto es necesario señalar que existen IE que tienen materiales obsoletos que aún permanecen utilizándose.

2.2. CONDUCTOR Y CABLE

Se entiende por **conductor** al material que puede conducir a través de ellos la corriente eléctrica mientras están sometidos a una diferencia de potencial o tensión.

El cable se forma mediante un conductor y su aislamiento (Figura Nº 2.1).

El material empleado como conductor en los cables para las IE de BT es el cobre electrolítico por excelencia, aunque en los sistemas de distribución de BT y MT también se emplea el aluminio y sus aleaciones (cables para energía y cables preensamblados) (Figura Nº 2.2).

Fig. Nº 2.1
Cable

Fig. Nº 2.2
Conductor

Cada uno de los conductores que forman el conductor de un cable se denomina CUERDA. Las mismas se clasifican en cuatro clases (1, 2, 4, 5). Estas a su vez determinan la conformación mecánica del conductor y hacen a la flexibilidad del cable. Por ejemplo, clase 1, significa que el conductor es un solo alambre macizo, determinando que el cable sea rígido; la clase 2 en cambio está formada por 7 alambres, con lo cual el cable resulta semirrígido. La clase 5 en cambio está formada por muchos alambres más finos, lo cual hace que el cable sea extra flexible. Los cables con un alambre como conductor (clase 1) están prohibidos para las IE de los inmuebles.

Como regla general se puede decir que los cables con conductores menos flexibles se emplean en IE fijas, en cambio los cables con conductores muy flexibles o extra flexibles se emplean para las conexiones de artefactos portátiles.

Los conductores sin aislamiento denominados "cables desnudos" solamente se admiten en IE de efectos luminosos en fachadas (por ejemplo: letreros luminosos), bajada de pararrayos y para la PAT en bandejas portacables (BPC) y en el interior de los tableros eléctricos (TE).

2.3. CABLES

Existe una gran y extensa variedad de tipos, en lo que sigue solo se hará referencia a aquellos empleados en las IE que se tratan en esta obra.

2.3.1. Cable simple aislado. Los cables unipolares para usos generales en las IE son de una cuerda compuesta por varios alambres, con una cubierta de material plástico, que en general es PVC.

Trabajan a una temperatura del orden de los 70 ºC, en servicio continuo y en caso de cortocircuito la temperatura admisible puede ser del orden de los 160 ºC.

Estos pueden resistir 750 V de servicio. La Figura Nº 2.1 nos muestra a este tipo de cable y la Tabla Nº 2.1 permite apreciar algunos valores de interés que sirven para orientar al lector y que aparecen en los catálogos técnicos.

Los valores de la Tabla Nº 2.1 están dados para dos y tres cables más el correspondiente PE en ambos casos, alojados en una cañería embutida en mampostería con una temperatura ambiente de 40 ºC.

TABLA N° 2.1
CABLES UNIPOLARES CON CONDUCTORES DE COBRE
Y AISLAMIENTO DE PVC. - IRAM 247-3

SECCIÓN [mm²]	DIÁMETRO EXTERIOR [mm]	INTENSIDAD ADMISIBLE EN CAÑERÍA DOS CABLES [A]	INTENSIDAD ADMISIBLE EN CAÑERÍA TRES CABLES [A]	RESISTENCIA ELÉCTRICA MÁXIMA EN CC A 20 °C [ohm/km]
1,5	3,0	15	14	13,30
2,5	3,8	21	18	7,98
4	4,2	28	25	4,95
6	5,0	36	32	3,30
10	6,1	50	43	1,91
16	7,9	66	59	1,21
25	9,8	88	77	0,78
35	11,1	109	96	0,55
50	13,6	131	117	0,39
70	16,1	167	149	0,27
95	18,3	202	189	0,21
120	19,7	234	208	0,16

TABLA N° 2.2
FACTORES DE CORRECCIÓN PARA TEMPERATURAS DISTINTAS DE 40 °C
CABLES UNIPOLARES CON CONDUCTORES DE COBRE Y AISLAMIENTO DE PVC.
IRAM 247-3 (Ex 2.183)

TEMP. AMBIENTE [°C]	10	15	20	25	30	35	40	45	50	55	60
Factor	1,40	1,34	1,29	1,22	1,15	1,08	1	0,91	0,82	0,70	0,57

Este tipo de cables es apto para las IE ejecutadas en los interiores de los inmuebles, tendidos dentro de cañerías o también en cablecanales a la vista.

2.3.2. Cables para energía. Se los conoce popularmente con el nombre de "subterráneo" o bien como tipo "sintenax" (haciendo alusión al nombre que le da a este tipo de cable una de las fábricas de nuestro país).

Se trata de un cable que por encima del aislamiento individual del conductor o los conductores tiene un relleno, el cual a su vez es cubierto por una envoltura (o vaina) de material aislante y cuya tensión nominal de servicio es 1,1 kV. Su nombre en realidad es CABLE DE ENERGÍA.

2.3.2.1. Características. Se pueden encontrar: unipolares, bipolares, tripolares y tetrapolares, aptos para el montaje en condiciones muy variadas. En la Figura N° 2.3 se muestra un cable de este tipo unipolar y en la Figura N° 2.4 uno del tipo tripolar. Los materiales conductores empleados en estos cables pueden ser cobre o aluminio.

Fig. N° 2.3
Cable tipo energía
unipolar

Fig. N° 2.4
Cable
tipo energía

Fig. N° 2.5
Cable tripolar
tipo control

Cada conductor está aislado, y todo el conjunto envuelto con material sintético y una vaina exterior de PVC de muy buenas cualidades mecánicas y de estabilidad química. La temperatura de trabajo puede ser de hasta 80 °C, en servicio continuo. En el caso de cortocircuito la misma puede alcanzar los 160 °C, y se fabrican bajo la norma IRAM 2 178. Los materiales utilizados en el aislamiento no propagan la llama, razón por la cual se los llama CONTRA FUEGO (norma IRAM 2 289). Pueden ser utilizados en posiciones horizontales o verticales y sumergidas, y en todo tipo de inmueble; inclusive donde hay ambientes corrosivos, sobre paredes, en BPC, canales o conductos.

Hay tipos de estos cables cuyos aislamientos le permiten trabajar hasta temperaturas de 90 °C en servicio continuo y en el caso de cortocircuitos pueden llegar hasta los 180 °C y más aún.

Otro tipo de aislamiento es el polietileno reticulado fabricado bajo la norma IRAM 2 178. Este aislamiento presenta baja pérdida dieléctrica, bajo factor de potencia y mucha resistividad eléctrica.

Fig. N° 2.6
Cable tipo taller

Fig. N° 2.7
Cable tipo línea aérea

Fig. N° 2.8
Cable tipo preensamblado

Estos tipos de cables pueden contar (a pedido) con una protección mecánica consistente en una armadura, la cual puede estar formada por un fleje de acero arrollado exteriormente o por bien alambres de acero galvanizado; en ambos casos esta protección se recubre con una vaina.

Con esta protección, el cable puede tenderse directamente enterrado aun en aquellos lugares en que hay riesgo de daño mecánico o por la acción de los roedores. Una aplicación típica de estos cables con armadura es la distribución de la energía eléctrica como la mostrada en la Figura N° 1.5.

La Tabla N° 2.3 nos muestra las secciones más corrientes para diversos tipos de cables para energía sin armadura.

2.3.2.3. Uso de los cables del tipo energía. Existen muchas variantes en las formas de tenderlos: a la vista, en cañerías a la vista, directamente enterrados, en conductos enterrados, en BPC y en cablecanales.

2.3.3. Cable de control o de comando. Es el utilizado en los circuitos eléctricos de comando y control, como los que se emplean en las bombas de agua, rampas para automotores o de los ascensores, entre otros.

Desde el punto de vista de la formación, se trata de un cable multipolar que está formado a su vez por varios cables individuales, como muestra la Figura N° 2.5.

La cantidad de componentes que lo forman varía desde 2 hasta 24; las secciones de los conductores van desde 1 a 4 mm².

El material de los conductores es cobre y en general las cuerdas que forman el conductor son de clase cinco (extra flexible). En estos cables los de clase uno (un solo alambre) se fabrican a pedido.

La tensión máxima de empleo es de 1,1 kV, y su aislamiento es de PVC; con estas características se consideran tipo energía.

Los cables individuales que forman el cable se identifican a lo largo del mismo, a espacios regulares, mediante un número. El aislamiento de todos los cables componentes tiene el mismo color, que puede ser blanco o negro a pedido.

TABLA N° 2.3
CARACTERÍSTICAS TÉCNICAS DE LOS CABLES CON CONDUCTORES
DE COBRE Y AISLAMIENTO DE PVC. IRAM 2 178. (TIPO ENERGÍA)

SECCIÓN NOMINAL [mm²]	INTENSIDAD ADMISIBLE DE CABLES EN AIRE		INTENSIDAD ADMISIBLE DE CABLES ENTERRADOS		RESISTENCIA A 50 Hz 70 °C [ohm/km]	REACTANCIA A 50 Hz	
	UNIP. [A]	MULTIP. [A]	UNIP. [A]	MULTIP. [A]		UNIP. [ohm/km]	MULTIP. [ohm/km]
1,5	--	15	--	25	15,9	--	0,108
2,5	--	21	--	35	9,55	--	0,099
4	41	28	54	44	5,92	0,30	0,099
6	53	37	68	56	3,95	0,28	0,090
10	69	50	89	72	2,229	0,27	0,086
16	97	64	116	94	1,45	0,25	0,081
25	121	86	148	120	0,87	0,24	0,080
35	149	107	177	144	0,63	0,23	0,078
50	181	128	209	176	0,46	0,22	0,078
70	221	160	258	214	0,32	0,22	0,074
95	272	196	307	254	0,23	0,21	0,073
120	316	227	349	289	0,18	0,20	0,073
150	360	261	390	325	0,15	0,194	0,072
185	415	300	440	368	0,12	0,19	0,072
240	492	358	510	428	0,09	0,18	0,072

CONSIDERACIONES ACERCA DE LOS VALORES DE LA TABLA N° 2.3.
• Cables en aire: tres cables unipolares en un plano sobre una BPC distanciados un diámetro o un cable multipolar solo, con una temperatura ambiente de 40 °C.
• Cables enterrados: tres cables unipolares colocados en un plano horizontal y distanciados 7 cm o un cable multipolar solo, enterrado a 70 cm de profundidad en un terreno a 25 °C de temperatura y 100 °C x cm/W de resistividad térmica.
• La corrección de las corrientes eléctricas admisibles deberá hacerse según la Tabla N° 2.2.

TABLA N° 2.4
CARACTERÍSTICAS CONSTRUCTIVAS DE CABLES CON CONDUCTORES DE COBRE Y AISLAMIENTO DE PVC. IRAM 2 178 (TIPO ENERGÍA)

SECCIÓN NOMINAL [mm²]	UNIPOLARES			MULTIPOLARES		
	DIÁMETRO DEL CONDUCTOR [mm]	DIÁMETRO EXTERIOR DEL CABLE [mm]	PESO APROX. [kg/km]	DIÁMETRO DEL CONDUCTOR [mm]	DIÁMETRO EXTERIOR DEL CABLE [mm]	PESO APROX. [kg/km]
1,5	--	--	--			
2,5	--	--	--	1,5	13	230
4	2,5	8	95	2,0	14	290
6	3,0	9,5	140	2,5	16	410
10	3,9	10,5	190	3,0	18	510
16	5,0	11	250	3,9	20	730
25	6,0	11,7	350	5,0	24	1149
35	7,0	12,7	450	6,0	26	1500
50	8,1	14,1	580	7,0	28	1800
70	9,8	16	790	8,1	32	2400
95	11,5	18	1070	10,9	31	2800
120	13,0	20	1300	12,7	36	3800
150	14,4	22	1600	14,2	39	4700
185	16,1	24	2000	15,9	43	5600
240	18,5	27	2600	17,7	47	7050

Es de hacer notar en las Tablas N° 2.2, 2.3 y 2.4 que en los cables multipolares, a partir de la sección de 25 mm², el cuarto conductor destinado al neutro, es de sección menor. Además los cables con conductores de aluminio se fabrican en secciones mayores a 10 mm².

Los valores de la corriente eléctrica admisibles son para una temperatura ambiente de 40 °C.

2.3.4. Cable tipo taller. Conocido también como "cable TPR", aludiendo a un modelo de cable producido por una de las fábricas de nuestro país. Se trata de un cable de formación multipolar, formado por cables unipolares recubiertos por una envoltura o vaina (sin material de relleno entre los cables que lo componen). Tanto esta última como el aislamiento de los cables en sí es de PVC.

La tensión máxima de operación es de 300/500 V, siendo la temperatura máxima en el conductor para servicio continuo de 70 °C y en caso de cortocircuito puede ascender a 160 °C.

Es un cable flexible (clase cinco), que se fabrica con formaciones bipolares, tripolares y tetrapolares (Figura N° 2.6). Se lo utiliza en aplicaciones industriales y domésticas tales como la conexión de aparatos portátiles y electrodomésticos respectivamente. Físicamente es parecido a los cables del tipo de energía pero más liviano y flexible. Los datos más importantes se pueden apreciar en la Tabla N° 2.5. Su tendido en cañerías está prohibido.

TABLA N° 2.5
CABLES CON CONDUCTORES DE COBRE Y AISLAMIENTO DE PVC.
IRAM 247-5 (Ex 2 158 TIPO TALLER)

SECCIÓN [mm²]	FORMA-CIÓN	ESPESOR DEL AISLA-MIENTO [mm]	DIÁMETRO EXTERIOR [mm]	INTENSIDAD ADMISIBLE [A]	RESISTENCIA ELÉCTRICA MÁXIMA EN CC A 20 °C [ohm/km]	PESO [kg/km]
1,5		0,7	7,9	10	13,30	88
2,5		0,8	9,6	16	7,98	133
4		0,8	11	22	4,95	181
6	Bipolar	0,8	12,4	30	3,30	245
10		0,6	15,5	45	1,91	396
2,5		0,8	10,4	16	7,98	165
4		0,8	11,8	22	4,95	228
6	Tripolar	0,8	13,3	30	3,30	310
10		1,0	16,5	40	1,91	495
2,5		0,8	11	16	7,98	201
4		0,8	13	22	4,95	285
6	Tetrapolar	0,8	14,5	30	3,30	380
10		1,0	18,2	40	1,91	620

2.3.5. Cables para intemperie. La distribución de la energía eléctrica se puede hacer mediante líneas aéreas o subterráneas, tema expuesto en el Capítulo N° 1 –Sistemas eléctricos–. Las primeras pueden ser de dos tipos: con cables especialmente fabricados que son soportados por aisladores, o bien mediante el uso de cables preensamblados.

El cable empleado para las primeras se muestra en la Figura N° 2.7. El recubrimiento es de PVC y tiene solo carácter de protección contra los agentes atmosféricos. Se trata de cables de aleación de aluminio y el aislamiento es de PVC de color negro, que es apropiado para su tendido a la intemperie.

Fig. N° 2.9
Grapa para retención

Fig. N° 2.10
Grapa para suspensión

Fig. N° 2.11 Grapa para
derivar un cable autoajustable

2.3.6. Cable preensamblado. Las líneas aéreas antes expuestas van siendo remplazadas por las que utilizan el cable tipo PREENSAMBLADO por ser más seguro para las personas y el servicio.

Estos cables se fabrican como un conjunto tetrapolar, según se observa en la Figura N° 2.8, donde cada fase se cablea a espiral con un neutro portante que soporta los esfuerzos mecánicos del conjunto.

Los conductores correspondientes a las fases están compuestas por alambres de aluminio, cableados formando una sección circular y el neutro, compuesto por alambres de aleación de aluminio aislados con polietileno reticulado (XLPE), apto para resistir la radiación solar y la intemperie.

En ciertos tendidos, estos cables junto a los destinados a las fases y el neutro llevan dos cables adicionales para el sistema de alumbrado público.

El tendido de este tipo de cable se hace mediante una tecnología especial, la cual requiere del empleo de una cierta cantidad de accesorios (grapas, soportes, tensores, etc.). A modo de ejemplo se muestran en las Figura N° 2.9, 2.10 y 2.11 solo tres ejemplos a modo de información general, ya que el tema completo escapa a la temática de este libro. En la Figura N° 2.12 se muestra una forma de sujeción de dos cables de este tipo a un poste.

Fig. N° 2.12
Tendido de un cable preensamblado

2.3.7. Cable antihurto. Se muestra en la Figura N° 2.13 y en la Figura N° 2.14 una grapa para hacer una derivación hacia el usuario. Son especialmente adecuados para las acometidas monofásicas desde líneas aéreas preensambladas de BT para evitar el hurto de energía eléctrica.

Es un cable con conductores de cobre de clase dos con aislamiento de polietileno reticulado. Se fabrica en secciones de 4, 6, 10 y 16 mm².

2.3.8. Cordones flexibles. Destinados a la alimentación de ciertos artefactos hogareños, así como también para alimentar aparatos portátiles domésticos (Figura N° 2.15). Los conductores de este tipo de cable están constituidos por una cuerda extra flexible de cobre. Cada conductor está aislado con PVC y el conjunto, a su vez, con vaina de PVC de forma chata. Los hay bipolares y tripolares.

Fig. N° 2.13
Cable tipo antihurto

Fig. N° 2.14
Grapa para derivación de cable antihurto

Fig. N° 2.15
Cable tipo aislado en plástico

2.3.9. Cable plano. Puede tener formación tripolar o multipolar con el PE incluido. Tiene distintas aplicaciones, debiéndose mencionar como la más común las bombas de pozo sumergidas (Figura N° 2.16).

2.3.10. Cordones aislados con plástico. Para la alimentación de pequeños aparatos domésticos, veladores, ventiladores de mesa u otros semejantes, se pueden usar los cordones que muestra la Figura N° 2.16. Se fabrican de secciones muy pequeñas, mediante dos conductores cableados de cobre aislados individualmente con PVC, pero reunidos los aislamientos en forma de presentar un conjunto, que en corte se asemeja a un número ocho. Los dos componentes se pueden separar fácilmente.

2.3.11. Cablecitos aislados en plástico. Se emplean en circuitos de campanilla, zumbadores, teléfonos internos, aparatos de sonido y otros usos similares en que la corriente eléctrica es muy reducida. La configuración es similar a la de la Figura N° 2.16. Pueden ser de alambre simple o de cuerda. Los conductores son de cobre estañado. La tensión de servicio está en el orden de los 50 V. Los del tipo de alambre se fabrican en secciones de 0,28 mm² y 0,50 mm².

2.3.12. Cables coaxiales. Para los sistemas de transmisión por radiofrecuencia, frecuencia modulada, televisión y otras aplicaciones, se usan conductores de ondas, que tienen la propiedad de aislar la onda para que no sea alcanzada por perturbaciones y que a su vez, no las ocasione en otras líneas o componentes de las IE. Entre estos conductores de ondas encontramos a los CABLES COAXIALES de la Figura N° 2.17. Estos están formados por un conductor interior de cobre separado con un material aislante de una malla o trenza exterior, la cual a su vez es recubierta con una vaina aislante. Esta configuración suministra un comportamiento de los campos eléctricos y magnéticos que es adecuada a los fines del empleo de este tipo de cables.

Fig. N° 2.16 Cable tipo bipolar
aislado con plástico

Fig. N° 2.17
Cable tipo coaxial

2.3.13. Cable para maniobra de ascensores. La cabina del ascensor está vinculada con la estructura fija del mismo, por medio de un cable multipolar que llega hasta una caja en la pared a la mitad del recorrido. Este cable permite dotar al vehículo de luz y comandos. Los conductores son de cobre muy flexibles, que pueden tener una forma transversal redonda o plana. Los cables están cableados alrededor de un núcleo textil. Su resistencia mecánica está dada por su formación y la longitud autoportante. Físicamente son similares a los del tipo energía, aunque mecánicamente más flexibles. Comercialmente se proveen en formaciones de 6 x 0,75 mm² a 24 x 1,5 mm².

2.3.14. Cable para máquina de soldar. Se utilizan para la conexión de la pinza porta electrodos a los equipos de soldadura eléctrica. Se trata de cuerda extra flexible de cobre, recubierta con una vaina de PVC negro. Se fabrican unipolares en varias secciones (Figura N° 2.18).

Fig. N° 2.18 Cable
para máquina
de soldar

2.3.15 Cable para alta temperatura. Su empleo se hace necesario cuando la temperatura ambiente es superior a los 40 ºC que se emplean en aplicaciones especiales. El material del conductor sigue siendo el mismo de los cables comunes, pero su aislamiento es de un material resistente a las altas temperaturas, como siliconas o mediante vainas protectoras de otros materiales. La Figura Nº 2.19 muestra uno del tipo multipolar, aunque pueden ser unipolares.

Fig. Nº 2.19 Cable multipolar para alta temperatura

La aplicación más elemental de este tipo de cables es en aquellas luminarias en las cuales la temperatura desarrollada por la lámpara es demasiado elevada. Existen otras aplicaciones que están relacionadas con la industria.

2.4. CONDUCTOR

2.4.1. Conductores destinados a pararrayos. Es el empleado como conductor de bajada ya que une el pararrayos propiamente dicho o captor, con el sistema de PAT.

Se trata de un conductor cableado, de cobre protegido con una capa de pintura tipo barniz. Las secciones más comunes son de 25 mm², 35 mm² y 50 mm²; todas con siete alambres. En la Figura Nº 2.20 se muestra un conductor de este tipo con la disposición que adopta.

Las Normas IRAM también prevén el uso de cables de acero como bajadas de los pararrayos.

2.4.2. Conductores para puesta a tierra. Es un conductor de acero recubierto en cobre como muestran las Figura N° 2.20 y 2.21. Este tipo de conductor se utiliza comúnmente en las PAT de servicio y protección de IE de BT y MT, pararrayos, etc. Se fabrican con secciones que van desde los 16 a los 120 mm². La cantidad de alambres puede variar de los 3 a los 19.

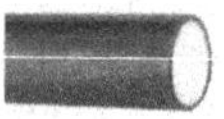

Fig. Nº 2.20
Conductor simple cobre-acero

Fig. Nº 2.21
Conductores de cobre-acero

2.5. UTILIZACIÓN DE LOS CABLES

2.5.1. Accesorios. La selección del tipo adecuado de cable, según las descripciones anteriores es de suma importancia, pero el tema, que es la conducción de una corriente eléctrica, no se agota allí ya que se hace necesario tenderlos en algún lugar o medio, identificarlos y luego conectarlos, para lo cual se requieren ciertos accesorios.

2.5.2. Empalmes de los cables. Empalmar cables significa que se deben unir los conductores de los mismos y restituir el aislamiento original.

En rigor, por la seguridad y la funcionalidad de las IE, no deberían hacerse empalmes. Pero por muy variadas razones durante el desarrollo de una obra surge la necesidad de hacerlo, como ser para aprovechar tramos de cables existentes o bien por razones de mantenimiento, una vez que la misma está en uso.

Los empalmes deben quedar siempre dentro de una caja, sea de derivación, de paso o de otro tipo. Un empalme NUNCA debe quedar dentro de un caño.

En la actualidad existen varias técnicas para realizar los empalmes.

2.5.3. Técnica y elementos de las uniones tradicionales. Las uniones y derivaciones de los conductores de los cables que tengan una sección menor o igual a 4 mm², y hasta en cantidad de cuatro cables se hacen intercalando y retorciendo las hebras como se esquematiza en la Figura N° 2.22.

Cuando se trata de secciones mayores de 4 mm² se debe recurrir al empleo de borneras en el caso de que sean más de dos cables. En estos casos se deben utilizar manguitos de empalme indentados o soldados.

Con respecto a las soldaduras debe tenerse en cuenta la temperatura del punto de fusión del material de aporte y la que puede alcanzar el conductor cuando circula la corriente de cortocircuito.

Una aclaración importante: las uniones y derivaciones no deben ser sometidas a solicitaciones mecánicas.

En cuanto al material para el aislamiento que recubre la unión de los conductores, deberá tener las mismas características dieléctricas y mecánicas que el original del cable. Existen en el mercado una amplia variedad que permite elegir el más adecuado para cada caso.

2.5.3.1. Elementos para empalme. Existen elementos diseñados especialmente para realizar el empalme y las derivaciones de todos los tipos de cables y secciones. Estos permiten realizar empalmes sin necesidad de utilizar las cintas aisladoras y con un mínimo que se quite del aislamiento del cable, con lo cual se gana rapidez en la realización y seguridad mecánica y eléctrica a lo largo del tiempo (Figura N° 2.23).

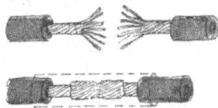

Fig. N° 2.22 Empalme de un
cable unipolar

Fig. N° 2.23 Accesorio para
empalmar un cable unipolar

La Figura N° 2.24 muestra un empalme preaislado que se utiliza para cables de pequeñas secciones y requiere una herramienta especial para su fijación, la cual se muestra en las Figuras N° 2.37 y 2.38.

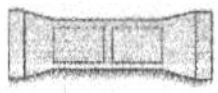

2.5.3.2. Manguitos de empalme. Se utilizan para unir mecánicamente los conductores de los cables de secciones mayores, según se trate de cobre o aluminio y también permiten hacerlo entre uno de cobre y otro de aluminio o viceversa. Para comprimir el manguito a los fines de fijarlo a los conductores se emplea una herramienta especial, cuyas características está relacionada con la sección de los conductores a empalmar. Se proveen para secciones que van desde los 1,5 a los 630 mm² (Figura Nº 2.37).

En los manguitos para las uniones de conductores aluminio y cobre o viceversa, el agujero central no tiene continuidad, de modo que los dos agujeros no están conectados entre sí (Figura Nº 2.25). El recubrimiento superficial se hace mediante el proceso de estañado.

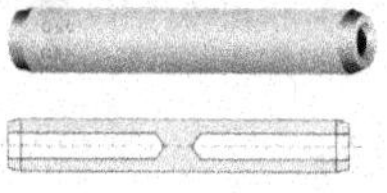

Fig. Nº 2.25 Manguito para empalmar conductores

2.5.3.3. Conjunto para empalmes y derivaciones. Es una práctica común utilizar un conjunto de elementos, que se proveen en los denominados kit, para realizar empalmes y derivaciones de cables con secciones de conductores importantes (de 10 mm² en adelante). En un solo envase vienen los manguitos y los elementos para el aislamiento del empalme o derivación propiamente dicho. El aislamiento se puede hacer empleando cintas aisladoras o algún material que se moldea alrededor del empalme, para lo cual se recurre a moldes descartables. También se utilizan aislamientos del tipo "termo contraíbles". Esta última técnica también es usada en los cables de los sistemas de MT.

En el Capítulo Nº 1, Figura Nº 1.5, se ha empleado una derivación para hacer la alimentación de un usuario de BT.

2.5.3.4. Aislamiento de los empalmes. Luego de realizar la unión mecánica de los conductores hay que proceder a su aislamiento, para lo cual se puede recurrir a distintas alternativas, como veremos a continuación.

Este aislamiento se debe hacer utilizando un material que tenga propiedades similares a las del cable que se trata.

2.5.3.5. Cinta aisladora. Existen diversos tipos de acuerdo con el aislamiento del cable que se utiliza. En general son autoadhesivas de material plástico o de fibra textil; existen otros tipos según el uso específico que se les dé, por ejemplo: cables telefónicos. Las primeras tienen la característica de ser antillama.

En cuanto a sus dimensiones, el espesor es de aproximadamente 0,15 mm y su ancho es de aproximadamente 19 mm; los rollos suelen tener largos de hasta 20 m. Las de PVC se fabrican de diversos colores, en cambio las del tipo textil en blanco y negro.

2.5.3.6. Material termo-contraíble. Este material tiene la propiedad de contraerse bajo la acción del calor (100 ºC) y al hacerlo sobre el empalme se ajusta perfectamente sobre el mismo.

El calor se le puede suministrar mediante una herramienta de mano denominada habitualmente "pistola de calor" o bien, si las dimensiones lo requieren, con un quemador portátil a gas.

Este material se emplea tanto en cables de BT como de MT así como para recubrir barras conductoras. Se utilizan en cables de muy pequeñas secciones (como los utilizados en electrónica) o bien para los de grandes secciones.

Este material se puede presentar como:

- Tubos flexibles. Se proveen en rollos para distintos diámetros de cable, desde los que pueden ser para uno tipo telefónico hasta los de mayor sección como los del tipo energía en BT y MT.
- Mantas. Son trozos rectangulares, con los cuales se cubre la zona del empalme y luego mediante la técnica antes explicada se le suministra calor a los efectos de lograr su contracción sobre las partes conductoras.

2.5.4. Identificación. En una IE domiciliaria, utilizando los cables con distintos colores de los aislamientos se puedan llegar a identificar sin grandes dificultades los que pertenecen a los diversos circuitos eléctricos.

Pero cuando se trata de sistemas eléctricos más complejos (circuitos de control, etc.) en donde pueden llegar a ser muchos cables, se deberá recurrir a un sistema específico para poder identificarlos.

Existe una diversidad de ofertas en el mercado de sistemas para identificar a los cables. Los mismos van desde los clásicos "anillos" o "perlas" hasta sistemas que se pueden controlar mediante ordenadores. En las Figuras N° 2.26 y 2.27 se muestran distintas técnicas para realizar identificaciones. En la primera de las figuras se muestran elementos para identificar cada uno de los cables y en la segunda el cable multipolar.

Fig. N° 2.26
Anillos para
Identificar
cables

2.5.5. Fijación. La circulación de la corriente eléctrica por los conductores de los cables, hace que se generen fuerzas entre ellos, debido a la interacción de los campos electromagnéticos producido por estas. Lo cual, durante el funcionamiento normal no son de una magnitud importante (pero en menor magnitud están presentes), pero cuando ocurre un cortocircuito los valores de estas fuerzas son extremadamente importantes y tienden a desprender o desconectar los cables de los bornes a los cuales se encuentran fijados, o en los empalmes, con el consiguiente aumento de los efectos perjudiciales.

Fig. N° 2.27
Identificadores de cables

Es por ello que los cables siempre deben estar firmemente fijados a soportes provistos a los efectos, y en el caso de las BPC, aprovechando los peldaños o las perforaciones.

Para efectuar estas fijaciones se encuentran en el mercado elementos especiales que se denominan PRECINTOS (Figura N° 2.28).

2.5.5.1. Precinto. Están destinados a fijar los cables a los soportes o bien entre sí. Se fabrican con un material plástico (poliamida 66) auto extinguible, y no requieren de herramientas para su empleo. En un extremo tienen una cierta disposición constructiva que, sumado al ranurado que presenta en su largo se puedan ajustar fácilmente. Se proveen de distintas longitudes de modo de abarcar distintas cantidades de cables. El ancho está comprendido entre los 2,5 y 6,5 mm aproximadamente y se pueden encontrar con distintos largos de acuerdo con la utilización que se pretenda hacer y también dependen de las marcas y del esfuerzo que se puede hacer desde el extremo de los mismos. (Figura Nº 2.28).

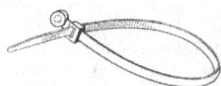

Fig. Nº 2.28 Precinto

2.5.5.2. Terminales. Se fijan en los extremos de los conductores de los cables para conectarlos a un borne; en las Figuras 2.29 a 2.34 se muestran distintos tipos. Se trata de un punto de transición entre el cable y un componente de la IE, que es un borne, el cual puede pertenecer a un interruptor, pulsador, tomacorriente, o a un sistema de bornes propiamente dicho, etc. Deberán ser capaces de permitir el paso de la corriente eléctrica que transporta el conductor del cable, pero al no ser parte del mismo hay una unión mecánica y por lo tanto una resistencia eléctrica al paso de la corriente eléctrica. Esta deberá ser lo más baja posible, ya que una corriente eléctrica que pasa a través de una resistencia desarrolla calor, que es proporcional al cuadrado de la misma.

El calor y el tiempo hacen que los aislamientos se deterioren. En consecuencia, los terminales juegan un papel importante en un sistema eléctrico y es por ello que se hace necesario prestarle debida atención cuando se los selecciona.

Fig. Nº 2.29
Terminal
pre-aislado
tipo cerrado

Fig. Nº 2.30
Terminal pre-aislado
tipo abierto

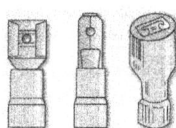

Fig. Nº 2.31
Terminal pre-aislado
tipo a paleta

Fig. Nº 2.32
Terminal pre-aislado
tipo puntera

Fig. Nº 2.33 Terminal
abierto de indentar

Fig. Nº 2.34 Terminal
cerrado de indentar

En la técnica constructiva de las IE para inmuebles, en general no se utilizan terminales, ya que los cables se conectan directamente a los distintos módulos, mediante los tornillos que estos mismos poseen, y algunos sistemas de fabricación ya han prescindido de ellos, ya que se fijan mediante la presión de un resorte. Esto es debido a que son secciones pequeñas y hay poco espacio en las cajas que alojan a los bastidores con los módulos, pero para cables con conductores de secciones mayores se emplean terminales.

Cabe señalar que salvo en este último caso las conexiones siempre se deben hacer con terminales, independientemente del tamaño de la sección del cable.

Existe una gran variedad constructiva de terminales, de acuerdo con la sección del conductor y con el empleo;cada uno de ellos tiene una técnica de fijación determinada por el fabricante. Para el ajuste del terminal al conductor se utiliza una herramienta diseñada especialmente, que se llama PINZA DE INDENTAR (Figuras N° 2.37 y 2.38).

2.5.5.3. Herramientas específicas. La realización de trabajos relacionados con los conductores y cables requiere de la utilización de herramientas especialmente diseñadas. Debe tenerse en cuenta que un cable está formado por un material aislante y otro conductor, los cuales, por sus características mecánicas, son susceptibles de sufrir daños mecánicos durante su manipuleo, por ello los trabajos a realizar sobre los mismos requieren de ciertos cuidados.

La alteración del aislamiento o del conductor puede no tener consecuencias inmediatas y por lo tanto a veces no son fácilmente detectables en el momento de la ejecución de la obra.

Es así como se pueden encontrar herramientas destinadas a quitar el aislamiento de los cables ("pelar") sin dañar o alterar al conductor del mismo (Figura N° 2.35).

De la misma manera, existen otras herramientas destinadas al corte del cable propiamente dicho (Figura N° 2.36).

Entre los tipos de terminales que mencionamos están los preaislados, los cuales también requieren de una herramienta para su colocación como la que muestra la Figura N° 2.37.

Cuando se trata de cables con secciones menores existen herramientas que cumplen las funciones de las anteriores y que se pueden denominar como de usos múltiples como la que ilustra la Figura N° 2.38.

En la Figura N° 2.39 se muestra una pinza para indentar terminales a compresión para los cables de mayores secciones y del tipo similar a los de las Figuras N° 2.33 y 2.34.

Fig. N° 2.35
Pinza para pelar
cables

2.5.5.4. Prensacables. Se utilizan en el caso de que un cable deba ingresar a una caja, tablero o equipo. Cumplen la función de fijar el cable de forma tal que no roce contra algún elemento metálico que deteriore el aislamiento, ya que el interior del mismo es de material plástico (Figura N° 2.40).

La otra función que cumplen, es la de hacer que esa transición cable a caja, tablero o equipo sea estanco, evitando de esta manera el ingreso de líquidos y polvos.

Fig. N° 2.36
Pinza para cortar
cables

Los que se utilizan para cables se denominan prensacables machos, ya que las hembras están destinadas a los caños. Se fabrican de aluminio, bronce y polipropileno, con rosca eléctrica (BSC) y gas (BSP).

Fig. Nº 2.37 Pinza para indentar terminales pre-aislado

Fig. Nº 2.38 Pinza para usos múltiples

Fig. Nº 2.39 Pinza para indentar terminales de secciones grandes

2.6. ELEMENTOS DE LA CANALIZACIÓN ELÉCTRICA

2.6.1. Introducción. Una CANALIZACIÓN ELÉCTRICA es un conjunto de elementos destinados a conducir una corriente eléctrica en forma eficiente y segura. Para el tipo de IE que estamos tratando, este conjunto está compuesto por los cables y los distintos elementos para alojarlos, soportarlos, identificarlos, fijarlos, conectarlos y también para brindarles la protección mecánica necesaria según el caso. Este conjunto se llama simplemente CANALIZACIÓN.

A continuación se describirán los distintos elementos que pueden componer una canalización.

2.6.2. Clasificación. Los distintos tipos constructivos de canalizaciones son en realidad sistemas, porque son varios los materiales componentes que se necesitan para construir una canalización completa.

Dada la gran variedad de materiales de distintas características que se pueden emplear se hace necesaria una clasificación, y es así que se pueden distinguir las siguientes:

- acero rígido roscado,
- acero flexible,
- acero rígido sin roscar,
- material plástico flexible,
- material plástico rígido,
- cablecanal,
- bandejas portacable,
- perfil tipo C,
- subterránea.

En el tipo de IE que se está tratando, los cables fundamentalmente están tendidos en cañerías, las que pueden estar embutidas en los muros, sujetas a los mismos o enterradas en el terreno.

Además, los elementos tales como interruptores, pulsadores y tomacorrientes, se fijan en cajas especialmente diseñadas para estos fines. Es entonces necesario examinar todos los tipos de caños y cajas que se producen industrialmente, así como también los accesorios que permiten unirlos y fijarlos entre sí.

Muchos de los materiales empleados presentan exteriormente formas y dimensiones idénticas, y cumplen las mismas funciones, por lo que en lo que sigue se describirán algunos usos y funciones de los elementos más tradicionales como lo son los de acero.

2.6.3. Sistema de acero rígido roscado. Se trata del sistema más tradicional y antiguo, que paulatinamente va cediendo lugar a otros más livianos, fáciles de montar y que no requieren de herramientas especiales. Estas últimas son: caballetes para soportar a los caños cuando se cortan o roscan y roscadoras (manuales o motorizadas), así como también dobladoras para aquellos caños de diámetros más grandes (Figura N° 2.47).

Por otro lado, el mayor peso obliga a disponer de elementos para su manipuleo y la consideración del lugar para su almacenamiento en el obrador.

Claramente constituye uno de los sistemas más seguros desde el punto de vista mecánico como protección de los cables.

Los caños metálicos llevan rosca Whitworth en los extremos de acuerdo con las normas IRAM. La longitud comercial de los caños metálicos es de tres metros con tolerancia de más o menos 7,5 mm, y el peso indicado en las tablas que siguen tiene tolerancia de más o menos 8 %. La pintura del recubrimiento puede ensayarse, sometiendo el caño durante una hora a 60 °C en ambiente seco, y verificando la pegajosidad en esas condiciones. Además, curvando el caño en frío y sin relleno por medio de un rodillo y guía acanalada hasta un ángulo de 90°, no se debe abrir la soldadura (costura), ni producirse grietas, ni desprenderse la pintura de protección. La variación del diámetro en la parte curvada, con respecto a la inicial, no debe ser mayor del 5 % durante esa prueba de doblado.

2.6.3.1. Caño de acero rígido roscado. Son del tipo con costura y se someten, luego de fabricarlos, a un tratamiento térmico para darles ciertas propiedades mecánicas, tales como el curvado en frío. Se fabrican en tres calidades fundamentales y están normalizadas (aunque no todas):

- **pesados:** se usan en determinados casos especiales,
- **semipesados:** se utiliza en algunos de los sectores del inmueble,
- **livianos:** son los de empleo corriente,
- **extra livianos:** no son normalizados y su uso se difunde.

Se expenden en atados cuyo peso total depende del tipo y diámetro, y tienen ambos extremos roscados.

2.6.3.2. Elementos complementarios. Para formar una canalización completa se necesitan otros elementos como los que se describirán a continuación.

Los empalmes entre caños se pueden ejecutar con UNIONES ROSCADAS llamadas CUPLAS (Figura N° 2.40) pero también se pueden hacer mediante el empleo de UNIONES DE CAÑOS de acero fijadas a presión, como se puede apreciar en la Figura N° 2.41.

Fig. N° 2.40 Unión roscada para caños de acero (cupla)

Fig. N° 2.41 Unión para caños fijadas a presión

Para fijar un caño a una caja se emplean tuercas de acero galvanizado y boquillas de aluminio fundido (Figuras N° 2.42 y 2.43), para lo cual puede ser necesario que el caño esté roscado.

En lugar de roscar el caño en el extremo se pueden emplear conectores que fijan el caño con tornillos como el mostrado en la Figura N° 2.44 y luego se enrosca en él un elemento que sirva para hacer el ajuste final.

En caso de necesitarse longitudes menores de tres metros, se debe cortar el caño y ejecutar la rosca, o bien recurrir a accesorios que se atornillan a los mismos como el último.

Fig. N* 2.42 Tuerca de acero galvanizado

Fig. N* 2.43 Boquilla de aluminio

Fig. N* 2.44 Conector a tornillo

En cambio cuando un caño de acero rígido tiene que ingresar a una caja de paso, un gabinete de un TE o un determinado tipo de equipo y donde no es posible utilizar tuercas de acero y boquilla, se debe recurrir a un accesorio llamado HUB (la Figura N° 2.45 muestra uno). También es requerido si se quiere mantener la estanqueidad en el ingreso del caño.

Fig. N° 2.45. Conector tipo Hub

Para cambiar la dirección de un caño, si la misma es a 90 grados se fabrican en forma estándar las denominadas CURVAS de acero, como la que se muestra en la Figura N° 2.46. Ahora bien, si el ángulo es otro se debe recurrir a una dobladora de caños como la mostrada en la Figura N° 2.47.

En cuanto al tendido y fijación de los componentes, este sistema de canalización se puede montar en forma embutida en la mampostería u hormigón o bien a la vista.

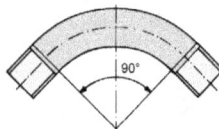

Fig. N° 2.46 Curva de acero

Para la primera disposición se emplea una grapa llamada CLAVOS DE gancho que se muestra en la Figura N° 2.48. Sirven para fijar elementos tales como los caños y cajas al fondo de las canaletas hasta que sean cubiertos con el cemento.

Se debe tener presente que en el caso de estar embutida en el hormigón quedan preservados de la oxidación, por la acción selladora del cemento.

En cambio cuando se montan a la vista o en el exterior, se las sujeta con grapas llamadas ABRAZADERAS (Figura N° 2.49 y 2.50) o grapas especialmente construidas y deberá tenerse en cuenta el recubrimiento final de los elementos.

Fig. N° 2.47 Dobladora de caños de acero

En el Capítulo N° 5 –Canalizaciones–, se verán las formas prácticas del empleo de estas fijaciones.

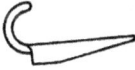

Fig. N° 2.48 Grapa para fijar caños

Fig. N° 2.49 Abrazadera para caños

Fig. N° 2.50 Grapa para fijar cables, conductores o caños

En las Tablas N° 2.6 y 2.7, se muestran las principales características de los caños de acero.

TABLA N° 2.6
CAÑOS DE ACERO RÍGIDOS - TIPO LIVIANO -
IRAM 2 224

DESIGNA-CIÓN COMER-CIAL	DESIGNA-CIÓN IRAM	DIÁME-TRO EXTERIOR [mm]	ESPESOR DE LA PARED [mm]	PESO UNITARIO CON CUPLA [g/m]	CAÑOS POR ATADO O LÍO	LONGITUD POR ATADO O LÍO [m]	PESO POR ATADO O LÍO [kg]
5/8"	RL 16/13	15,85 ± 0,15	1,0 ± 0,10	360	34	102	37
¾"	RL 19/15	19,05 ± 0,15	1,0 ± 0,10	440	30	90	40
7/8"	RL 22/18	22,22 ± 0,15	1,0 ± 0,10	523	20	60	31
1"	RL 25/21	25,40 ± 0,15	1,0 ± 0,10	601	20	60	36
1 ¼"	RL 32/28	31,75 ± 0,17	1,2 ± 0,10	940	10	30	28
1 ½"	RL 38/34	38,10 ± 0,17	1,2 ± 0,18	1135	10	30	34
2"	RL 51/46	50,80 ± 0,17	1,6 ± 0,135	1822	5	27	27

TABLA N° 2.7
CAÑOS DE ACERO RÍGIDOS - TIPO SEMIPESADO - IRAM 2 005

DESIGNA-CIÓN COMER-CIAL	DESIGNA-CIÓN IRAM	DIÁME-TRO EXTERIOR [mm]	ESPESOR DE LA PARED [mm]	PESO UNITARIO CON CU-PLA [g/m]	CAÑOS POR ATADO O LÍO	LONGITUD POR ATADO O LÍO [m]	PESO POR ATADO O LÍO [kg]
5/8"	RS 16/13	15,87 ± 0,15	1,6 ± 0,15	580	25	75	44
¾"	RS 19/15	19,05 ± 0,15	1,6 ± 0,15	790	20	60	47
7/8"	RS 22/18	22,22 ± 0,15	1,6 ± 0,15	940	20	60	56
1"	RS 25/21	25,40 ± 0,15	1,6 ± 0,15	1085	15	45	49
1 ¼"	RS 32/28	31,75 ± 0,17	1,6 ± 0,15	1380	10	30	41
1 ½"	RS 38/34	38,10 ± 0,17	2,0 ± 0,18	1850	10	30	56
2"	RS 51/46	50,80 ± 0,17	2,25 ± 0,20	2790	5	15	42

2.6.4. Caño para pilar. Dentro de los caños del tipo de acero rígido hay que considerar también al caño de bajada al pilar, empleado para recibir el cable del suministro de la energía eléctrica proveniente de una red aérea (acometida) de distribución.

Se trata de un caño de acero en cuyo interior y exterior tiene un recubrimiento de material aislante para evitar que en caso del deterioro del aislamiento del cable de bajada, el caño quede con tensión con respecto a tierra al alcance de las personas (lo cual constituiría un contacto indirecto). En la Figura N° 2.51 se puede apreciar el aislamiento interno del caño (1), el caño de acero galvanizado (2) y el recubrimiento plástico exterior (3). El ingreso del cable de bajada se realiza a través de un elemento desarmable de material aislante, denomina-do PIPETA (4).

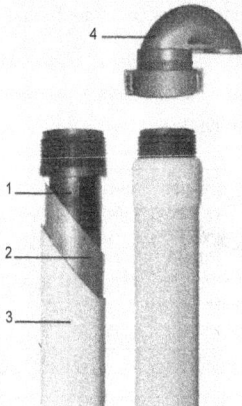

Es preciso señalar que las características constructivas específicas de los pilares son determinadas por las empresas que distribuyen la energía eléctrica, en consecuencia se deberá consultar con sus departamentos técnicos.

2.6.5. Sistema de acero flexible. Este tipo de caño se forma a partir de un fleje de acero galvanizado de perfil apropiado y tratamiento anticorrosivo especial, el cual es arrollado helicoidalmente hasta conformar un tubo cilíndrico enteramente metálico.

Es un caño sumamente flexible, y de sección constante con un grado de protección IP 65; los diámetros interiores van desde los 12,60 (3/8") a 102,10 (4") y se expenden en rollos.

Fig. N° 2.51 Caño para pilar

Hay dos tipos: uno sin recubrimiento y otro con uno de material plástico (en general PVC) de color gris que lo hace resistente a la acción de determinados líquidos. En la Figura N° 2.52 se muestra un tramo de este tipo de caño revestido.

Fig. N° 2.52
Caño flexible de acero

Su uso, fundamentalmente está recomendado para las cañerías que puedan estar sujeta a vibraciones, por ejemplo: la conexión a un ME.

Los caños de acero flexible no se pueden roscar en los extremos; su vinculación con otros caños (rígidos o flexibles), así como el ingreso a cajas de paso o de borneras se hace mediante el empleo de conectores. Existe una amplia variedad de estos elementos que permiten a su vez solucionar una gran cantidad de situaciones que se puedan presentar durante el desarrollo de una obra. En la Figura N° 2.53 se muestra uno del tipo recto y en la Figura N° 2.54 un ejemplo de la fijación de un caño flexible a una caja de aluminio en este caso.

2.53. Conector recto para caño de acero flexible

2.54. Caño de acero flexible fijado a una caja

2.6.6. Sistema de acero rígido sin roscar. Este sistema está formado por caños, cajas y un conjunto de accesorios que permiten la ejecución total de una canalización. La terminación superficial de todos estos elementos es galvanizada y como los accesorios (conectores, cajas, etc.) son de aluminio fundido tienen ese color característico.

Cuenta con accesorios que le pueden conferir un grado de estanqueidad como para poder hacer montajes a la intemperie. Presentan como ventaja su terminación superficial y el hecho de no tener que hacer roscas.

Se proveen con los mismos diámetros que los caños de acero rígidos roscados vistos anteriormente. Las Figuras N° 2.55 a la 2.58 muestran dos de los distintos tipos de accesorios y componentes de este sistema.

2.55 Cupla para caños a tornillos

2.56 Conector para caños a tornillo

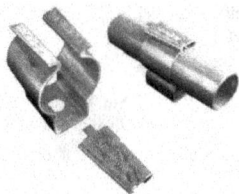

**Fig. N° 2.57 Grapa para fijar
caños de acero**

**Fig. N° 2.58 Caja de aluminio
fundido tipo estanca**

2.6.7. Sistema de material plástico flexible. Constituido fundamentalmente por el tipo de caño flexible corrugado popularizado en su color naranja (Figura N° 2.59), que se completa con conectores especialmente construidos (Figura N° 2.60) ya que el resto de los elementos tales como las cajas pueden ser de acero o bien de material plástico como las que se mostrarán a continuación.

Estos caños se proveen en rollos con los diámetros comunes a otros tipos.

Al respecto debe decirse que en el mercado se venden algunos caños que no responden a las normas IRAM, que presentan fragilidad mecánica y no son ignífugos.

Los caños plásticos flexibles se fabrican en las medidas comerciales de 5/8 y de 3/4, en rollos de 50 y 100 m de longitud. Es un material sumamente liviano.

**Fig. N° 2.59 Caños
flexibles de plástico**

**Fig. N° 2.60 Conector de
plástico para caño flexible**

2.6.8. Sistema de material plástico rígido. Se emplean cada vez con mayor frecuencia, Los caños se fabrican de dos calidades, según el espesor de las paredes. El largo comercial es de tres metros y tienen un extremo expandido para enchufe.

Las uniones se pegan en frío con un cemento vinílico. Hay también uniones a enchufe y conectores especiales de material plástico.

Las Figuras N° 2.61 a 2.63 muestran distintos elementos y accesorios de este sistema.

Fig. N° 2.61
Cupla para caño
de plástico
rígido

Fig. N° 2.62
Cupla para caño
de plástico rígido

Fig. N° 2.63 Grapa
para fijar caños
plásticos

La Figura N° 2.64 muestra cajas para embutir similares a las de acero y la Figura N° 2.65 una caja que se presta para varios usos (de paso, para borneras, etc.) dentro de la ejecución de las canalizaciones eléctricas.

Para doblar los caños plásticos rígidos se utilizan accesorios como los mostrados en la Figura N° 2.66, denominados "resortes para doblado".

La Figura N° 2.67 muestra un accesorio destinado a sellar el pasaje de los cables salientes o entrantes a los TE o cajas.

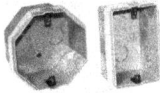

Fig. N° 2.64 Cajas de material
plástico

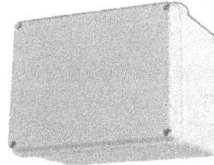

Fig. N° 2.65 Caja de material plástico

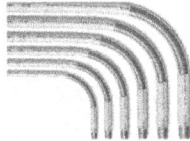

Fig. N° 2.66 Resortes para
doblar caños de plástico

Fig. N° 2.67 Conos
pasacables

2.6.9. Ejemplo de aplicación. Las Figuras N° 2.68 y 2.69 muestran esquemas de segmentos de canalizaciones hechas con un sistema de caños rígidos y una caja posicionada en un encofrado, respectivamente.

2.6.10. Caja. El término caja define una serie de elementos fundamentales de las IE ya que permiten alojar elementos de maniobra, conexión, fijación de luminarias, ventiladores de techo o de paso de los cables; por ello se fabrican en distintos tipos, dimensiones y materiales.

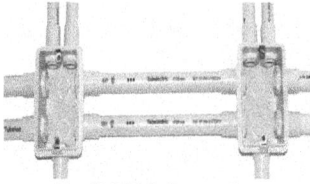

Fig. N° 2.68 Caños y cajas

Fig. N° 2.69 Caja octogonal
en el encofrado

Los caños que contienen los cables en su interior siempre finalizan en algún tipo de caja. Las cajas pueden ser: rectangulares, octogonales grandes y chicas, mignon y cuadradas y se fabrican en forma estandarizada, según las normas IRAM con chapa de acero o material plástico (Figuras N° 2.70 a 2.74).

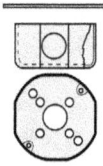

Fig. N° 2.70
Caja de acero
octogonal chica

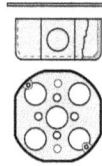

Fig. N° 2.71 Caja
de acero octogonal
grande

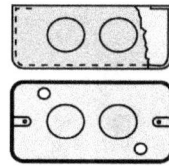

Fig. N° 2.72
Caja de acero
rectangular

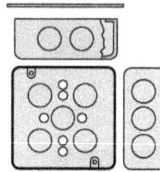

Fig. N° 2.73 Caja de
acero cuadrada

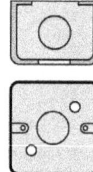

2.74 Caja de
acero mignon

Obsérvese que las cajas mencionadas presentan marcados unos círculos en sus laterales. Se trata de lugares ejecutados en el proceso de fabricación que son fácilmente removibles con un golpe, dejando libre un agujero circular por donde se puede introducir el fin de un caño, como ya se vio en las figuras anteriores.

Los diversos tipos de cajas pueden empotrarse en cavidades efectuadas en la mampostería u hormigón o bien fijadas sobre la superficie de estas, según se trate la forma de ejecutar la IE.

2.6.11. Ejemplo de empleos. Si se trata de una boca de techo, de donde penderá o se fijará una luminaria o un ventilador de techo, la caja será de tipo octogonal grande o chica. Para sujetar a estos, se colocará dentro de la caja elegida una grapa especial como la mostrada en la Figura N° 2.75; el conjunto armado se muestra en la Figura N° 2.76.

Fig. N° 2.75 Grapa para fijar luminarias o ventiladores a las cajas

Para las bocas de pared, destinadas a las luminarias de tipo APLIQUE, también se emplean las cajas octogonales chicas. En los lugares en donde se colocará un tomacorriente o un interruptor, se coloca una CAJA RECTANGULAR, como la de la Figura N° 2.72, provista de pestañas para fijar a los mismos.

Cuando se trata de hacer derivaciones de las cañerías o realizar empalmes, por lo cual son menos frecuentes que las otras cajas, se utilizan las cajas cuadradas (Figura N° 2.73).

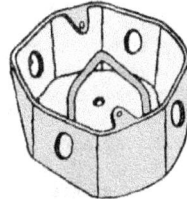

Fig. N° 2.76 Caja con grapa

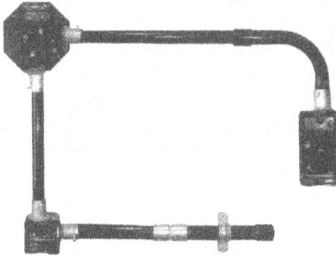

Fig. N° 2.77 Parte de una canalización hecha con caños

En determinados casos (pulsadores, interruptores de un punto, etc.) se utilizan las llamadas: MIGNON, que son cuadradas de dimensiones más reducidas que las mencionadas anteriormente, como se aprecia en el dibujo de la Figura N° 2.74 y forma parte de la canalización de la Figura N° 2.77.

Con un esquema simplificado la Figura N° 2.77 muestra cómo se ejecuta un pequeño sector de una canalización hecha con caños rígidos de acero con sus cajas y los distintos accesorios empleados.

La Tabla N° 2.8 nos resume los tipos de cajas y sus empleos más frecuentes.

TABLA N° 2.8
USO DE LAS CAJAS

FORMA	AGUJEROS DE 23 mm DE DIÁMETRO PARA CONECTAR A CAÑOS			USO MÁS FRECUENTE
	LATERALES	FONDOS	Total	
Cuadrada	12	4	6	Paso, derivación, etc.
Octogonal grande	4	5	9	Bocas de techo (Centros)
Octogonal chica	4	1	5	Bocas de pared (Apliques)
Rectangular	6	2	8	Interr. tomas, bocas de TE, etc.
Mignon	4	1	5	Pulsadores, campanillas, etc.

2.6.12. Cablecanal

2.6.12.1 Introducción. Son elementos destinados a alojar en su interior a los distintos tipos de cables. Presentan secciones transversales rectangulares, cuadradas, y de otros tipos; tienen una tapa a todo lo largo de los mismos, la cual se fija a presión.

Se fabrican en material plástico auto extinguible en distintos colores.

Los cablecanales se fijan a las superficies de las estructuras o paredes mediante las técnicas convencionales de fijación y los de secciones menores traen adosado un adhesivo para ello.

Las ventajas de su utilización radica en que son livianos, fáciles de transportar, simples de trabajar, sencillos de fijar y brindan protección mecánica a los cables.

Su utilización está dada en dos grandes campos: uno es el de los TE y el otro el de las IE de interiores a la vista. Para las segundas se fabrican distintos tipos que a su vez tienen diversos nombres, como simplemente cablecanales, zócalos, pisoductos, etc. Constituyen verdaderos sistemas compuestos por una gran variedad de accesorios que permiten ejecutar una IE completa.

Los requisitos mínimos para todos los sistemas de cablecanales son: que no sean propagantes de las llamas y que protejan desde el punto de vista mecánico a los cables en forma eficaz.

2.6.12.2. Industriales. Son ranurados en sus laterales, para permitir la entrada o salida de los cables. Se utilizan solamente en la construcción de TE. Son

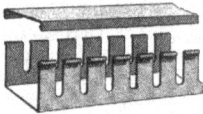

de sección rectangular o cuadrada, con dimensiones que van de 15 x 15 mm a 100 x 70 mm. Se fabrican en largo de dos metros. Son de color gris y tienen un accesorio que permite fijar los cables dentro de ellos.

En los TE se fijan a la placa de montaje mediante remaches especiales. En la Figura N° 2.78 se aprecia un esquema de este tipo.

Fig. N° 2.78 Cablecanal ranurado

2.6.12.3. Cablecanal para IE a la vista. En este tipo no solo se fabrican los tramos rectos sino también codos, curvas, derivaciones en "T", uniones, cajas para alojar interruptores y tomacorrientes, así como diversos adaptadores con una gran variedad de secciones transversales, que se presentan como un solo conducto o bien con divisiones interiores que hacen que sean conductos independientes.

Los accesorios antes mencionados permiten la ejecución de una IE completa, de modo que presentan una homogeneidad constructiva con una buena estética.

Estos sistemas se fabrican en colores muy claros, siendo las medidas y forma de las secciones transversales muy diversas, lo cual permiten realizar IE completas de diversas características (Figuras N° 2.79 y 2.80).

Fig. N° 2.79 Cablecanal

2.6.12.4. Sistema de zócalos. Este sistema es similar al anterior en cuanto a las posibilidades y accesorios, solo que está construido como su nombre lo indica, para ser montado como si fuera un zócalo convencional (Figura N° 2.82).

Fig. N° 2.80 Cablecanal múltiple

2.6.12.5. Sistemas de conductos para pisos. Pueden ser empotrados o bien colocados sobre la superficie de los pisos. Su utilización está dada generalmente en los locales destinados a oficinas o en donde funcione algún pequeño sistema de producción. Al igual que en los anteriores existe una amplia oferta, lo cual a su vez permite la ejecución de distintos tipos funcionales de IE. La Figura N° 2.82 muestra un modelo constructivo, mientras que en la Figura N° 2.83 se ve un accesorio que permite disponer de varios tipos de bases tomacorrientes y de señales.

Fig. N° 2.81 Cablecanal zócalo. Accesorio.

Fig. N° 2.82 Cablecanal para piso

2.83 Accesorio para el montaje de módulos

2.6.13. Bandejas portacables. Se utilizan para tender cables. Con el correr de los años, este sistema que primeramente fuera utilizado en las industrias en la actualidad es ampliamente usado en distintos estilos de edificios, como lo son los de supermercados, multicines, etc.

Ello es debido a sus ventajas, como las siguientes:

- **en el montaje:** se obtiene un precio final más bajo por su' facilidad de traslado y manipuleo así como por rapidez de armado, lo que permite una puesta en marcha más rápida.
- **en el mantenimiento:** permiten una fácil ubicación de los puntos con problemas así como el reemplazo rápido de los cables,
- **en el uso:** se aprovecha mejor la capacidad de conducción de los cables destinados a FM al no estar confinado en los caños,
- **mantenimiento o modificaciones:** en el caso de tener que realizar modificaciones o ampliaciones las mismas se pueden hacer fácilmente.

De acuerdo con sus formas constructivas se pueden encontrar los siguientes tipos:

- **escalera:** utilizadas para el tendido de cables de FM, control e iluminación,

- **perforadas:** se emplean para cables de control y de instrumentación electrónica y neumática,
- **ciegas:** para cualquiera de los sistemas eléctricos antes mencionados pero con las afectaciones del caso, por no permitir la libre circulación del aire a través de ellas.

En cuanto al material, se construyen de chapa (acero, acero inoxidable y aluminio), alambre y plástico. A los sistemas de BPC se les debe exigir:

- que tengan suficiente rigidez mecánica para soportar el peso de los cables,
- en el caso de las metálicas que no presenten filos cortantes que puedan dañar el aislamiento de los cables,
- que su terminación superficial o recubrimiento proteja adecuadamente el metal contra la corrosión,
- que cuente con todos los accesorios adecuados para poder realizar todos los cambios de sentido y niveles que requiera la traza o recorrido de la canalización.

Las más ampliamente usadas son las del tipo escalera, las cuales se fabrican en largos de tres metros y anchos de 150, 300, 450 y 600 mm. Entre los accesorios se encuentran: curvas planas a 45°, 60° y a 90°, curvas ajustables (para ángulos variables que no sean los anteriores), curvas dobles, curva verticales, desvío horizontal, unión "T", unión cruz, reducciones del ancho, tapas, separadores, cuplas para uniones, etc. (Figura N° 2.84).

Estos accesorios nombrados son los que se utilizan para formar la canalización en sí, pero también hay numerosos accesorios para el soporte de las mismas: grapa de suspensión, soporte de perfil tipo "C", ménsulas, varillas roscadas, tuercas, etc.

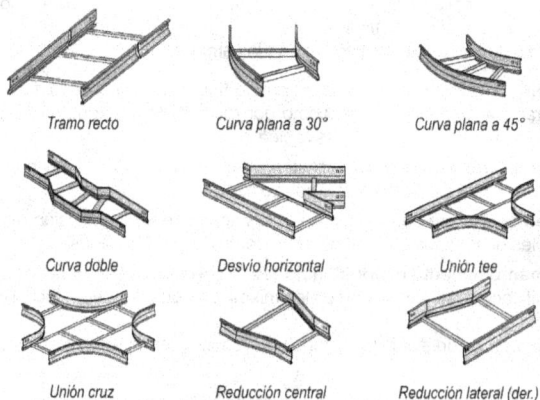

| Tramo recto | Curva plana a 30° | Curva plana a 45° |

| Curva doble | Desvío horizontal | Unión tee |

| Unión cruz | Reducción central | Reducción lateral (der.) |

Fig. N° 2.84 Algunos de los componentes de un sistema de BPC.

Con respecto a la terminación superficial, salvo que el ambiente presente alguna característica de agresividad determinada hacia el acero, se recubren mediante el cincado electrolítico o bien mediante el galvanizado en caliente. Las aplicaciones clásicas son: el primero para interior y el segundo para exteriores, lo cual termina siendo relativo ya que el recubrimiento queda definido por el medio ambiente en el cual se monta el sistema.

En la Figura N° 2.85 se muestra un tramo recto de una BPC tipo perforada y los accesorios que se utilizan tanto con este último tipo como en las del tipo escalera.

La Figura N° 2.86 muestra una vista de una BPC de alambres.

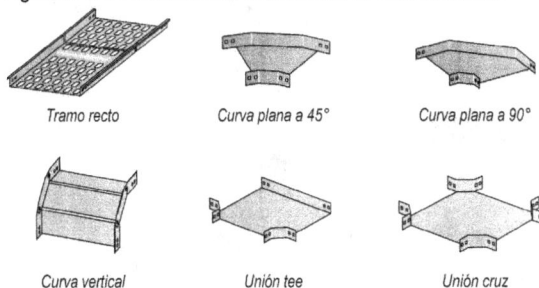

| Tramo recto | Curva plana a 45° | Curva plana a 90° |

| Curva vertical | Unión tee | Unión cruz |

Fig. N° 2.85 Tramo recto de una BPC y accesorios de uso general

2.6.14. Sistemas "C". Estos sistemas son en realidad un sistema de conductos metálicos (Figura N° 2.87) que tienen las mismas ventajas que los sistemas de BPC, pero con un uso más limitado como lo son los sistemas de iluminación de grandes áreas, depósitos, supermercados, o grandes tiendas.

Fig. N° 2.86 BPC de alambre

La ventaja de estos sistemas es que permiten fijar a ellos las luminarias y a su vez contener los cables que las alimentan. Estéticamente resultan aceptables ya que suelen armonizar con la estructura del techo.

Estos sistemas se componen de tramos rectos y accesorios tales como: cupla de unión, uniones en ángulo, en cruz y en "T". Para poder soportar a estos se encuentran: grapas tipo "J" y grapa de suspensión. Para montar y conectar las luminarias se proveen: las grapas para suspensión de las luminarias y una base simple o múltiple para poder montar tomacorrientes.

El tramo recto es un perfil del tipo "C" que puede ser simple o doble, siendo las medidas de los primeros 19 x 38 mm y 38 x 38 mm. En el caso de los segundos: 28 x 44 mm y 44 x 44 mm. El largo es de tres metros.

Este sistema se construye con chapa de acero con 1,65 mm y 2,10 mm de espesor. La terminación superficial se hace mediante el galvanizado en caliente en origen o bien se pueden pintar.

Estos perfiles también se utilizan para fabricar soportes de las BPC.

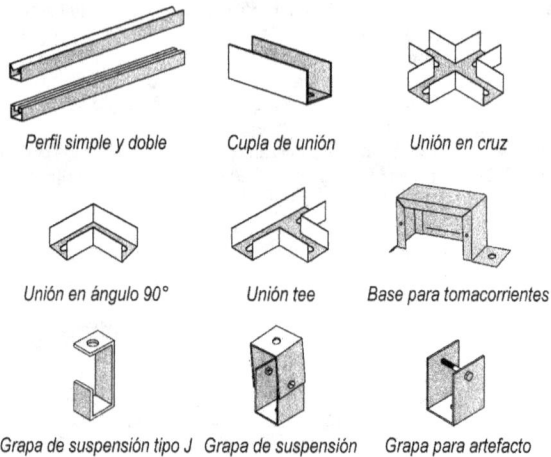

Perfil simple y doble   Cupla de unión   Unión en cruz

Unión en ángulo 90°   Unión tee   Base para tomacorrientes

Grapa de suspensión tipo J   Grapa de suspensión   Grapa para artefacto

Fig. Nº 2.87 Algunos de los componentes del sistema de perfil tipo "C"

2.6.15. Subterránea. Una canalización subterránea se puede ejecutar enterrando directamente el cable del tipo energía con protección mecánica o bien tendiendo a este en un único caño o en un caño que forma parte de bloque de caños.

En cuanto a los caños pueden ser de acero galvanizado o bien de material plástico; el resto es arena, ladrillos de barro o bien hormigón pobre. La tecnología de su construcción se verá en el capítulo correspondiente a canalizaciones.

2.7. PUESTA A TIERRA

2.7.1. Introducción. La denominada puesta a tierra (PAT) es en realidad un sistema y cada inmueble debe contar con uno, el cual estará de acuerdo con sus características y funcionalidad. Debe considerare como un SISTEMA DE PROTECCIÓN y como tal está formado por una serie de materiales.

El tema sistemas de PAT será tratado en el Capítulo Nº 8 –Protección–; a continuación se verán los materiales empleados en los mismos.

2.7.2. Electrodo de puesta a tierra o jabalina. Es un elemento que se hinca en el terreno propiamente dicho. Existen diversas formas constructivas tales como: perfiles tipo "L" o en "cruz" galvanizados, pero fundamentalmente se utilizan los de acero redondo recubiertos con una capa de cobre (Figura Nº 2.88); se proveen en largos de 1,5 m y

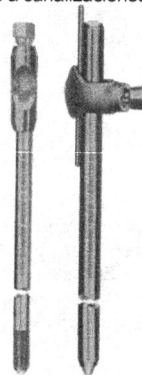

**Fig. Nº 2.88
Electrodo de PAT
o jabalina**

mediante un accesorio pueden acoplarse longitudinalmente para lograr largos mayores. También se provee un accesorio denominado "sufridera", que se coloca en el extremo que se golpea para hincarlas. Este tipo constructivo está normalizado por IRAM.

2.7.3. Uniones. Son las que vinculan los distintos elementos componentes del sistema de PAT. La realización de estas uniones puede requerir de algunos de los siguientes elementos.

- **Grapas**: se utilizan para fijar los conductores a los electrodos de PAT (jabalinas), o bien para hacer derivaciones a los distintos elementos componentes de la IE (masas). Existen varios modelos, como los que utilizan tornillos o los que se comprimen (Figura N° 2.89).

Fig. N° 2.89 Grapa para electrodo de PAT

- **Terminales:** se emplean para efectuar la conexión de los cables PE a las barras de PAT o a los distintos elementos que forman las masas.
- **Soldaduras:** se utilizan en principio para vincular todos los elementos del sistema de PAT que deban quedar enterrados o bien cuando la importancia de las uniones lo requiera (empalme de conductores principales, uniones de conductores con estructuras metálicas, etc.). El tipo de soldaduras empleado es exotérmico, denominado cupro-aluminotérmica. La realización de estas soldaduras requiere de moldes, manijas y de la carga de fundente. El procedimiento exotérmico se realiza dentro de un molde como el que se muestra en la Figura N° 2.90. Una vez finalizado el proceso, las soldaduras, dependiendo del tipo, son como las que se muestran en las Figuras N° 2.91 y 2.92. La primera es una soldadura entre un conductor y un electrodo de PAT en cambio la segunda es la unión en derivación de conductores.

Fig. N° 2.90 Molde para soldadura

2.7.4. Caja de medición. Como muestra la Figura N° 2.93 se trata de un gabinete (como los empleados en los pequeños TE) en cuyo interior hay una barra de cobre a la cual se conectan por un lado los distintos cables PE que recorren

Fig. N° 2.91 Soldadura de jabalina a conductor

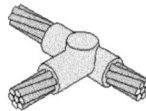

Fig. N° 2.92 Soldadura de conductores

**Fig. N° 2.93 Caja
de medición**

las canalizaciones de la IE y por el otro el que va directamente a la PAT propiamente dicha (jabalina, malla o el que se trate). Esta barra que hace de puente debe ser removible para permitir la separación temporaria de ambas partes para hacer la medición de los valores de la resistencia que presenta la PAT propiamente dicha.

2.7.5. Cámara de inspección. Destinadas a verificar el estado de la conexión entre el electrodo de PAT (jabalina) y el cable que lo conecta a la barra de PAT en el TE (Figura N° 2.94).

Cuando se trata de una sola jabalina la misma se vincula mediante una grapa a tornillo como la mostrada en la Figura N° 2.89, o una soldadura al cable que va al TE como la que se aprecia en la Figura N° 2.91.

En esta cámara de inspección es posible realizar las mediciones del valor de la PAT, ya que puede cumplir la misma función que la caja de medición antes descripta.

Fig. N° 2.94 Caja de inspección

CAPÍTULO 3

APARATOS DE
LAS INSTALACIONES
ELÉCTRICAS

3.1. INTRODUCCIÓN

En este capítulo se expondrán las características constructivas y funcionales de los elementos más comunes que junto a los materiales del capítulo anterior son los que permiten la ejecución de las IE.

3.2. PARÁMETROS

Los diversos aparatos utilizados en las instalaciones eléctricas están constituidos por elementos que necesariamente tienen valores de tensión, corriente, etc., denominados NOMINALES O ASIGNADOS. Estos elementos son fabricados en forma estándar para funcionar con los valores fijados por el fabricante, quien a su vez lo hace de acuerdo con la norma correspondiente, sin problemas.

Por ejemplo: la CORRIENTE NOMINAL O CORRIENTE ELÉCTRICA ASIGNADA de un interruptor es el valor de la corriente eléctrica que el mismo puede conducir y cortar sin dañarse durante una gran cantidad de veces, la suficiente como para garantir una vida útil determinada.

Según la complejidad funcional de los elementos existen otros parámetros que van más allá de la tensión y corriente, como pueden ser: número de maniobra horaria, altitud, temperatura (ambiente y funcional), etc.

El proyectista y el Instalador deberán corroborar que los valores nominales de cada elemento estén acordes con las reales necesidades de su aplicación.

3.3. APARATOS

Para las IE eléctricas abordadas en este libro se consideran los siguientes, aunque no son los únicos que existen; hay otros tipos para aplicaciones más específicas. Los que trataremos son:

- interruptor,
- pulsador,
- tomacorriente,
- ficha tomacorriente,
- contactor,
- otros.

3.3.1. Interruptor. También denominados DISYUNTORES (se utilizará el término INTERRUPTOR); es un elemento destinado a facilitar, interrumpir, o desviar una corriente eléctrica.

En el campo de los denominados interruptores hay que distinguir una gran variedad de tipos, pero en lo que sigue nos centraremos en los utilizados para las IE tratadas aquí.

Es así que se pueden distinguir dos grandes grupos, los INTERRUPTORES DE UN EFECTO (sin protección) y los INTERRUPTORES TERMOMAGNÉTICOS AUTOMÁTICOS O INTERRUPTOR AUTOMÁTICO (con protección) (IA). Hay una amplia variedad constructiva en cada uno de estos tipos.

3.3.1.1. Interruptor de un efecto. Aunque comúnmente se las denomina "llave", se utilizará el término INTERRUPTOR para designar al INTERRUPTOR UNIPOLAR O BIPOLAR, cuya función es abrir o cerrar a voluntad un circuito eléctrico. Tiene la particularidad de que una vez en una de sus dos posiciones, sea de abierto o cerrado, la conserva.

Son los utilizados en las IE antes mencionadas y comandan una o varias lámparas a la vez, así como también algún otro tipo aparato (extractor, ventilador, etc.).

Desde el punto de vista eléctrico, los interruptores se fabrican para tensiones de 220 V de corriente alterna, y corriente eléctrica máxima de operación de 10 A.

En cuanto a su forma física la misma puede ser:

- En forma de módulos componibles que permiten su acoplamiento para formar las diversas disposiciones funcionales que exigen las distintas IE. Para hacer estos acoplamientos se hace necesaria la utilización de bastidores, los cuales permiten a su vez la fijación a las cajas.
- Módulos que utilizan la tecnología táctil.
- Como unidades que se montan sobre la superficie.
- Dispositivos de variadas formas que generalmente se utilizan en las luminarias a las que se denomina "perillas".

Fig. N° 3.1 Módulo de interruptor de un punto para uso general

Fig. N° 3.2 Módulo para controlar persianas motorizadas

Fig. N° 3.3 Módulo para luces de escalera

En las Figuras N° 3.1, 3.2 y 3.3 se muestran módulos de interruptores. La Figura N° 3.4 muestra un interruptor táctil. En la Figura N° 3.5 se pueden apreciar módulos de interruptores para embutir en la carpintería metálica y en la Figura N° 3.6 módulos de superficie.

Fig. N° 3.4 Interruptor táctil

Fig. N° 3.5 Módulos para carpintería metálica

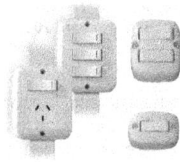

Fig. N° 3.6 Módulos de superficie

3.3.1.2. Interruptor perilla. Se utiliza para el comando de una lámpara de mesa o de pie.

3.3.1.3. Interruptor automático termomagnético (IA). Por su importancia este tipo será abordado en forma particular en el Capítulo N° 8 –Protección–.

3.3.1.4. Pulsador. Es otro tipo de interruptor, que cierra sus contactos mientras se lo presiona, abriéndolos cuando se lo deja de hacer. También se fabrican en forma de módulos componibles o bien para montar sobre la superficie. En la Figura N° 3.7 se muestra el módulo de un pulsador para timbre. Existen otros que permiten su montaje sobre una superficie.

3.3.2. Tomacorriente. Denominado "toma", en forma simplificada.Es un dispositivo que conectado a alguno de los circuitos de la IE a su vez permiten conectar a él un consumo (lámparas de mesa, electrodomésticos en general, etc.).

En forma parecida a los interruptores también se fabrican en módulos componibles o bien para montar sobre la superficie.

Las corrientes eléctricas nominales o asignadas son de 10 y 20 A. Las Figuras N° 3.8 al 3.11 muestran módulos de tipos distintos de tomacorrientes. En la Figura N° 3.5 se muestra un interruptor y un tomacorriente para embutir en la carpintería metálica. La Figura N° 3.12 muestra un tomacorriente para prolongación.

3.3.3. Combinación de módulos. Sobre un bastidor se montan los distintos tipos de módulos. Existen diversas formas de fijar estos últimos al bastidor, algunos mediante tornillos (hoy en desuso) o bien mediante trabas especialmente diseñadas, lo cual se hace sin necesidad de herramientas. La Figura N° 3.13 muestra cómo hacerlo.

**Fig. N° 3.7
Módulo pulsador**

**Fig. N° 3.8 Módulo
tomacorriente simple**

**Fig. N° 3.9 Módulo
tomacorriente para
circuito de iluminación**

**Fig. N° 3.10 Módulo
tomacorriente para 20 A**

**Fig. N° 3.11 Módulo de
tomacorriente doble**

**Fig. N° 3.12 Ficha
tomacorriente para
prolongación**

En este caso, luego de montados los módulos sobre el bastidor se procede a fijarlo mediante dos tornillos a la caja que lo contendrá (de superficie o embutida). Sobre esta se fija un marco, quedando el conjunto armado como lo muestra la Figura N° 3.14. Los marcos se fabrican en una amplia variedad de formas y colores ya que constituyen un elemento de decoración de los ambientes.

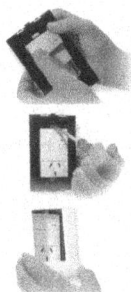

**Fig. N° 3.13 Forma de
armar los módulos**

3.3.3. Ficha tomacorriente. Denominada simplificadamente como "ficha", es un dispositivo que se inserta en el tomacorriente para conectar un consumo (lámpara de mesa, electrodomésticos en general, etc.). La conexión o desconexión se realiza a voluntad del usuario.

Las FICHAS TOMACORRIENTES se fabrican con dos y tres pernos planos (también se suele decir: tres espigas o pines) de acuerdo con la clase del elemento a conectar. Para el primer caso es para clase I y para el segundo clase III.

Se fabrican de acuerdo con las normas IRAM 2 071 (2 x 10 A + T) (Figuras N° 3.15 y 3.16).

De la misma manera los TOMACORRIENTES también deben tener los tres orificios necesarios para admitir a los tres pernos y también para dos. Sus destinos son: uno para el conductor vivo (V), otro para el conductor neutro (N), y finalmente el tercero para el de protección (PE) o de PAT.

NOTA

Es necesario destacar que, en la práctica corriente del comercio o de las obras, se suelen usar denominaciones que se apartan de las que se utilizan en este libro, pero debemos recordar que un técnico, Instalador o profesional de la electricidad, debe emplear un vocabulario normalizado y lo más correcto posible.

**Fig. N° 3.14 Conjunto
de módulo interruptor
y tomacorriente**

Fig. Nº 3.15 Ficha de dos espigas planas

Fig. Nº 3.16 Ficha de tres espigas planas

3.3.4. Tomacorriente múltiple y prolongación. Cuando es necesario conectar varios consumos y solo se dispone de un tomacorriente, se recurre a los TOMACORRIENTES MÚLTIPLES (popularmente llamados "zapatillas") (Figura Nº 3.17), que tienen cuatro o cinco bases tomacorrientes. Las diversas fábricas los ofrecen en distintas alternativas constructivas, pero deben contar con interruptor general y provistos con un elemento de protección para que la corriente eléctrica consumida no supere los 10 A. Este tipo de toma múltiple puede ser fijado a la pared o estructura o bien puede ser depositado en el piso (no recomendable).

Constructivamente parecidos pero con un cable para la conexión al tomacorriente de donde se toma la alimentación se fabrican las PROLONGACIONES (Figura Nº 3.18). El cable para la conexión se provee con distintos largos.

Tanto los tomas múltiples como las prolongaciones tienen una corriente nominal de 10 A para la tensión nominal de 220 V.

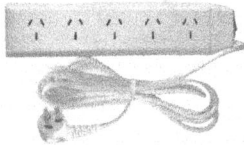

Fig. Nº 3.17 Tomacorriente múltiple

Fig. Nº 3.18 Prolongación

3.4. TOMACORRIENTES Y FICHAS NORMALIZADOS POR IRAM

- **Fichas tomacorrientes**
  - **Norma: 2 073:** 2 x 10 A + T 250 V para aparatos de clase I. Figura Nº 3.14
  - **Norma: 2 063:** 2 x 10 A   250 V para aparatos de clase II. Figura Nº 3.15

- **Tomacorrientes**
  - **Norma: 2 071:** 2 x 10 + T Para pernos chatos. Figuras Nº 3.8, 3.9, 3.10 y 3.11.

- **Enchufes de acoplamiento con toma a tierra**
  - **Norma: 2 086:** 2 x 10 A + T 220 V. Figura Nº 3.12.

Identificación: los productos de baja tensión deben llevar grabado en forma indeleble y claramente visible el SELLO DE SEGURIDAD, según lo exige la Resolución 92/98 y 109/2005 de Comercio Interior.

3.5. CASO ESPECIAL DE TOMACORRIENTES Y FICHAS

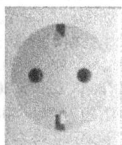

Fig. N° 3.19 Módulo de
tomacorrientes tipo Schuko

Se trata de los denominados Schuko, cuyo origen es Alemania; se fabrican según las normas DIN 49 440 y CEI 23-5 para 250 V y 16 A.

Se permiten solo en las IE de uso electromédico con incumbencia del ANMAT, siempre y cuando los mismos vengan provistos con estos tipos originalmente (Figura N° 3.19).

3.6. OTROS COMPONENTES

El avance de la tecnología permite que las viviendas, los locales y las oficinas cuenten con equipamientos que contribuyan a una mayor seguridad, funcionalidad y eficiencia, para lo cual se hacen necesarios otros elementos que los mencionados hasta aquí y que a continuación se tratarán.

3.6.1. Interruptor o llave de combinación: está destinado a comandar una o varias luminarias desde dos puntos distintos. La forma de conectarlo se puede ver en el Capítulo N° 6 –Circuito eléctrico–.

3.6.2. Variador de la intensidad luminosa: se lo conoce comúnmente por su nombre original en idioma inglés: DIMMER. Es un pequeño dispositivo, que se

Fig. N° 3.20 Módulo
para variar luces

acciona mediante una perilla giratoria y permite variar la potencia que se le entrega a una o a varias lámparas a la vez. La citada variación en general permite pasar desde un nivel mínimo de iluminación a uno pleno. Admite controlar hasta 400 W. Es necesario señalar que esto se puede realizar en luminarias con determinados tipos de lámparas (Figura N° 3.20).

3.6.3. Variador de velocidad para ventiladores de techo: se trata de un dispositivo similar al descrito en el ítem precedente, al cual se le conecta el artefacto antes mencionado.

3.6.4. Automático de pasillo: es un temporizador que puede ser accionado desde varios lugares distintos mediante pulsadores. Permiten conectar hasta 800 W en lámparas. Al accionar el pulsador, comienza a trabajar el temporizador que activa a la iluminación conectada. Luego de un tiempo preajustado que va desde los diez segundos hasta cinco minutos, desconecta las luminarias.

3.6.5. Luz vigía roja: emite una luz roja de baja intensidad en forma permanente, con lo cual indica su posición en la oscuridad permitiendo la orientación de las personas.

3.6.6. Zumbador: se utiliza para dar una señal sonora.

3.6.7. Interruptor de cuatro vías: el interruptor intermedio de cuatro vías es una combinación bipolar, la cual tiene por objeto encender iluminarias desde "n" bocas distintas.

3.6.8. Interruptor tarjeta de hotel: permite controlar y de esa manera racionalizar el consumo de la energía eléctrica en las habitaciones de los hoteles. Su uso permite comandar las alimentaciones eléctricas de una o varias zonas mediante la colocación o extracción de una tarjeta plástica en una ranura dispuesta a tal fin. Opera con un micro-interruptor que recibe la orden del ingreso de la tarjeta y manda el cierre del contactor, que a su vez cierra el circuito eléctrico de las luminarias. El retiro de la tarjeta, hace cambiar el estado del contactor.

Cada uno de los elementos descriptos son módulos que se montan, puente de sostén o bastidor mediante, en cajas rectangulares de embutir o bien externas o de superficie.

3.7. TOMACORRIENTES Y FICHAS PARA OTROS USOS

En los ítems anteriores se han mostrado los distintos tipos constructivos de tomacorrientes y fichas utilizados en los ámbitos de las IE tratadas, pero existen otras necesidades en cuanto a corriente eléctrica y características del ámbito de empleo.

Esa necesidad distinta suele surgir de que la carga es mayor a las corrientes admisibles (10 A y 20 A) de estos o bien porque el medio ambiente es distinto como suelen ser las propias obras de los edificios.

Es decir que se necesitan estos dispositivos pero con características constructivas apropiadas a estas mayores exigencias, y es así como encontramos una amplia gama, las cuales se denominan FICHAS Y TOMACORRIENTES INDUSTRIALES, aunque su campo de aplicación sea un poco más amplio.

Estos tomacorrientes y fichas presentan características constructivas distintas: por ejemplo su rango de tensiones admisibles, sus corrientes nominales, sus grados de protección (IP) y la norma de fabricación y ensayo.

Para la determinación del grado de protección habrá que tener en cuenta la contaminación que presente el ambiente (agua, polvo, etc.).

Estas fichas y tomacorrientes se fabrican por rangos de tensiones nominales, es así que se pueden encontrar seis rangos que van de los 10 a 690 V. A los fines prácticos cada uno de estos rangos se identifica con un color determinado, siendo ellos:

- 10 a 25 V -> Violeta
- 40 a 50 V -> Blanco
- 100 a 130 V -> Amarillo
- 200 a 250 V -> Azul
- 380 a 480 V -> Rojo
- 500 a 690 V -> Negro

Los colores se aplican a las distintas partes de los componentes de los tomacorrientes o fichas.

De la misma manera, pero en cuanto a las corrientes nominales o asignadas, las mismas van de: 16, 32, 63 hasta los 125 A.

El otro parámetro importante es el grado de protección mecánica, y es así como es posible encontrarlos con una variedad que va de los IP 44 e IP 67 (Figuras Nº 3.21, Nº 3.22 y Nº 3.23).

Fig. Nº 3.21 Bases tomacorrientes portátiles

Fig. Nº 3.22 Bases tomacorrientes para tableros

Fig. Nº 3.23 Ficha tomacorrientes

En cuanto al número de polos, el mismo puede ser 2, 3 y 4 acompañados por el que corresponde a tierra o neutro o con ambos. Por ejemplo: 2P+T, 3P+T, 3P+N+T, etc. Estos se fabrican y ensayan de acuerdo con las normas IEC.

Los materiales plásticos utilizados en su fabricación son auto-extinguibles.

Fig. Nº 3.24 Tablero de tomacorrientes portátiles

En cuanto a las formas constructivas, las mismas son muy diversas y dependen de la aplicación que se pretenda darles. A modo de resumen se puede decir que hay bases tomacorrientes portátiles y fijas; estas últimas pueden ser rectas o inclinadas y a su vez de empotrar o de superficie. En cuanto a las fichas tomacorrientes, las hay con tapas y sin ellas.

Para el montaje se proveen gabinetes especialmente construidos en material plástico. Uno de estos se provee con un interruptor para bloquear la base tomacorriente y con posibilidades de colocar un candado para seguridad, como muestra la Figura Nº 3.24. También hay gabinetes que permiten no solo el montaje de varias bases tomacorrientes sino también los respectivos IA y también ID.

3.8. CONTACTORES

Son interruptores que presentan como particularidad, el poder realizar un elevado número de maniobras horarias y que pueden ser controlados a distancia. En la Figura Nº 3.25 se muestra una forma constructiva general. Son los elementos fundamentales en los circuitos de automatización, asociados con ciertos dispositivos de protección constituyen el elemento natural para el control y protección de los ME, aunque sus aplicaciones también pueden ser en sistemas de: iluminación, calefacción, condensadores para la corrección del factor de potencia, etc.

Se emplean en distintos rangos de tensión, desde 1 000 V hasta los 10 kV. Debe señalarse al respecto que, en los de BT, la conexión y la interrupción se hace en aire, en cambio, en los de mayores tensiones las mismas se realizan en un medio distinto, como ser vacío o un gas aislante.

El contactor funciona por la acción de una bobina alimentada por una tensión auxiliar de bajo valor, llamada TENSIÓN DE MANDO O TENSIÓN DE ACCIONAMIENTO O TENSIÓN AUXILIAR (48 V), obtenida a través de un transformador de control (T) que es alimentado con la tensión de la carga.

En el dibujo de la Figura N° 3.26 se muestra esquemáticamente el principio de la construcción de un contactor. El funcionamiento se basa en que al circular una corriente eléctrica por la bobina, se produce un campo electro-magnético que hace que la armadura fija atraiga a la armadura móvil, produciendo el cierre de los contactos principales y auxiliares.

Fig. N° 3.25
Contactor

El dibujo de la Figura N° 3.27 muestra un esquema eléctrico funcional de un contactor. Cuando se oprime el pulsador de marcha (S2), se cierra el CIRCUITO AUXILIAR y se acciona la bobina, la que cierra a los tres contactos principales (K). Pero también cierra los contactos auxiliares (cuyo número puede variar de acuerdo con las necesidades del circuito), lo que permite que si se deja de oprimir el pulsador de marcha (S2), la corriente eléctrica en el circuito auxiliar siga circulando y manteniendo el contactor en posición de cerrado. Para abrirlo, se presiona el pulsador de parada (S1), que tiene sus contactos normalmente cerrados, con lo que se abre el circuito auxiliar, y la bobina deja de estar excitada y por lo tanto deja de actuar el sistema de contactos y por la acción de un resorte, abre los contactos principales y el contacto auxiliar (K).

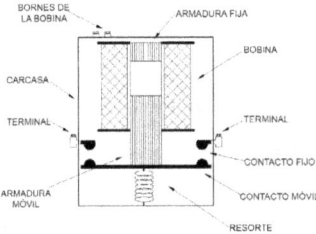

Fig. N° 3.26 Esquema del principio constructivo de un contactor

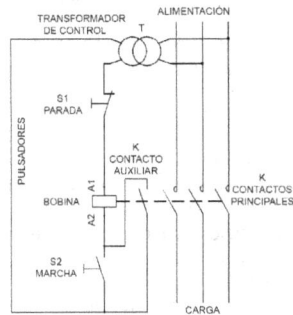

Fig. N° 3.27 Esquema eléctrico funcional de un contactor

Para los circuitos de control más complejos los contactores se asocian con un tipo de equipo llamado PLC, los cuales están destinados a controlarlos y comunicarlos con otros elementos del sistema de automatización al que pertenecen. En la Figura 3.28 se muestra un pequeño PLC.

Fig. N° 3.28 Programador lógico programable (PLC)

Fig. N° 3.29 Símbolo de un contacto de un contactor

La Figura N° 3.29 muestra el símbolo unipolar de un contacto principal de un contactor.

3.8.1. El empleo de los contactores. La característica fundamentales, es que pueden ser comandados a distancia y que tienen la posibilidad de realizar un elevado número de maniobras por hora (millones), lo cual los convierte en el elemento esencial de la automatización de cualquier tipo de proceso. Desde el más simple y más cercano tal vez, como lo es el sistema de agua de un edificio de propiedad horizontal de muchas unidades de viviendas, el ascensor, el montacargas, la rampa de los garajes hasta en los medios de producción y servicio aplicado a los complejos procesos de fabricación industrial.

Los contactores son aparatos que tienen una relativa baja capacidad para conducir las corrientes de cortocircuito, por lo cual se hace necesario su protección, que puede hacerse empleando fusibles o algún tipo de IA que será visto en el Capítulo N° 8 –Protección–.

3.8.2. Tipos constructivos. Existen dos tipos constructivos: los de POTENCIA y los AUXILIARES. Los primeros están destinados a conectar y desconectar las corrientes eléctricas de las cargas. En cambio a los segundos se los emplea en los circuitos auxiliares, tales como son los de automatización, control o señalización.

Los contactores de potencia tienen tres contactos principales y un número variable de contactos auxiliares, dependiendo del tamaño y la construcción del mismo, generalmente; estos últimos tienen dos, uno normalmente cerrado (NC) y otro normalmente abierto (NA), admitiendo el agregado de distintas cantidades de ambos tipos.

También existen otros accesorios que pueden ser adosados a los contactores de potencia tales como contactos auxiliares de construcción especial, por ejemplo: con retardos, estancos u otros más sofisticados. Otros de los accesorios posibles son los bloques de contactos auxiliares temporizados a la conexión o a la desconexión.

A estos se pueden sumar circuitos R-C (resistencia – condensador) que actúan como filtros o bien varistores para la limitación de la tensión de maniobra.

Desde el punto de vista constructivo los CONTACTORES AUXILIARES, también llamados RELÉS AUXILIARES presentan el aspecto de las Figuras N° 3.30 y 3.31. El primero de ellos corresponde a un modelo más antiguo (pero vigente), en cambio el segundo figura entre los más modernos y eficientes.

Fig. N° 3.30 Relé auxiliar

Los relés auxiliares se construyen con un número muy variable de contactos e inclusive de tipos de los mismos. Con respecto a estos últimos se puede decir que existen: NORMALMENTE CERRADO (NC), NORMALMENTE ABIERTO (NA) e INVERSORES. En la Figura N° 3.32 se pueden ver los símbolos típicos de estos tres tipos.

Fig. Nº 3.31 Conjunto de
relé auxiliar y zócalo

Fig. Nº 3.32 Símbolos unipolares de
contactos en general

Con respecto a las cantidades de los mismos van desde los dos a diez o más. La Figura Nº 3.33 muestra el esquema de un determinado tipo de relé auxiliar.

Los relés auxiliares tienen, al igual que los de potencia, ciertos parámetros característicos. Debe resaltarse que tienen una mayor velocidad de operación y un número mayor de maniobras horarias.

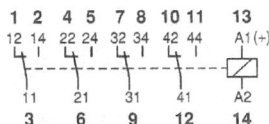

Fig. Nº 3.33 Símbolos de
contactos de relé auxiliar y su
bobina

3.8.3. Características eléctricas de los contactores. Los parámetros característicos son:

- **Ue**: tensión de empleo, la tensión servicio (220, 400, 500 etc.).
- **Ie:** corriente de empleo o corriente nominal, se da para cada valor de la tensión de empleo Ue. Por ejemplo: 12 A para 400/380 V).
- **Potencia**: se da para cada tensión de empleo. Por ej. 37 kW para 400/380 V.
- **Tensión nominal** de la bobina.
- **Potencia consumida** de la bobina.
- **Duración mecánica** de los contactos.

Estos parámetros se dan para determinadas condiciones de altitud y temperatura ambiente. Se denomina ALTITUD, a la altura sobre el nivel del mar del lugar en donde se monta.

Cuando nos referimos a TEMPERATURA, es la que tiene el aire en el recinto en donde se encuentra instalado el contactor, considerándose que no hay restricciones para las comprendidas entre –5 y 55 ºC, con ciertas restricciones hasta –50 y +70 ºC.

Con referencia a la tensión nominal de la bobina de accionamiento, las mismas se proveen para tensiones alternas o continuas que van desde los 24 a 440 V.

TABLA N° 3.7
DATOS CARACTERÍSTICOS GENERALES
DE LOS CONTACTORES TRIPOLARES

CORRIENTE DE EMPLEO [A]	POTENCIA NOMINAL [kW]
90	4,0
12	5,5
18	7,5
25	11
32	15
38	18,5
40	18,5
50	22
65	30
80	37
95	45
115	55
150	75

NOTAS:
1. Estas corrientes eléctricas son para la categoría de empleo AC3 y para una tensión de 440 V.
2. Las potencias nominales trifásicas están dadas para la categoría de empleo AC3 y una tensión de 380/400 V.
3. Estos valores tienen el carácter de orientativos, para realizar una aplicación concreta es necesario recurrir a los catálogos técnicos de los fabricantes del tipo a emplear.

3.8.4. Categoría de empleo para los contactores según la norma IEC 60 947.
Junto a los valores nominales de la intensidad de la corriente eléctrica de servicio o la potencia y la tensión, la CATEGORÍA DE EMPLEO permite definir la finalidad y la solicitación de los interruptores en general, en este caso los contactores.

Estas categorías se encuentran normalizadas y fijan los valores de la corriente eléctrica que el contactor puede establecer o cortar. Dependiendo de:

- el tipo de receptor controlado: motor de jaula o de anillos, resistencias, etc.,
- condiciones en las que se realizan los cierres y aperturas: arranque, inversión de marcha, etc.

Las categorías que se establecen para circuito de corriente alterna son: AC-1, AC-2, AC3 y AC4 y para corriente continua: DC-1, DC-3 y DC-5.

Las categorías más comunes para corriente alterna son:

- **Categoría AC-1**: Se aplica a todas las cargas, cuyo factor de potencia es mayor o igual a 0,95. Ejemplos: sistemas de calefacción, distribución, etc.

- **Categoría AC-3**: Se emplea para los motores de jaula de ardilla, conexión con cinco a siete veces la corriente eléctrica nominal, apertura durante la marcha. Ejemplos: todos los ME del tipo jaula de ardilla empleados en ascensores, escaleras mecánicas, cintas transportadoras, compresores, bombas, mezcladoras, etc.

3.8.5. Vida útil de los contactos. Al poder realizar un elevadísimo número de maniobras horarias, los contactos sufren desgastes, es por ello que los fabricantes proporcionan tablas en donde se dan para la potencia empleada los ciclos de maniobra admisibles de la vida útil del contactor.

Para los ME la selección de los mismos se lleva a cabo en función a la forma de empleo que se hace y del tipo de accionamiento, arranque, marcha, contramarcha, rotor en jaula de ardilla o bobinado, etc.

3.8.6. Montaje de los contactores. Cuando se los utiliza en forma unitaria, para comandar, controlar y proteger un solo ME se proveen dentro de un pequeño gabinete en cuyo frente están los pulsadores de arranque y parada. Este montaje constituye un TE al cual se lo dota con un grado de protección mecánica. Esta disposición generalmente está destinada a un uso del tipo doméstico o de prestaciones menores (bombas de agua domiciliarias, filtros de piscina, etc.).

Contrariamente a este uso, en general y dependiendo del circuito se emplean varios a la vez, como podría ser el sistema de bombeo del agua potable de un edificio, el cual tiene al menos dos ME, o el caso del ascensor que tiene tres contactores para arrancar el motor (arranque con resistencias). Para estos tipos de aplicaciones se montan dentro de un gabinete.

Ya en el mismo, la fijación de estos a la placa de montaje se hace mediante el empleo de los denominados rieles tipo DIN. Una vez fijado a estos, se procede a la conexión de los cables necesarios.

Existen dos formas conectar los cables, una es mediante el empleo de tornillos que ajustan el conductor del cable propiamente dicho a los bornes del contactor. El otro sistema es mediante el empleo de bornes a resortes (*cage clamp*), los cuales no emplean tornillos. Este último sistema también se emplea para otros elementos que componen los circuitos de control como lo son los bornes de conexión.

3.8.7. Elementos de maniobra y señalización asociados a los contactores. Se trata de los pulsadores y las luces de señalización o como se las conoce habitualmente: "ojos de buey",

3.8.8. Pulsadores. Si bien se los trató anteriormente como un tipo de interruptor (eran los que estaban destinados a timbres o automáticos de escaleras), los que se utilizan en los circuitos de control con contactores presentan mayor robustez constructiva ya que tienen que conectar o desconectar corrientes eléctricas más elevadas, así como también tienen combinaciones de contactos normalmente abiertos y normalmente cerrado. Estos son modulares y permiten acoplar mayor cantidad de acuerdo con las necesidades del circuito.

Su construcción hace que se puedan montar en los frentes de los tableros o en cajas de comando, además de que tienen colores que permiten identificar la acción que pueden llevar a cabo cada uno de ellos. Por ejemplo: rojo para la parada o verde para la puesta en marcha (Figura N° 3.34). Existe una forma constructiva especial destinada a las paradas de emergencia (Figura N° 3.35).

3.8.9. Luz de señalización. Es un dispositivo que mediante el empleo de una lámpara (incandescente, neón o led) señala una situación de un circuito de control, al igual que los pulsadores se fabrican para montar sobre el frente de los tableros y cajas, con diversos colores. Por ejemplo: rojo, para una situación de emergencia, verde para una normal, etc. (Figura N° 3.36).

Fig. N° 3.34
Pulsadores

Fig. N° 3.35
Pulsador de
emergencia

Fig. N° 3.36 Luces de
señalización (ojo
de buey)

3.8.10. Bornes de conexión. Son elementos individuales destinados a la conexión de cables que se acoplan uno al lado del otro formando una fila, constituyendo lo que se denomina BORNERA. Los bornes se fijan mediante el empleo de un accesorio denominado riel tipo DIN, el cual a su vez se fija a la placa de montaje del tablero o caja de conexiones.

Se fabrican para distintas corrientes nominales y cuentan con accesorios para su interconexión, identificación, inclusive de distintos colores (verde-amarillo para PAT, etc.). En la Figura N° 3.51 se muestra una bornera típica.

La seguridad en su empleo hace que no se deban conectar más de dos cables por cada uno de los lados de conexión. En el ítem correspondiente a tableros eléctricos se ampliará el tema.

3.9. CONDENSADORES

Normalmente denominado "capacitor" (vocablo del idioma inglés que significa CONDENSADOR), se utilizan en diversos tipos de circuitos eléctricos y electrónicos. En nuestro caso nos referiremos solo a los que se relacionan con el tema de este libro; es así que los podemos ver como un elemento auxiliar para el arranque de los ME monofásicos y como elemento fundamental para la corrección del factor de potencia. La Figura N° 3.37 muestra un condensador monofásico y la N° 3.38 uno trifásico.

Fig. N° 3.37
Condensador
monofásico

La corrección del factor de potencia es una acción que se lleva adelante con un equipo construido dicho efecto y tiene una relación directa con la facturación de la energía eléctrica para los usuarios a los cuales se les suministra energía eléctrica mediante un sistema trifásico tetrapolar.

Esta corrección se puede hacer en forma individual como es el caso de las lámparas de descarga (fluorescentes, mercurio, sodio, etc.), en cuyo caso se integran dentro de la misma luminaria, pero también se los utiliza en forma de grupo o en batería para corregir el factor de potencia de toda una IE. Estas baterías pueden tener un valor fijo o variable, para lo cual se hace necesario un relé varimétrico o regulador automático y una serie de contactores con sus respectivos fusibles para conectar y proteger los distintos grupos de condensadores que se van conectando. Todos estos elementos se deben alojar en un TE especialmente diseñando, el cual generalmente se ubica en forma cercana al tablero general. El tema será retomado en el Capítulo N° 14 –Funcionalidad–.

Fig. N° 3.38
Condensador
trifásico

3.10. TABLEROS ELÉCTRICOS

3.10.1. Introducción. Los tableros eléctricos (TE) son equipos pertenecientes a los sistemas eléctricos y están destinados a cumplir con algunas de las funciones de medición, control, maniobra y protección.

Constituyen uno de los componentes más importantes de las IE y por ende siempre están presentes en ellas independientemente del nivel de tensión, del tipo o del tamaño. En consecuencia, estos adquieren las más variadas formas y dimensiones de acuerdo con la función específica que les toque desempeñar, sea en viviendas, edificios, oficinas, etc.

Es necesario destacar que existe una diferencia importante entre los que están dedicados a inmuebles de los que se emplean en los sistemas de producción, si bien puede existir similitud de funciones en algunos casos.

Cada uno de estos tipos se encuadra en alguna norma, la cual a su vez le impone condiciones o requisitos constructivos particulares.

En lo que sigue se tratarán los aspectos más importantes respecto de los TE que se pueden emplear en las IE que se están tratando.

Debe entenderse que no es posible la ejecución y funcionamiento de ningún tipo de IE sin la utilización de algún tipo de TE, por lo cual es de fundamental importancia al menos un conocimiento elemental de los mismos.

3.10.2. Clasificación. De acuerdo con la función que deben cumplir se pueden encontrar los destinados a: distribución de la energía eléctrica, medición, control, comando, protección y de usos especiales o particulares.

Si aceptamos estas últimas, se debería pensar que las funciones pueden no ser exclusivas o puras, es decir que en un mismo equipo se puede encontrar más de una función o combinación de ellas.

3.10.3. Tableros eléctricos de los inmuebles. Son de los siguientes tipos:
- en caso que haya una SET: el tablero general de baja tensión (TGBT),
- medición de la energía eléctrica simple,
- medición de la energía eléctrica múltiple,

- principal,
- seccional general,
- seccional,
- servicios generales,
- de equipos.

3.10.3.1. Tablero general de baja tensión (TGBT). Solo es posible encontrarlos en los inmuebles que cuentan con una subestación transformadora propia (SET). Desde el punto de vista eléctrico en la Figura N° 1.1 se puede apreciar su ubicación. El tema será tratado con detalles en el Capítulo N° 12 –Fuentes de energía eléctrica–.

3.10.3.2. Tablero de medición simple. Es el que aloja al medidor de la energía eléctrica, que en el caso de una vivienda unitaria contiene uno solo de estos equipos.

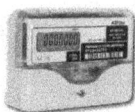

Fig. N° 3.39 Medidor de energía eléctrica electrónico

Los medidores de la energía eléctrica, como el mostrado en la Figura N° 3.39, entre otras, necesitan de gabinetes especiales para ser montados. Estos gabinetes son metálicos (algunos todavía subsisten) y van siendo reemplazados por los de material plástico. La Figura N° 3.40 muestra un gabinete para un medidor individual de energía eléctrica. En este último caso, se construyen con policarbonato autoextinguible y tienen un grado de protección que les permite soportar las inclemencias del tiempo (régimen de temperaturas, agua, radiación UV, golpes, etc.), por lo cual se pueden montar a la intemperie.

Fig. N° 3.40 Gabinete para medidor de energía eléctrica

3.10.3.3. Tablero de medición múltiple. Cuando se trata de un edificio en propiedad horizontal, contiene la misma cantidad de medidores que de unidades que lo componen más el de los servicios generales o sea los destinados a las luces de los pasillos, bombas, rampas, etc.

Es necesario destacar que este tipo de TE en el caso de viviendas múltiples puede formar parte del tablero principal.

Constructivamente hay dos tipos: los que se construyen en forma artesanal (a medida) de acuerdo con el espacio disponible y alojan a los elementos necesarios. El material empleado para la construcción del gabinete es la chapa de acero.

El otro tipo es el que se fabrica en forma estándar y es modular. Se arma componiendo las distintas partes hasta lograr la configuración necesaria (Figura N° 3.41); y son de plástico.

Fig. N° 3.41 Gabinete para múltiples medidores de energía eléctrica

3.10.3.4. Tablero principal (TP). Es el que recibe la alimentación de la energía eléctrica directamente desde los bornes del medidor, alimentando los CIRCUITOS TERMINALES (CT) o CIRCUITOS SECCIONALES O DE DISTRIBUCIÓN (CS). El símbolo se muestra en la Figura N° 3.42.

3.10.3.5. Tablero seccional (TSG). Es el que, siendo alimentado por un circuito seccional o de distribución (CS) puede alimentar otros circuitos seccionales que a su vez alimentan otros TABLEROS SECCIONALES (TSI). El símbolo se muestra en la Figura N° 3.43.

**Fig. N° 3.42 Símbolo de un
tablero eléctrico principal**

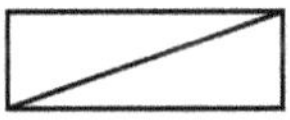

**Fig. N° 3.43 Símbolo de un
tablero eléctrico seccional**

NOTAS:
- Estos TE pueden estar separados o bien integrados, dependiendo de las características constructivas del edificio.
- El tema de los circuitos se verá en el Capítulo N° 6 –Circuitos eléctricos–.

3.10.3.6. Tablero seccional (TS N° X). Es el que alimenta a CIRCUITOS TERMINALES (CT) de los consumos.

3.10.3.7. Tablero de servicios generales (TSG). Es un tablero que puede ser independiente o formar parte del tablero principal (TP) desde donde se alimentan y controlan las luces de pasillos, bombas para el agua, ascensor, rampas, portones automatizados, etc.

3.10.3.8. Tablero de equipos (TEQ). Los equipos anteriormente mencionados pueden tener sus elementos de maniobra, protección y control en el TSG o bien en su propio gabinete. La forma y composición estará acorde con el equipo controlado.

3.11. Requerimientos. Los aspectos fundamentales que definen y califican a un TE son:

- seguridad de quien lo opera,
- continuidad del servicio,
- funcionalidad eléctrica y mecánica,
- solidez estructural,
- intercambiabilidad de sus componentes,
- terminación superficial,
- grado de protección.

Estas son las características deben considerarse como básicas más allá de los requisitos específicos que le pueda imponer su función específica. En cada caso las normas especifican las pautas particulares de diseño para garantizar niveles satisfactorios de seguridad y calidad de acuerdo con la funcionalidad.

3.12. Norma. Existen normas IRAM e IEC así como la RIEI que tratan este tema.

3.13. Forma constructiva. La forma constructiva de los TE está dada fundamentalmente por la funcionalidad de los mismos, el montaje y las condiciones ambientales del lugar en donde se va a montar. Un TE está compuesto de dos partes fundamentales:

- **Gabinete, envolvente, armario o caja.** Nombres estos con los cuales se los suele nombrar y a su vez suelen indicar la función; a su vez están formados por otros elementos.
- **Componentes.** Los cuales pueden ser: interruptores, seccionadores; fusibles, IA y los aparatos de medición: analizadores de red, medidores de energía eléctrica, amperímetros, voltímetros, transformadores de intensidad, etc.

3.14. Gabinete. Se pueden construir empleando chapa laminada (acero común o acero inoxidable) o bien material plástico. En ambos casos se construyen en forma estándar (o seriada) o a medida, sobre todo los destinados a la medición y los principales de las propiedades horizontales.

En los gabinetes deberán considerarse a su vez los siguientes componentes:

- gabinete propiamente dicho,
- puerta o puertas,
- puesta a tierra,
- sistema de cierre,
- bisagras,
- placa de montaje,
- placa de identificación,
- cáncamo de izaje,
- borneras,
- barras,
- ventilación,
- medición.

Existen fábricas de gabinetes estándar, las cuales presentan líneas de productos modulares, es decir, tienen distintas dimensiones estandarizadas y partes del mismo, como ser: conducto para barras, conducto para cables, zócalos y compartimientos de distintas dimensiones que se compatibilizan con el equipamiento que hay que montar dentro de los mismos. De acuerdo con las necesidades se ensamblarán las distintas partes para formar el conjunto que funcionalmente se necesite.

Los gabinetes o cajas modulares pueden ser de chapa o material plástico, los cuales merecen algunas consideraciones que se harán más adelante.

A continuación se mostrarán algunos modelos estándar de TE, teniendo en cuenta que no son los únicos que se presentan en el mercado.

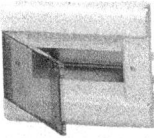

Fig. Nº 3.44 Gabinete para PIA con puerta

Fig. Nº 3.45 Gabinete para PIA sin puertas

Fig. Nº 3.46 Gabinete para varios PIA

Fig. Nº 3.47 Gabinete para metálico de dos puertas

Fig. Nº 3.49 TE con la primera puerta abierta

Fig. Nº 3.48 Vista de la placa de montaje de un TE

3.14.1. Puerta. Un gabinete puede tener una sola puerta por cada compartimiento o bien dos. La primera en general puede ser totalmente ciega, o tener cartel indicador de la función, luces indicadoras, pulsadores o bien instrumentos de medición y en la segunda puerta el comando de los aparatos de maniobra o bien visualizar a través de las luces de señalización la indicación de alguna situación particular.

Otra opción la presentan los que tienen esa primera puerta transparente, lo que permite además de la separación de los elementos del operador, que estos sean vistos por el mismo sin necesidad de abrir la puerta.

3.14.2. Puesta a tierra. Todos los TE deben tener una BARRA DE PUESTA A TIERRA, a la

Fig. Nº 3.50 Tablero de comando y control de un equipo

cual se conectarán todos sus componentes y todos los cables PE de los circuitos alimentados. Esta barra a su vez debe ser conectada al sistema de PAT del inmueble.

Un aspecto importante es la puesta a tierra de la o las puertas, lo cual se debe hacer utilizando un conductor mallado de cobre estañado cuya sección no sea menor que la mitad de la del cable de mayor sección de la IE con un mínimo de 6 mm².

3.14.3. Sistema de cierre. Durante el funcionamiento normal, todos los tipos de TE deben mantener las puertas cerradas a los fines de que en caso de una explosión no se propaguen gases o llamas fuera de ellos; en consecuencia el sistema debe tener un cierre que sea lo suficientemente eficaz y robusto.

3.14.4. Bisagras. Las bisagras son las que permiten el movimiento de giro de la o las puertas y por lo tanto deben ser lo suficientemente resistentes y permitir un movimiento fácil de estas, que tiene que ser de 90º. Existen de dos tipos: las que se pueden visualizar desde afuera del gabinete y otras que no (ocultas).

3.14.5. Placa de montaje. En el caso de los gabinetes metálicos es una chapa convenientemente formada y fijada al fondo de los mismos con tornillos que permite ser retirada para poder efectuar el montaje de todos los elementos componentes, lo cual se hace sobre una mesa de trabajo. Requiere cierta rigidez ya que sobre la misma se montarán todos los componentes empleando rieles tipo DIN fijados a ella. Se proveen pintadas o galvanizadas.

En el caso de los gabinetes de material plástico, los mismos la tienen formando parte de su estructura, soportes o insertos que permiten fijar a ellos los rieles mencionados.

3.14.6. Identificación. Los gabinetes deberán llevar las siguientes:

- **cartel** en donde se indique la función del TE. El mismo debe tener letras lo suficientemente grande como para facilitar su lectura a cierta distancia (mínimo 40 mm) (ver Figura N° 7.11),
- **oblea** conteniendo el símbolo normalizado que significa RIESGO ELÉCTRICO y la leyenda PELIGRO ELECTRICIDAD (ver Figura N° 7.11),
- **placa** con los datos del proveedor y las características técnicas del tablero: tensión, corriente nominal, corriente de cortocircuito máxima admisible. El contenido de esta placa está normalizado.

3.14.7. Cáncamo. Cuando por su tamaño el TE tiene un cierto peso, es necesario que su transporte se haga en forma suspendida y no levantándolo desde abajo, ya que puede deformarse la estructura, por lo cual debe tener los cáncamos en su parte superior.

3.14.8. Bornera. Son elementos para realizar las conexiones entre las partes componentes del TE y otros dispositivos del circuito funcional que se encuentran en el exterior del mismo (detectores de nivel, sensores, pulsadores, etc.).

Una bornera completa es un conjunto de elementos, entre los que se cuentan los bornes, separadores, topes, etc. La Figura N° 3.51 muestra una bornera completa y la Figura N° 3.52 un esquema con los distintos componentes, los cuales se fijan como todos los elementos de un tablero a rieles del tipo DIN. Estos pueden presentar un perfil simétrico (Figura N° 3.53) o bien asimétrico (Figura N° 3.54). Para fijar estos rieles a la placa de montaje se utilizan los soportes mostrados en la Figura N° 3.55.

En general las borneras se montan en la parte inferior de la placa de montaje, aunque a veces se las encuentra en algunos de los dos laterales de la misma.

Fig. N° 3.51 Bornera

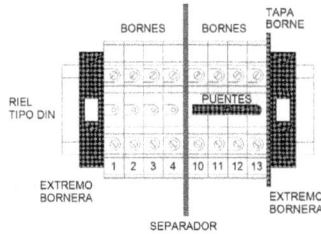

Fig. N° 3.52 Componentes de una bornera

Fig N° 3.53 Riel tipo DIN. Simétrico

Fig N° 3.54 Riel tipo DIN. Asimétrico

Fig N° 3.55 Soportes para riel tipo DIN

3.14.9. Identificación de los componentes. Todos los elementos componentes de un TE deben estar convenientemente identificados con los números o un sistema alfanumérico que tienen su origen en el plano que contiene el circuito funcional. La Figura N° 3.56 muestra la forma de identificar cables y bornes.

3.14.10. Barras. Luego del interruptor general del TE para conectar los distintos componentes del mismo, pueden ser necesarios algunos de los siguientes elementos:

*   **barras principales**: son de sección rectangular soportadas por aisladores especialmente construidos. Estas se presentan con una cierta cantidad de

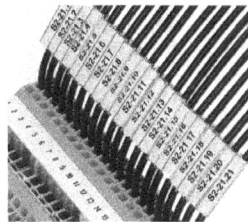

Fig. N° 3.56 Marcado de bornes y cables

agujeros roscados que facilitan la conexión de los cables. Este sistema es usado cuando se trata de TE de cierto tamaño y cantidad de cargas. El conjunto de las barras tiene una protección mecánica que impide el contacto accidental con las mismas,

- **pequeñas barras de conexión** (Figura N° 3.57). Son necesarias cuando hay más de tres circuitos de salida,
- **para la alimentación de los PIA o ID** se recurre a los peines de conexión. Figuras N° 3.58 y 3.59.

Fig. N° 3.57 Pequeñas barras de conexión

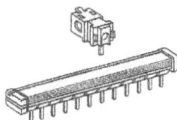

Fig. N° 3.58 Peine para conexión de PIA

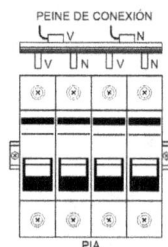

Fig. N° 3.59 Conexión de un peine a dos PIA

3.14.11. Ventilación. Cuando se trata de TE que contienen cierta cantidad de IA, PIA, contactores, transformadores, reguladores, etc. y de acuerdo con el lugar de montaje debe verificarse la temperatura interna que puede llegar a alcanzar. Debe tenerse presente que es necesario disipar la energía calórica que genera cada uno de los elementos componentes. Un exceso de temperatura puede alterar el funcionamiento de determinados equipos, sobre todo si son del tipo electrónico, así como también la regulación de las protecciones de los IA o PIA.

La capacidad térmica de los TE adquiere mayor importancia en el caso de los que se construyen con material plástico. Es un dato que debe proveer el fabricante y luego el Instalador debe verificar en función de los tipos de elementos a montar en su interior. La suma de las disipaciones de cada uno de los elementos debe ser menor que la estipulada por el fabricante.

3.14.12. Terminación superficial. El tema adquiere importancia fundamental en los gabinetes metálicos solamente y está relacionado con el ambiente en el cual está montado. La humedad ambiente con el correr del tiempo va oxidando la chapa, con lo cual se produce un debilitamiento de la misma, llegando a poner en riesgo la solidez de la estructura.

En consecuencia debe prestarse la debida atención a este tema durante el proceso de fabricación. Resulta muy difícil el repintado de los TE cuando ya están en servicio.

3.14.13. Protección mecánica. Las condiciones ambientales del lugar donde se montan los componentes de las IE tienen fundamental influencia sobre los aspectos constructivos y funcionales de los mismos, tales como la temperatura, humedad, polvo en suspensión, presencia de agua, y gases.

Los gabinetes de los TE también son influenciados y por lo tanto hay que tenerlo en cuenta, la protección se logra dándoles un cierto grado de protección mecánica.

Estos se identifican mediante el empleo de un número al cual se le anteponen las letras **IP** (*international protection*) y dos dígitos. Los que significan:

* El primero: protección contra la entrada de cuerpos sólidos.
* El segundo: protección contra la entrada de agua.

Ejemplo: un equipo o tablero señalado con: IP45.

* Primera cifra: protegido contra cuerpos sólidos superiores a 1 mm.
* Segunda cifra: protegido contra los chorros de agua en todas las direcciones.

Debe destacarse que esta codificación se aplica a todo equipamiento eléctrico (TE, ME, canalización, etc.).

3.14.14. Conexionado de los componentes. Es preciso que la conexión de cada uno de los cables se haga respetando el torque máximo de los tornillos de los distintos elementos (PIA, bornera, etc.). Una conexión floja se transforma en un punto caliente o sea en un generador de calor que alterará el elemento y el entorno del mismo.

Desde el punto de vista de la seguridad, todos los elementos deben conectarse de modo que la tensión de entrada esté en los bornes superiores, para que al abrirse el interruptor el borne inferior no tenga tensión y en el caso de que el montaje sea horizontal, a la izquierda.

3.14.15. Medición. En general es conveniente que en el frente del TE (primera o segunda puerta) haya un instrumento para medir la tensión de la alimentación al mismo así como la corriente eléctrica consumida. Parámetro este último que le permite a quien hace mantenimiento sacar conclusiones sobre el funcionamiento de toda la IE.

Fig. N° 3.60 Analizador de redes

Existen instrumentos que hacen la determinación de otros muchos parámetros eléctricos, que se denominan ANALIZADORES DE RED (Figura N° 3.60).

3.10. UBICACIÓN DE LOS TABLEROS ELÉCTRICOS

Por las características constructivas de los gabinetes y de sus componentes, los TE deben ser montados en lugares preferiblemente secos, con cierto grado de ventilación, de fácil acceso, bien iluminados y que permitan la realización de las tareas de mantenimiento y reparación del mismo en forma cómoda.

Se necesita facilidad para operar sobre los distintos elementos componentes y la misma está relacionada con la seguridad de quien debe llevar adelante estas tareas. Un lugar lo suficientemente amplio permite una mayor libertad de movimiento de quien hace estas tareas, alejándolo de las partes con tensión.

Cuando se trata de los TE destinados a los medidores de la energía eléctrica, la ubicación debe consensuarse con la empresa distribuidora, pudiéndose señalar que la exigencia general es que el mismo tenga acceso desde la vía pública.

3.11. DETECTORES DE NIVEL

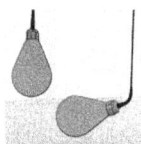

Fig. Nº 3.61
Detector de nivel

Son elementos electromecánicos o electrónicos destinados a detectar el nivel de los líquidos contenidos en recipientes o tanques. En el mercado existe una amplia variedad constructiva; a los fines ilustrativos se muestra uno en la Figura Nº 3.61.

Estos dispositivos en general tienen en su interior un interruptor con un contacto inversor (NA y NC), que se utilizan para conectarlos al circuito funcional correspondiente. En la Figura Nº 9.20 se puede apreciar su uso. Es necesario señalar que los circuitos eléctricos en los cuales se insertan deben ser de 24 o 48 V ya que estos se encuentran sumergidos en el agua.

3.12. INTERRUPTOR HORARIO

3.12.1. Introducción. Existen muchas aplicaciones en donde se hace necesario controlar un circuito a través del parámetro tiempo. Los mismos puede ser variados, así como el tiempo en que se lo hace, que puede ser desde minutos hasta días.

3.12.2. Tipos

3.12.2.1. Analógico. El tiempo de programación puede ser desde una hora a siete días (Figura Nº 3.62).

3.12.2.2. Digital. El cierre y apertura de los circuitos es programable entre 24 horas y 7 días a través de uno o dos canales (Figura Nº 3.63).

3.12.2.3. Programable. Pueden programarse varios canales en diversos lapsos de tiempo y con secuencias complejas (Figura Nº 3.64).

Fig. Nº 3.62 Interruptor
horario analógico

Fig. Nº 3.63 Interruptor
horario digital

Fig. Nº 3.64 Interruptor
horario digital de varios
canales

CAPÍTULO 4

RIESGOS ELÉCTRICOS

4.1. INTRODUCCIÓN

El accidente debido a la utilización de la energía eléctrica es una consecuencia de su empleo. Es por ello que los seres vivos y los bienes quedan expuestos a posibles daños, por lo cual se hace necesario entender no solo la importancia que ello implica sino también la forma eficaz de evitarlo, mediante la aplicación de conocimientos y tecnología adecuados.

4.2. RIESGO ELÉCTRICO

Entendemos por riesgo: *"la combinación de la probabilidad de la ocurrencia de lesión o daño a la salud de las personas o daños a los bienes o al medio ambiente y la severidad de la lesión o el daño".*

Siendo el daño: *"lesión física o daño a la salud de las personas o a las propiedades o al medio ambiente."*

La mención al RIESGO ELÉCTRICO implica la proximidad de un daño o una lesión debida a la acción de la propia tensión o de alguna de las manifestaciones de la energía eléctrica.

El principal riesgo eléctrico para los seres vivos es la circulación de una corriente eléctrica a través de su cuerpo y para que ello ocurra es necesario e imprescindible que los mismos queden sometidos a una diferencia de potencial o tensión, ya sea entre dos elementos vivos de distintos potenciales o bien entre uno vivo y tierra. O sea que existan cuerpos que puedan ser electrizables o ser susceptibles de adquirir propiedades eléctricas y otros que se la puedan comunicar.

Al efecto fisiológico resultante del paso de una corriente eléctrica a través del cuerpo de un ser humano o de un animal se lo conoce como CHOQUE ELÉCTRICO.

4.3. EFECTOS DEL PASO DE LA CORRIENTE ELÉCTRICA A TRAVÉS DEL CUERPO HUMANO

Los datos y conceptos siguientes están dados para tensión y corriente eléctrica alterna con una frecuencia comprendida entre los 15 y 100 Hz; para frecuencias mayores se deberá recurrir a la norma específica.

Los estudios realizados han arrojado conclusiones definitivas tales como que el peligro para la vida humana está dado en función de dos factores:

- valor de la corriente eléctrica, en ampere [A],
- tiempo de aplicación al cuerpo humano, en segundos [s].

Con base en estos dos parámetros característicos se han trazado curvas estadísticas que forman parte de las normas sobre los efectos producidos por la corriente eléctrica. En la Figura N° 4.1 es posible apreciarlas y en la Tabla N° 4.1 se pueden ver las referencias de la misma.

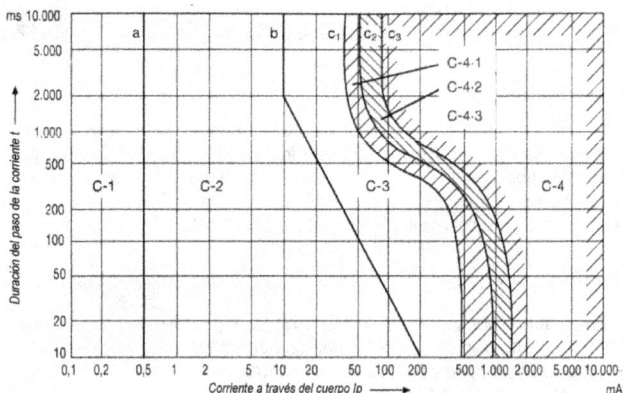

Fig. N° 4.1 Efectos de la corriente eléctrica con el tiempo

Los efectos fisiológicos producidos por la corriente eléctrica pueden ser de dos tipos: CARDÍACOS Y TETÁNICOS.

Los primeros consisten en una alteración del ritmo normal en la marcha del corazón, motivado por el paso de la corriente eléctrica a través del mismo. Estos casos suelen ser fatales en su mayor parte. Pueden revertirse estos efectos únicamente con masajes al corazón o aplicando excitaciones eléctricas de ritmo apropiado (desfibrilación).

TABLA N° 4.1
EFECTOS DE LA CORRIENTE ELÉCTRICA
SOBRE EL CUERPO HUMANO

ZONA	EFECTOS FISIOLÓGICOS
C-1	Habitualmente no hay reacción
C-2	No hay habitualmente efectos fisiológicos perjudiciales o dañinos
C-3	Normalmente no es de esperar daños orgánicos. Probabilidad de contracciones musculares y dificultad en la respiración, si el contacto es mayor de 2 s. Efectos de perturbaciones cardiológicas reversibles
C-4	Aumento con la magnitud de la corriente eléctrica y del tiempo de circulación de los efectos fisiológicos tales como el paro cardíaco y respiratorio, a lo cual pueden sumarse quemaduras
C-4-1	La probabilidad de fibrilación ventricular se incrementa un 5%
C-4-2	La probabilidad de fibrilación ventricular se incrementa un 50%
C-4-3	La probabilidad de fibrilación ventricular está por encima del 50%

Los segundos se deben a la excitación que la corriente eléctrica produce en los centros nerviosos, que motivan la contracción muscular. Si esta actúa sobre los músculos del sistema respiratorio, se puede producir ASFIXIA.

Los tratamientos conocidos de respiración artificial pueden restituir al accidentado a las condiciones normales de respiración si se aplican a tiempo.

Siendo la corriente eléctrica el parámetro definitivo, en estos casos no debe hablarse de tensiones peligrosas, ya que estas serán solo las que provoquen corrientes eléctricas elevadas.

El límite de la corriente eléctrica que puede atravesar el cuerpo humano es de 30 mA durante 30 ms, valor este utilizado para la determinación de los sistemas de protección en las IE y es con estos valores que se fabrican los ID.

Esto no es definitivo, ya que se han dado casos fatales con corrientes eléctricas de valores menores, y contrariamente, personas que han resistido valores mucho mayores. Las diferencias se deben a factores muy diversos, entre los cuales se puede citar: la clase de órgano del cuerpo que atraviesa la corriente eléctrica; el tiempo de duración de esta; el estado físico y psíquico del individuo; la naturaleza de la corriente eléctrica y la frecuencia. Todos estos valores gravitan sobre el valor técnico que define al individuo, y que es su propia resistencia.

La corriente eléctrica que circula a través del cuerpo humano multiplicada por la impedancia del mismo nos dará la TENSIÓN DE CONTACTO.

Cuando se menciona a la RESISTENCIA, en realidad es una IMPEDANCIA, ya que las diferentes partes del cuerpo humano, tales como piel, la sangre, los músculos, etc. frente a la corriente eléctrica se comportan como resistencias y condensadores, lo cual conforma una impedancia en el régimen de corriente eléctrica alterna.

Por otro lado se sabe certeramente que los valores de resistencia están relacionados con la tensión de contacto, pero los resultados obtenidos son estadísticos.

Los efectos de la corriente eléctrica continua a través del cuerpo humano no son muy distintos a los de la corriente eléctrica alterna. No se tratará el tema ya que la tensión continua no es de uso general en las IE de los edificios.

4.4. CAUSAS Y TIPOS DE ACCIDENTES

La energía eléctrica presenta como particularidad el hecho de no ser percibida por los sentidos del ser humano (tacto, vista, oído, olfato y gusto). Lo que sí se perciben son las manifestaciones de la misma y los efectos causados.

4.4.1. Causas de los accidentes. En general pueden ser:
- desconocimiento,
- ignorancia,
- imprudencia,
- falta de entrenamiento,
- exceso de confianza,
- negligencia,
- inseguridad de las IE.

Se han resaltado las que son más predominantes. En cuanto a las causas operativas del accidente se pueden señalar:
- no se sabía que existía tensión,
- desconocimiento de las características de la IE,
- utilización de herramientas no aisladas,
- manipulación incorrecta,
- otras.

4.4.2. Tipos de accidentes. Se deben a:
- arco eléctrico,
- contacto directo,
- contacto indirecto.

4.5. ACCIDENTE DEBIDO AL ARCO ELÉCTRICO

El arco eléctrico o arco voltaico es la descarga eléctrica que se produce entre dos conductores, que se encuentran a una determinada *diferencia de*

potencial, los cuales pueden estar colocados en el seno de una atmósfera gaseosa enrarecida, normalmente a baja presión, o al aire libre.

Esta descarga eléctrica se efectúa con el paso de una corriente eléctrica
que provoca un gran calentamiento en el punto de contacto; al separarse los
electrodos, se forma entre ellos una descarga luminosa similar a una llama.

El arco eléctrico se establece de acuerdo con el valor que tenga la tensión,
cuando la distancia entre los conductores involucrada (distancia disruptiva) permita el cebado del arco; es por esta razón que se establecen las distancias de
seguridad. Ver el Capítulo N° 14, Art. 1.1.5 de la Ley de Higiene y Seguridad
en el Trabajo.

Los daños causados al ser humano por los arcos pueden deberse a su
presencia en las proximidades de un arco o porque es parte del mismo. En
ambos casos las consecuencias son: quemaduras, lesiones en la vista y en los
pulmones, pudiendo ser estas últimas irreversibles.

4.6. ACCIDENTE POR CONTACTO DIRECTO

Las causas a que se pueden deber estos accidentes son de dos formas
típicas: CONTACTO BIPOLAR Y CONTACTO UNIPOLAR.

4.6.1. Contacto bipolar. En el caso de una red bifilar (monofásica) cuya tensión
es **U**, formada con dos conductores cuyas resistencias son **Rv** y **Rn**, correspondiendo al vivo y al neutro respectivamente. La persona **P** presenta una resistencia al paso de la corriente eléctrica **Rp**.

El primer caso mostrado en la Figura N° 4.2, considera el piso aislante y
que la persona hace contacto en forma simultánea con los conductores o cables que corresponden al vivo y al neutro, a raíz de lo cual circulará la corriente
eléctrica **Ip** a través de su cuerpo solamente con una trayectoria mano-mano.

En cambio en el segundo caso que se muestra en la Figura N° 4.3, el piso
es conductor y por lo tanto habrá una circulación de corriente eléctrica más
generalizada a través del cuerpo de la persona, siendo el esquema eléctrico
equivalente al que se muestra a la derecha de esta última figura.

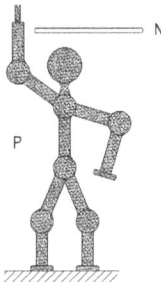

Fig. N° 4.2 Contacto bipolar
con piso aislante

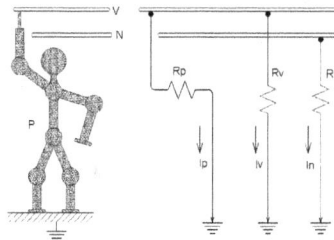

Fig. N° 4.3 Contacto bipolar
con piso conductor

4.6.2. Contacto unipolar a tierra. En este caso, también se pueden presentar dos situaciones: la primera cuando el piso es aislante como lo muestra la Figura N° 4.4, entonces se puede considerar la corriente eléctrica a través de la persona como despreciable, ya que será la que atraviesa los aislamientos.

En la segunda, donde el suelo es conductor, cuando la persona **P** hace contacto con el conductor o cable que corresponde al vivo (**V**), según se puede ver en la Figura N° 4.5 están en juego las resistencias **Rp**, **Rv** y **Rn** y las respectivas corrientes eléctricas **Ip**, **Iv.** e **In**, cuyo esquema eléctrico se muestra a la derecha de esta última figura.

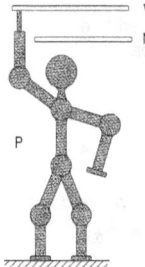

Fig. N° 4.4 Contacto unipolar con piso aislante

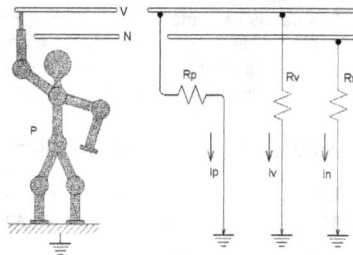

Fig. N° 4.5 Contacto unipolar con piso conductor

4.7. NEUTRO

Debemos recordar que las líneas monofásicas bifilares, según lo visto en el Capítulo N° 1 –Sistemas eléctricos–, se derivan de sistemas de distribución trifásicos tetrafilares, los cuales son alimentados por transformadores en los cuales la conexión es triángulo en el primario de MT (33 o 13,2 kV) y estrella en el secundario de BT (380/220 V), de cuyo centro parte el conductor o cable del neutro que acompaña a los de las tres fases a lo largo de su tendido.

Si el conjunto de las cargas conectadas a lo largo de la linea de distribución fuesen equilibradas, o sea que todas las cargas monofásicas fuesen iguales, por el conductor o cable que corresponde al neutro no circularía corriente eléctrica y en consecuencia el potencial del mismo con respecto a tierra sería nulo. Pero como esto en la práctica es casi imposible de lograr, existe una corriente eléctrica debida a ese desequilibrio o desbalance que hace que el conductor o cable que corresponde al neutro adquiera un cierto potencial con respecto a tierra que si bien es menor a los que corresponden a las fases, puede llegar a tomar un valor importante, y es por ello que se exige que las cargas conectadas a las mismas tengan como interruptor general: bipolar en caso de ser monofásica y tetrapolar si es trifásicas tetrafilares.

4.8. ACCIDENTE POR CONTACTO INDIRECTO

La Figura N° 4.6 muestra el caso de un accidente a causa de que un conductor o cable vivo de un equipo o de la red ha quedado haciendo contacto con la parte metálica (masa) que está expuesta al alcance de una persona. Si la masa del equipo estuviese conectada a la PAT, al producirse el defecto, la corriente eléctrica de la falla circularía a través de estas hacia la PAT y se produciría un cortocircuito a tierra, con lo cual las protecciones detectarían esa corriente de cortocircuito a tierra y abrirían el circuito correspondiente de la IE. De esta manera la persona no estaría en el camino hacia tierra de la corriente eléctrica de falla, con lo cual no habrá riesgo para ella.

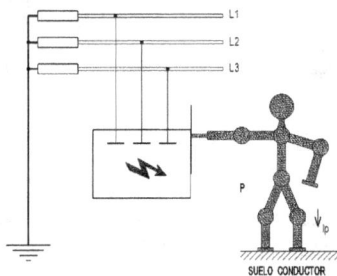

Fig. Nº 4.6 Contacto indirecto

Si la falla se produce en un conductor activo y **Rp** se anula, la persona queda a salvo porque la corriente eléctrica I_p es nula.

Las IE trifásica deben tener un Esquema de Conexión a Tierra (ECT) del tipo **TT**, o sea que debe contar con una PAT local de protección (**Ra**), para asegurar la conexión de todas las masas a ella (Figuras Nº 8.42 y 8.43).

La alimentación de la red de distribución se realiza por medio de un transformador que reduce la tensión de MT a BT; el neutro se conecta rígidamente a tierra para evitar que la misma pueda quedar con una tensión mayor si un desperfecto hace que ambos lados del transformador llegan a estar ocasionalmente en contacto y también, que la conexión del centro de la estrella que forman los bobinados de BT del transformador sea un potencial de referencia.

Para que estas medidas de seguridad sean eficientes, es necesario conectar al sistema de puesta a tierra todas las estructuras metálicas, cañerías, cajas, tableros, etc. o sea, la totalidad de las masas que eventualmente puedan quedar al alcance de la persona, lo cual constituye la denominada equipotencialización.

Esta acción es de fundamental importancia para evitar que haya tensión entre dos partes de los componentes de un edificio, porque de ocurrir ello, la misma se puede aplicar a una persona, con las consecuencias ya vistas o bien producir un arco que pueda derivar en un incendio.

La PAT propiamente dicha se hace en un lugar determinado, por lo regular cerca del TE general.

4.9. CHOQUE ELÉCTRICO

En lo que hace a la forma en que se efectúan los contactos es necesario destacar que lo expuesto hasta aquí se refiere a que hay al menos dos puntos de contactos con la superficie del cuerpo humano estando este en condiciones normales, y se denomina macroshock.

Existe otra forma en que el cuerpo humano quede formando parte de un circuito eléctrico y que el contacto con el potencial más elevado sea en el interior de su cuerpo; ello es posible cuando se e en un ámbito hospitalario como paciente o sea cuando se le está efectuando alguna práctica médica, oportunidad está en que el cuerpo humano presenta otras características físicas que en el caso anterior. En este último caso se dice que sufre un MICROSHOCK.

4.10. RESISTENCIA DE AISLAMIENTO

La resistencia de aislamiento juega un papel muy importante en la protección. En la Figura Nº 4.7 se puede apreciar un esquema de un trozo de un cable simple, uno de cuyos extremos se lo ha conectado a una fuente de tensión continua (G) y desde la misma a un amperímetro (A) y de este a tierra. Como el cable debe estar sujeto o apoyado sobre elementos que lo soporten (canalización) que en definitiva están vinculados a tierra, y el aislamiento real no puede ser perfecto y de valor infinito, habrá muchas pequeñísimas corriente eléctricas de fuga **i** que saldrán del alma

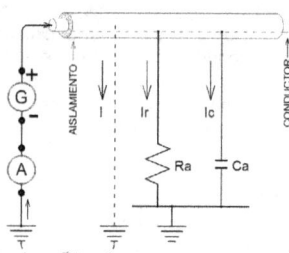

Fig. Nº 4.7 Esquema eléctrico de un cable y su aislamiento

del conductor y retornarán al negativo de la fuente por tierra, siendo las mismas acusadas por el instrumento (A).

Todos los caminos pueden resumirse teóricamente en uno solo equivalente que se ha designado con R_a, que se denomina RESISTENCIA DE AISLAMIENTO.

Además, pero en forma mucho más atenuada, en las IE de los edificios, existe un efecto similar al de un condensador. El conductor del cable y la tierra forman las placas de un hipotético condensador, y los aislamientos interpuestos, el dieléctrico. A estos efectos se los denomina como CAPACIDAD DISTRIBUIDA DE AISLAMIENTO. En la Figura Nº 4.7 se identifica como **Ca**. Este segundo fenómeno no se ha de considerar.

La forma de verificar su valor se da en el Capítulo Nº 13 –Puesta en marcha y verificaciones–.

Un efecto que se produce en los materiales aislantes es el daño que sufren en su superficie externas debido a la contaminación superficial, la inevitable condensación de la humedad ambiente, así como otros fenómenos electrolíticos. Esto hace que haya una pequeña corriente eléctrica circulando por la superficie, por lo cual con el tiempo se produce una mayor conductibilidad. El fenómeno es conocido como TRACKING y es intermitente ya que la misma corriente eléctrica genera calor, con lo cual se elimina la humedad que le da origen. Con el tiempo de actuación se establece una traza o camino permanente para esta corriente eléctrica superficial.

Otro fenómeno que se produce en los materiales aislantes es la ARBORESCENCIA, la cual es previa a la ruptura dieléctrica de los mismos y se debe al estrés a que los somete la aplicación de alta tensión.

Como acotación: los materiales aislantes se clasifican con sus clases térmicas, que están en función de la temperatura de trabajo establecida en la norma IRAM 2 180.

4.11. OCURRENCIA DEL ACCIDENTE

Las posibilidades de que ocurra un accidente cuando se realizan trabajos en los sistemas eléctricos NUNCA ES NULO, o sea que es una situación para la cual quienes trabajen con ellos deben estar capacitados para actuar llegado el caso. La gravedad de los mismos está necesariamente relacionada con el nivel de tensión con el que se está trabajando, es así como se hace necesario contar con elementos acordes a los fines de poder realizar un salvataje o una maniobra de emergencia.

4.12. PROTECCIÓN

Para lograr una protección adecuada, es necesario implementar una serie de acciones, utilizar equipos y elementos adecuados a las circunstancias, según los orígenes de cada uno de los tipos de contactos. A continuación se considerarán las protecciones con contactos directos e indirectos

4.13. PROTECCIÓN CONTRA CONTACTO DIRECTO

4.13.1. Introducción. Este tipo de protección se puede lograr mediante alguna de las variantes que a continuación se detallan. No todas las medidas de protección son aplicables en las IE que se están tratando, por lo que en algunos casos solo se las menciona y se da una breve descripción con fines ilustrativos.

4.13.2. Aislamiento. Las partes activas deberán ser recubiertas con un aislamiento que solo pueda ser retirado o eliminado si se lo destruye.

El aislamiento debe poder soportar las exigencias: eléctricas, mecánicas, térmicas y químicas del medio en donde se instale el equipo o aparato que lo utilice. La Figura N° 4.8 muestra esquemáticamente la disposición de un aislamiento funcional.

Cuando el aislamiento no pueda soportar alguna de las exigencias anteriores se recurre a sumarle otra protección para suplir la falta. En todos los equipos o aparatos, el aislamiento debe satisfacer las condiciones de rigidez dieléctrica acorde a su clase o función.

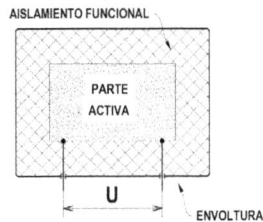

Fig. N° 4.8 Protección por aislamiento

4.13.3. Barrera. Es otro tipo de protección que se puede lograr mediante el empleo de barreras o cerramientos diseñados de modo tal que no se pueda lograr un contacto directo con las partes activas. Se exige un grado de protección mínima de IP4X (norma IRAM 2 444) para aquellas partes que sean más fácilmente accesibles.

Estos elementos deben ser fijados convenientemente y poseer la suficiente solidez mecánica como para asegurar su función con el transcurso del tiempo y fundamentalmente deben estar construidos en forma acorde a las condiciones ambientales.

Para retirar o abrir cualquier tipo de barrera o envoltura es necesario: primero, que no haya tensión en las partes activas y segundo que para hacerlo se requiera de herramientas o bien que haya que abrir algún tipo de cerradura.

Fig. N° 4.9 Accesorio para evitar contactos directos

4.13.4. Puesta fuera de alcance. Está destinada a poner a las partes activas fuera de alcance de quienes puedan hacerlo inadvertidamente. Básicamente estas zonas se definen de acuerdo con el volumen del lugar. El tema está relacionado con las instalaciones de distribución de la energía eléctrica, aunque en el ambiente doméstico se utilizan dispositivos como los mostrados en la Figura N° 4.9 para evitar contactos con las partes vivas o la introducción de elementos en los tomacorrientes.

4.13.5. Obstáculo. Cumple la función de impedir los contactos fortuitos con las partes activas, pero no los intencionales. Puede ser desmontable sin la ayuda de herramientas o cerradura, deberán ser construidos y montados de modo que no puedan ser retirados involuntariamente.

4.13.6. Interruptor automático a corriente eléctrica diferencial de fuga (ID). Es de fundamental importancia comprender que la utilización de estos dispositivos NO ES UNA MEDIDA DE PROTECCIÓN COMPLETA contra los contactos directos, sino que solo está destinada a complementar otras medidas de protección durante

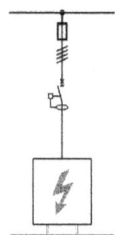

Fig. N° 4.10 Protección con un ID

el funcionamiento normal y, por lo tanto, no exime en modo alguno del empleo de por lo menos una de las medidas de seguridad antes descriptas. Por ejemplo, este aparato no evita los accidentes provocados por contacto simultáneo de dos partes conductoras activas a potenciales diferentes, contacto con un conductor o cable vivo y el neutro a la vez. En la Figura N° 4.10 se representa la conexión de una carga en cuyo circuito se ha incluido un ID.

También debe tenerse en cuenta que todo circuito terminal deberá estar protegido por un ID con sensibilidad máxima de 30 mA, de actuación instantánea o sea NO retardada.

Aunque el ID se puede encuadrar dentro de los IA, su misión está relacionada con la protección de las personas y los bienes. Dada la importancia de este dispositivo, el tema será abordado más adelante.

4.13.7. Preferencia en la utilización de las protecciones contra contactos directos. El orden de preferencias en la protección es:
- por aislamiento de las partes activas,
- a través de barreras o por medio de envolturas.

4.14. PROTECCIÓN CONTRA CONTACTO INDIRECTO

4.14.1. Corte automático de la alimentación. Para implementarlo se hace necesario que exista un circuito eléctrico por donde pueda circular la corriente eléctrica de falla (lo cual está relacionado con el ECT empleado), y que el dispositivo de protección empleado actúe de acuerdo con la corriente eléctrica preestablecida y en el tiempo necesario para evitar cualquier daño.

Solo en el ECT denominado TT se pueden utilizar dispositivos de corriente eléctrica diferencial de fuga (ID) como elemento de protección contra contactos indirectos.

No se permite el empleo de dispositivos de protección contra sobrecorriente eléctrica, a menos que la resistencia de la PAT (que forma parte de la impedancia del lazo de falla) sea muy baja, debido a que esto es de muy difícil obtención y no se puede garantizar la permanencia de su valor en el tiempo. La protección contra los contactos indirectos en este esquema solo podrá realizarse por medio de ID.

Es necesario resaltar que la actuación del ID, sirve también para evitar la generación de un incendio por los efectos de la corriente eléctrica de fuga a tierra.

4.14.2. Puesta a tierra e interconexiones equipotenciales. Las masas de todos los elementos componentes de las IE deben estar conectadas a tierra mediante derivaciones del cable de protección PE, el cual a su vez debe estar conectado a la PAT del edificio.

Cada uno de los circuitos eléctricos debe tener su propio cable PE, que tendrá las secciones establecidas al respecto (mínimo 2,5 mm^2).

Las masas extrañas varían según el tipo de edificio. El término EQUIPOTENCIA-LIDAD también incluye a todas las masas extrañas que deberán ser conectadas al sistema de PAT a fin de que no se presenten diferencias de potenciales entre ellas.

La implementación de la misma requiere de una metodología adecuada a las situaciones que se pueden presentar.

4.14.3. Protección contra descargas atmosféricas. La equipotencialidad incluye el sistema de protección contra descargas atmosféricas.

Las distintas alternativas que se pueden producir exigen un análisis particular y la aplicación de una metodología específica, como se expresó en el subítem anterior.

Las Figura N° 8.48 y N° 8.49 muestran un ejemplo de equipotencialización elemental a los fines de fijar el concepto.

4.14.5. Equipos, dispositivos y canalizaciones con doble aislamiento. La utilización de esta metodología tiene restricciones en su empleo y requiere de una tecnología particular que deberá ser tratada por idóneos en la materia.

Por ejemplo, si se la utiliza como ÚNICA medida de protección, requiere de la rigurosa supervisión por parte de personal instruido o calificado en seguridad eléctrica.

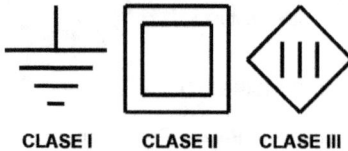

CLASE I   CLASE II   CLASE III

Fig. Nº 4.11 Simbología de las distintas clases de protecciones

Los materiales y equipos eléctricos deberán tener aislamiento doble o reforzadas (Clase II), y deberán contar con los ensayos y certificaciones correspondientes, así como su identificación con la marca correspondiente (dos cuadrados concéntricos) (Figura Nº 4.11).

La utilización de doble aislamiento (Clase II) se prevé cuando el equipo o aparato está expuesto a posibles daños mecánicos que puedan deteriorar su aislamiento básico, dejando las partes activas expuestas a un contacto.

Fig. Nº 4.12 Equipo con doble aislamiento

4.14.6. Separación eléctrica. El método de protección contra contactos indirectos se basa en el empleo de aislamientos.

Este sistema de protección está destinado al caso de la alimentación de un solo equipo eléctrico. Cuando se trata de la alimentación de mayor cantidad de equipos las IE deberán estar bajo control, supervisión y operación de personal instruido en seguridad eléctrica y calificada en seguridad eléctrica.

Las posibles separaciones son: simple (aislamiento básico), de protección (pantallas) y eléctrica (circuitos aislados de tierra) (Figuras Nº 4.12 y 4.13).

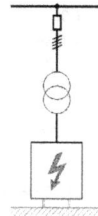

Fig. Nº 4.13 Alimentación con tensión reducida

4.15. PROTECCIÓN SIMULTÁNEA CONTRA CONTACTO DIRECTO E INDIRECTO

La protección simultánea contra los dos tipos de contactos se puede lograr utilizando fuentes de tensión para alimentar los circuitos de MUY BAJA TENSIÓN DE SEGURIDAD (MBTS) sin PAT.

La tensión para ambientes secos, húmedos y mojados es de 24 V, en cambio cuando se trate de cuerpos sumergidos es de 12 V.

La implementación de este tipo de solución requiere de una tecnología especial tanto para la fabricación del transformador separador como del tendido y conexionado de los cables, que no será desarrollada en el presente libro por considerarlo un tema muy especializado.

4.16. CLASIFICACIÓN DE LOS EQUIPOS ELÉCTRICOS Y ELECTRÓNICOS

La clasificación siguiente es aplicable a los aparatos eléctricos y electrónicos (pero no a sus componentes) destinados a ser alimentados con una tensión no mayor a 380 V, para ser utilizados por el público en viviendas, locales, oficinas y lugares análogos.

Las protecciones contra shock eléctrico se establecen a través de las siguientes clases:

- **Clase 0:** basada solo en un aislamiento básico. No se conectan las masas o partes metálicas a tierra o a un conductor de protección. Este tipo de clase **NO** está permitido en nuestro país.
- **Clase I:** basada en un aislamiento básico; se conectan las masas o partes metálicas a tierra por medio de un conductor de protección incorporado al cable y la ficha de conexión del equipo.
- **Clase II:** basada en un aislamiento básico más uno suplementario exterior (doble aislamiento). No es necesaria la conexión a tierra de las masas o partes metálicas internas.
- **Clase III:** la protección total está basada en alimentar al equipo con una fuente de muy baja tensión de servicio (MBTS) de menos 24 V.

En la Figura N° 4.14 se ha esquematizado cada una de las clases.

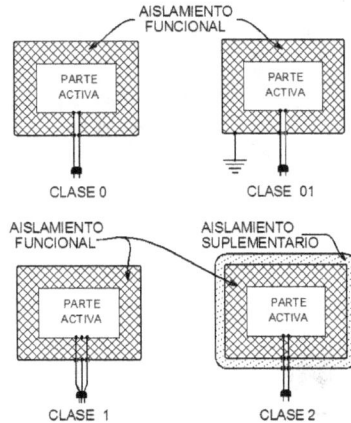

Fig. N° 4.14 Clases de aislamientos

TABLA N° 4.2
CLASES DE PROTECCIÓN DE LOS EQUIPOS ELÉCTRICOS

CLASE	DENOMINACIÓN	CARACTERÍSTICAS
0	Sin protección por PAT	Peligro total ante una falla del aislamientobásico, hacia la superficie externa metálica.
I	PAT de las masas	Peligro relacionado con la actuación de la protección asociada al sistema de PAT. ID obligatorio en el tablero seccional.
II	Doble aislamiento	Sin peligro de contacto.
III	Utilización de fuentes de MBTS. Seguridad intrínseca	Sin peligro aun ante contactos directos.

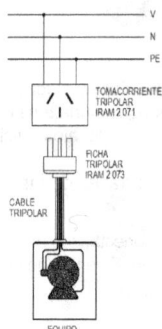

**Fig. N° 4.15 Conexión
de un artefacto
Clase I**

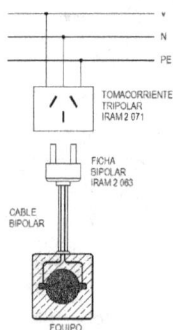

**Fig. N° 4.16 Conexión
de un artefacto
Clase II**

En el dibujo de la Figura N° 4.15 se muestra la forma de poner a tierra un aparato electrodoméstico, como por ejemplo, una heladera, un lavarropas, o cualquier otro. Para ello se utiliza un cable compuesto a su vez por tres cables individuales, o sea un cable tripolar, uno de los cuales es el PE (de color verde-amarillo) que se conecta por un lado a la estructura metálica del aparato (masa) y por el otro a una ficha de tres pernos planos; la cual se insertará en una base tomacorriente apropiada.

En esta última uno de los pernos se conectará al PE de la IE, el cual a su vez estará conectado al sistema de PAT del edificio.

Si fallara el aislamiento de un conductor vivo e hiciera contacto con la estructura metálica (masa) se produciría un cortocircuito a tierra, haciendo actuar la protección correspondiente. Si la PAT fuera defectuosa o de un valor muy alto la estructura metálica quedaría a un determinado potencial, con el consiguiente riesgo para quien hiciera contacto accidentalmente.

En el dibujo de la Figura N° 4.16 se muestra la forma de poner a tierra un artefacto de Clase II (doble aislamiento), en el que no hace falta la conexión a tierra (Tabla N° 4.1) y la Figura N° 4.17 uno de Clase III.

4.17. INTERRUPTOR DIFERENCIAL

4.17.1. Introducción. La aplicación de este tipo de aparato está íntimamente relacionada con el ECT adoptado para la IE. En lo que sigue se considerará que el mismo es del tipo TT, ya que es el obligatorio para los inmuebles alimentados por las redes de distribución de BT (Ítem N° 8.12).

Recordemos que el ECT de las IE de los inmuebles no debe confundirse con el ECT que adoptan las redes del sistema de distribución de la energía eléctrica.

4.17.2. Denominación. De acuerdo con las publicaciones provenientes de las diversas fábricas y normas existen variados conceptos aplicados al funcionamiento, así como con respecto a las denominaciones empleadas, incluyendo el mismo nombre de este aparato. Lo que siempre se impone es conocer la aplicación, sus parámetros, el funcionamiento y su aplicación.

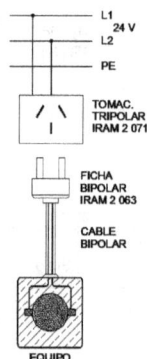

**Fig. N° 4.17 Conexión
de un artefacto
Clase III**

Las normas de aplicación para este tipo de aparatos son: de nuestro país IRAM N° 2 301 (1 981) titulada INTERRUPTOR AUTOMÁTICO DE CORRIENTE ELÉCTRICA DIFERENCIAL DE FUGA, e internacional las IEC N° 61.008 y 61.009.

En cuanto al nombre, algunas publicaciones lo dan como "Dispositivo diferencial de corriente diferencial (DDR)" y otras simplemente como "Interruptor diferencial", lo cual se complementa con las denominaciones populares o de la jerga como: **disyuntor diferencial**. La primera de las normas los denomina **interruptor diferencial,** nombre que se utilizará en el texto que sigue y se emplearán las sigla ID para mencionar a este tipo de aparato.

A continuación se desarrollarán los conceptos básicos y necesarios para comprender aspectos funcionales, constructivos y de montaje, dejándose de lado sutilezas derivadas de la interpretación de las normas o de ciertas publicaciones comerciales.

4.17.3. Objetivo del empleo de los ID. *"Los ID se destinan para la protección de las personas contra los efectos de los contactos eléctricos directos e indirectos. Ellos pueden así asegurar la protección contra los peligros de incendios provocados por las corrientes eléctricas de fallas a tierra y, como cuentan con sensibilidad adecuada, pueden también ser utilizados como medios de protección complementarios en caso de falla de otros sistemas de protección contra los contactos directos si el usuario está en contacto con tierra o en caso de descuido por parte de los usuarios."* Norma IRAM 2 301.

4.17.4. Función. Es un aparato necesario para complementar la protección contra los contactos directos e indirectos, a los fines de evitar daños a los seres vivos y a los bienes, así como detectar corrientes eléctricas originadas en fallas de los aislamientos de los cables o de equipos.

4.17.5. Actuación. Está regida por las dos magnitudes que intervienen en el mecanismo funcional, que son: corriente diferencial (IΔn) y tiempo de funcionamiento (tfn).

El valor que se les asigne a estas variables debe estar de acuerdo con la aplicación a que está destinado el ID. Siendo las mismas las que se destinan a la protección de las personas y los bienes.

En el primer caso de deben hacer:

- que al potencial que se genera en la falla solo permita circular una corriente eléctrica a través de la persona tal que no le produzca un daño fisiológico.
- que el tiempo de actuación sea lo suficientemente breve, como para que esa corriente eléctrica que circula a través de la persona no le sea perjudicial.

En el segundo caso: que el valor que alcance la corriente diferencial a tierra no adquiera valores tales que puedan generar el calor necesario como para producir un incendio.

Todo esto será posible si se hace una selección correcta entre los diversos aparatos ofrecidos por las distintas fábricas y si se tienen en cuenta los parámetros eléctricos para que estén de acuerdo a las condiciones que presenta la IE (tensión y corriente nominal, corriente de cortocircuito disponible, etc.). A lo cual se le debe agregar que la forma de montarlos y conectarlos sea la adecuada, por ejemplo que el conductor o cable correspondiente al neutro no sea conectado a tierra, después del ID entre otras.

Debe señalarse que todos los ID que se ofrecen en el comercio son funcionalmente aptos cumplir estas condiciones porque están fabricados bajo las normas respectivas.

4.17.6. Prueba de funcionamiento. A los fines de verificar el normal funcionamiento, los ID vienen provistos de un pulsador de prueba (**P**). En el circuito mostrado en la Figura N° 4.18, al oprimirse el pulsador de prueba (**P**), circulará una corriente eléctrica por una resistencia óhmica (**R**) de un valor tal que simula ser la corriente eléctrica de defecto (IΔ) y hace actuar el ID con valores de esta comprendidos entre 1,25 x IΔn y 2,5 x IΔn a la tensión nominal del mismo (230, 400 V, etc.).

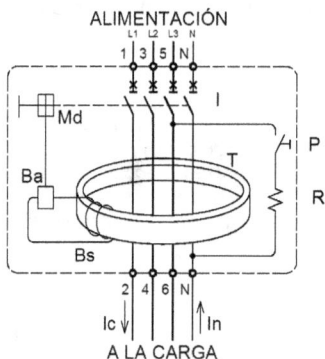

Fig. N° 4.18 Esquema del principio de funcionamiento de un ID

Este dispositivo de prueba no está previsto como medio normal para la apertura del interruptor (**I**), a menos que sea indicado por el fabricante, en cuyo caso responderá a otras especificaciones mecánicas y eléctricas adicionales.

La Figura N° 4.20 muestra el aspecto físico de un ID monofásico (bifilares) y la N° 4.21 la de uno trifásico tetrapolares (tetrapolar) respectivamente. En ambos casos se puede observar el antes citado botón de prueba (**P**), encima de la palanca de conexión y desconexión del interruptor (**I**). El pulsador para la prueba del funcionamiento se designará con las letras: **T**, **C** o **P** y su color no debe ser ni verde ni rojo (excepto si se usa como elemento de desenganche normal).

Es altamente recomendable realizar una prueba de funcionamiento al menos una vez por mes.

Existen en el mercado las denominadas "fichas de testeo", que se insertan en una base tomacorriente eléctrica de la IE protegida por el ID, y mediante un pulsador y dos luces de señalización permiten comprobar si hay tensión en el circuito, que la polaridad sea la correcta y si el ID funciona con la calibración adecuada.

El primer método está establecido por una norma y el segundo ha sido diseñado especialmente a esos efectos, por lo cual NO es conveniente improvisar la realización der otros tipos de pruebas para verificar el funcionamiento ya que podría resultar peligroso para quien lo intente.

4.17.7. Tiempo de funcionamiento. Es un parámetro fundamental en el sistema de protección contra contactos, en a la Figura N° 4.19 se representan los tiempos de funcionamientos normalizados.

- **Tiempo de ruptura de un ID**. Es el que transcurre desde el instante en que la corriente eléctrica diferencial de un valor especificado se aplica repentinamente al ID hasta el instante de la extinción del arco.
- **Tiempo límite de no funcionamiento**. Es el tiempo máximo durante el cual se puede aplicar al ID un valor IΔn susceptible de hacerlo funcionar sin provocar su funcionamiento efectivo.
- **Tiempo de retardo fijo**. Es el que han adoptado las disposiciones constructivas particulares para aumentar su lapso límite de no funcionamiento correspondiente a un valor determinado de IΔn.
- **Tiempo de retardo variable**. Ídem al anterior solo que el tiempo de retardo es regulable. (ID selectivo).

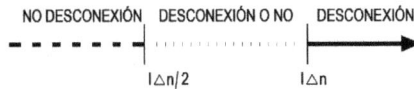

NO DESCONEXIÓN   DESCONEXIÓN O NO   DESCONEXIÓN

IΔn/2   IΔn

Fig. N° 4.19 Tiempos de actuación de los ID

Fig. N° 4.20 ID bipolar   Fig. N° 4.21 ID tetrapolar

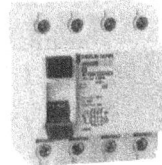

4.17.8. Representación en los planos o esquemas eléctricos. En la Figura N° 4.22 se muestra la simbología normalizada para representar a los ID en los dibujos de los circuitos eléctricos tanto sea en forma unifilar como multifilar.

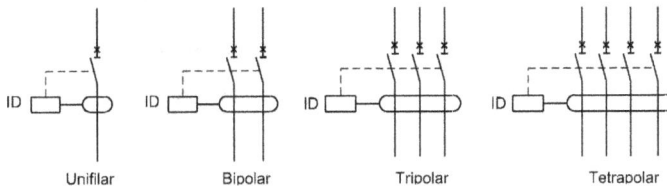

Unifilar   Bipolar   Tripolar   Tetrapolar

Fig. N° 4.22 Simbología de los ID

4.17.9. Empleo. Como se anticipara el empleo de los ID está dado en dos grandes campos de la protección, que son las personas y los bienes. Naturalmente la faz más conocida es la primera, pero la segunda no es menos importante. La afectación a los bienes puede devenir de un incendio el cual a su vez puede ser causado por un cortocircuito o bien por la persistencia de una corriente de fuga a tierra.

Cada uno de estas aplicaciones requiere de un tipo de ID. El principio de funcionamiento es el mismo en ambos casos, solo que varían los parámetros funcionales en cada caso, concretamente la corriente diferencial de actuación ($I\Delta$) y el tiempo de actuación.

Al final de este ítem se amplía el tratamiento de las aplicaciones; primero la protección de las personas y luego la de los bienes. A continuación se expondrán dos ejemplos generales de aplicación.

4.17.9.1. Ejemplo de aplicación particular: Es necesario destacar que todos los aparatos o equipos eléctricos, y debido a que los aislantes no son perfectos o bien por sus características constructivas (conexiones a tierra hechas en el chasis, fuentes conmutadas, etc.), provocan siempre la circulación de una corriente eléctrica de fuga muy pequeña a tierra (del orden de los miliampere). Como caso concreto pueden mencionarse las computadoras u otros equipos electrónicos.

Individualmente cada uno de ellos no provocará la actuación de un ID, pero si la cantidad de los equipos conectados es mucha, la suma de esas pequeñas corriente eléctricas de fuga superará los $I\Delta n/2$ (en el caso de uno con $I\Delta n = 30$ mA será los 20 mA aproximadamente), con lo cual el mismo en forma aleatoria puede actuar (de acuerdo con la norma, ver la Figura N° 4.19). De tener constante esta apertura, la solución que subdividir los circuitos eléctricos o bien recurrir a ID que tengan otras disposiciones constructivas adicionales.

4.17.9.2. Ejemplo de aplicación doméstica. En la Figura N° 4.23 se muestra un ejemplo de aplicación práctica, como puede ser una plancha hogareña, en el caso de que se produzca una falla en su aislamiento (contacto indirecto) y una parte con tensión o transformada en viva haga contacto con la carcasa. En ese caso pueden ocurrir dos situaciones: una que la misma se

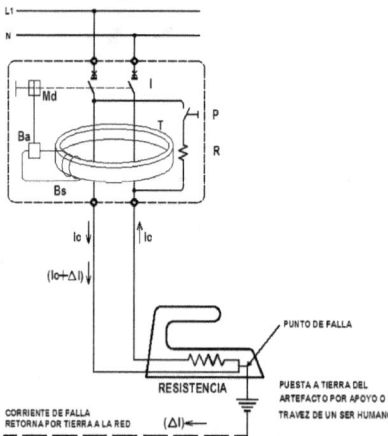

Fig. N° 4.23 Aplicación práctica de un ID

encuentre sobre elementos conductores vinculados a tierra en cuyo caso se produce un cortocircuito a tierra que será detectado por un PIA, la otra situación es que una persona parada en un piso conductor haga contacto con este elemento fallado; en ese caso deberá actuar el ID.

4.17.9.3. Ejemplo de aplicación en un edificio de propiedad horizontal. En la Figura N° 4.24 se muestra el esquema multifilar de un TE destinado a los Servicios Generales de este tipo de propiedades. En el mismo se aprecian las distintas cargas típicas que pueden llegar a tener esta parte de la IE y los ID empleados en cada uno de los circuitos.

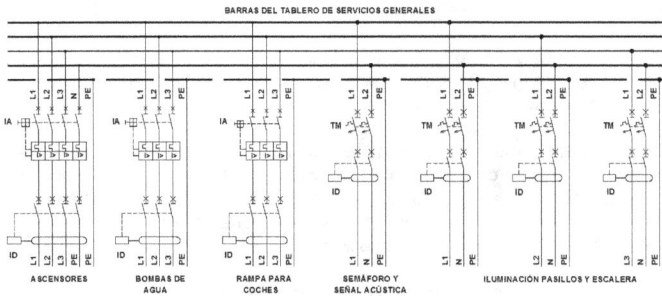

Fig. N° 4.24 Distintos tipos y aplicaciones de los ID

4.18. TIPOS DE INTERRUPTORES DIFERENCIALES

4.18.1. Introducción. La utilización de los ID no solo se relaciona con el ECT adoptado por la IE sino que también lo está con la estructura que adopte esta última, ya que se puede partir de una destinada a una vivienda, local u oficina en forma unitaria a la empleada cuando se trata de conjunto de cualquiera de estos tipos.

Esto hace que existan diversos tipos constructivos, pero que en todos los casos cumplen con las funciones anteriormente enunciadas. Lo cual también hace que sea necesario señalar que si bien existe una cierta similitud entre los aparatos ofrecidos por las distintas fábricas, es fácil apreciar que existen determinadas variantes, por lo cual en lo que sigue se mencionarán los que son más comunes en el mercado.

4.18.2. Número de polos: pueden ser de acuerdo con el circuito de 2, 3 o 4 polos, según se trate de aplicar en un sistema eléctrico monofásico, trifásico trifilar o trifásico tetrafilar.'

4.18.3. Parámetros eléctricos generales

4.18.3.1. Corriente eléctrica nominal o asignada In: 16, 25, 40, 63, 80 y 115 A (Valores orientativos).

4.18.3.2. Tensión nominal o asignada: 220, 380 y 500 V.

4.18.3.3. Corriente de cortocircuito: se considera como admisible 10 x In, 500 u 800 A.

4.18.4. Corriente diferencial nominal (IΔn). Constructivamente se pueden encontrar dos formas: unos los que tienen valores asignados fijos tales como: 10, 30, 100 y 300 mA y otros en los que se pueden ajustar. que se denominan selectivos.

4.18.5. Parámetro de tiempo. Con respecto al tiempo de actuación hay dos tipos: los fijos de tn = 30 ms como máximo y los que permiten regular el tiempo de actuación, que se denominan selectivos

4.18.6. Formas constructivas y sus aplicaciones. Estas formas constructivas se han desarrollado de acuerdo con las distintas aplicaciones que se pueden dar en las IE, las cuales involucran corrientes diferenciales, tiempos de actuación y corrientes asignadas o nominale. De estas variables se pueden encontrar los tipos que se describen a continuación.

4.18.6.1. Unidad para un solo tomacorriente. Es un ID que está asociado a una protección por sobrecargas y cortocircuito o no en una sola unidad. El mismo se monta en una caja rectangular típica, la cual se puede empotrar en la mampostería o bien se fija sobre la superficie. No se comercializan en nuestro país por el momento.

4.18.6.2. En una única carcasa solo el ID. Es tipo más conocido, pudiendo ser bipolar o multipolar (Figuras N^a 4.19 y 4.20).

Fig. N° 4.25 ID
asociado a un PIA

4.18.6.3. Asociado con el ID en una única carcasa con un interruptor termomangético. Es una unidad de ID asociado a un PIA que efectúa la protección contra sobrecargas y cortocircuito. A diferencia del primero nombrado (4.18.6.1) es para un circuito que puede tener varias cargas. En general la corriente eléctrica asignada máxima del conjunto es de 125 A (Figura N° 4.25).

4.18.6.4. Unidad acoplable a los interruptores termomagnético tipo PIA. Cuando se hace necesario incorporar la protección diferencial y el circuito requiere de aparatos con una corriente hasta 125 A se puede recurrir a estas unidades separadas que se puede acoplar a los PIA, con lo cual se puede tener un valor más elevado de corriente asignada o nominal y demás características de un selectivo (Figura N° 4.26.)

4.18.6.5. Unidad ID incorporada a un IA del tipo compacto. Cuando la corriente eléctrica nominal del interruptor supera a los 125 A se hace necesario utilizar un interruptor del tipo compacto. Es en ese caso cuando a los mismos se les puede adosar a su carcasa un módulo o relé ID, con lo cual se forma una sola unidad (Figura N° 4.27).

4.18.6.6. Como unidades separadas. Las mismas son: un transformador de intensidad tipo toroide y un relé diferencial. Otra forma de incorporar la protección diferencial para la situación de las corrientes eléctricas anteriores es montar un transformador de intensidad tipo toroide que alimente un relé diferencial en cual puede hacer disparar un interruptor del tipo compacto, para lo cual este último debe tener como accesorio una bobina de disparo (Ítem 8.4.5). (Figura N° 4.28).

4.18.6.7. Disyuntor diferencial selectivo. Permiten regular la corriente diferencial de funcionamiento (IΔ) así como el tiempo de actuación. Están destinados a los circuitos que requieren de la coordinación en las actuaciones. En el párrafo 4.22.2 se ampliará el tema.

4.18.6.8. Disyuntor diferencial reconectador. Es un tipo de ID que tiene asociado un sistema que le permite volver a conectarse luego de una falla, lo cual puede programarse en el tiempo y de acuerdo con la verificación que hace de los aislamientos del circuito eléctrico al cual pertenece. En el párrafo 4.23 se ampliará el tema.

Fig. N° 4.26 Bloque de diferencial para acoplar a un PIA

Fig. N° 4.27 IA compacto con relé diferencial incorporado

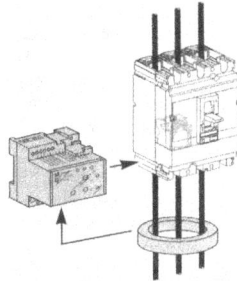

Fig. N° 4.28 IA compacto con transformador y relé diferencial externo

4.18.7. De acuerdo con las características de la red. La proliferación de equipos electrónicos hace que se introduzcan en las redes de distribución de la energía eléctrica las denominadas armónicas, las cuales producen la deformación de las formas de ondas, que dejan de ser sinusoidales puras, afectando los distintos tipos de cargas y también a los ID. Es por eso que de acuerdo con las características de las IE es que hay tres tipos constructivos que tienen distintos campos de aplicación; los tipos son: **AC, A** y **B**.

Esta diferenciación tiene que ver con la forma de onda de la tensión, que en definitiva será la de la corriente eléctrica que circula por el circuito eléctrico en el cual está inserto.

4.18.7.1. Tipo AC: para corrientes eléctricas alternas sinusoidales.

4.18.7.2. Tipo A: para corrientes eléctricas alternas sinusoidales, continuas pulsantes o continuas pulsantes con una componente continua de 6 mA, con o sin control de ángulo de fase, tanto si se aplican bruscamente como si aumentan lentamente.

Dentro de los de este tipo hay una variante constructiva que recibe diferentes denominaciones según cada fabricante (inmunizados, con filtros, etc.). Se trata de ID que tienen incorporados circuitos del tipo filtros para evitar que esas corrientes eléctricas deformadas puedan provocarles disparos intempestivos.

4.18.7.3. Tipo B: para las mismas corrientes eléctricas que el tipo A, más corriente continua.

4.19. ACCESORIOS

Son elementos que se les pueden acoplar mecánicamente a los fines de complementar sus funciones, entre los cuales podemos encontrar los siguientes:

- **terminales, peines de conexión, etc.:** son distintos tipos de elementos destinados a facilitar la conexión de los cables o pequeñas barras,
- **cubre bornes:** destinados a evitar el contacto accidental con los mismos,
- **dispositivo mecánico para el accionamiento**: permite transformar el accionamiento vertical en rotativo,
- **bloqueo mecánico:** mediante candado en la posición de abierto con fines de seguridad,
- **contactos auxiliares:** son de diversos tipos, destinados a señalar el estado (abierto, cerrado o disparado),
- **bobina de disparo:** a los fines de poder accionarlo a distancia,
- **módulo para detección de sobretensiones.**

4.20. OTROS PARÁMETROS

El ID, como todos los aparatos que se utilizan en las IE, tienen otros parámetros que también deberán ser considerados en el momento de la selección de los mismos, entre los cuales se pueden citar: posición y forma de montaje, temperatura ambiente, clase de protección, altura sobre el nivel mar, clase de protección mecánica, etc. Siendo la temperatura ambiente tal vez la que requiera de mayor atención ya que la misma altera los valores nominales. Existen tablas para hacer las correcciones correspondientes cuando hay apartamiento de la nominal. Por ejemplo: de − 5 a +40 °C.

4.21. PROTECCIÓN DE LOS INTERRUPTORES DIFERENCIALES

Los ID se fabrican con y sin protección contra sobrecargas y cortocircuitos formando una sola unidad, como ya se ha señalado. Las Figuras N° 4.19 y 4.20 muestran modelos sin estas últimas protecciones.

En un ítem anterior se han enumerado los distintos parámetros eléctricos que tienen los ID, dentro de los cuales se hace necesario destacar la capacidad de apertura cuando se trata de una corriente eléctrica de cortocircuito, la cual se denomina corriente eléctrica de ruptura.

La magnitud de la corriente eléctrica de cortocircuito disponible en cualquier sector de una IE depende de varios factores, pero fundamentalmente depende de la red de distribución a la cual está conectada.

Comparativamente y frente a los PIA, los ID tienen una capacidad limitada para conducir y operar frente a las corrientes eléctricas de cortocircuito disponibles en las IE, o sea que tienen una baja corriente eléctrica de ruptura; en consecuencia se hace necesario protegerlos contra las primeras mediante un dispositivo apropiado que puede estar incorporado o no al mismo. En el Capítulo N° 8 – Protecciones– se verá la forma de hacer las protecciones. A modo de adelanto en la Figura N° 4.29 se muestra un circuito eléctrico en donde un ID (Q2) es protegido mediante un IA externo (Q1).

La corriente eléctrica de ruptura admisible por los ID es en general de 500 A o 10 x In, dependiendo del modelo y marca, aunque se pueden encontrar de 800 A y más.

En cada caso hay que confrontar la corriente admisible de ruptura nominal del ID con la corriente de cortocircuito disponible en el punto de la IE en donde se insertará a este.

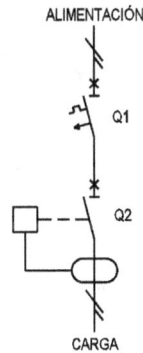

ALIMENTACIÓN

Q1

Q2

CARGA

Fig. N° 4.29
Protección de un ID
con un IA

4.22. APLICACIÓN DE LOS INTERRUPTORES DIFERENCIALES EN CIRCUITOS MÁS COMPLEJOS

4.22.1. Introducción. En el tratamiento que se ha venido haciendo hasta ahora de la aplicación de los ID se ha considerado a los mismos formando parte de circuitos eléctricos simples, cosa que en la práctica no siempre es así, de modo que existen otros que son más complejos y que por consiguiente requieren de otras consideraciones.

Los tipos y cantidad de circuitos eléctricos de cada inmueble queda determinado por el uso del mismo y fundamentalmente por el GE (que da el mínimo), el cual a su vez está relacionado con la superficie cubierta y semi-cubierta que ocupa (Capítulo N° 7) –Diseño, proyecto y cálculo–. lo que a su vez determinará indirectamente la cantidad de ID que sean necesarios.

La funcionalidad y tamaño de los inmuebles hará a la determinación de la potencia eléctrica empleada en cada uno de los distintos tipos de circuitos eléctricos, lo cual deriva en el tipo y características de los elementos empleados (sección de cables, tipo de aparato de maniobra, tipo de protección, regulación de las mismas, etc.)

4.22.2. Coordinación. La complejidad que llegan a tener las IE en cuanto al: número, tipos y cantidades de circuitos y tableros seccionales hace necesario el montaje de diversos tipos de aparatos de maniobra y protecciones en serie en cada uno de ellos.

Estas IE tendrán en sus circuitos cables de distintas secciones, PIA con calibres adecuados a los mismos e IA de distintas corriente nominales con relés de protección ajustables y necesariamente los ID acordes a esto.

Cuando se produce una falla (sobrecorriente, cortocircuito, PAT o sobretensión) en alguno de los circuitos eléctricos de un determinado sector debe actuar el dispositivo de protección correspondiente al mismo sin que afecte a los otros. Es condición necesaria e imprescindible que el defecto sea eliminado en el sector en que se produjo sin que se propague o afecte a otro u otros.

Para que esto último ocurra se hace necesario realizar la denominada COORDINACIÓN DE LAS PROTECCIONES, la cual se logra regulando los calibres de las distintos tipos elementos de protección, entre los que se encuentran los ID. En la Figura Nº 4.30 se muestra el esquema unifilar de una IE en donde se puede

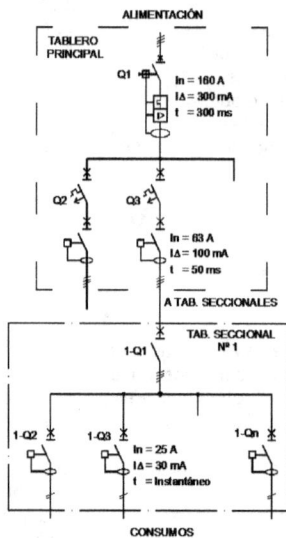

apreciar lo dicho, señalando que los valores son generales y orientativos, en cada caso debe ser analizado.

En los circuitos más complejos, de manera que se va escalando hacia a la fuente de la energía eléctrica (acometida) la corriente eléctrica nominal de los PIA e IA va en aumento, lo que hace también que haya que considerar también la de los ID, pero también se hace necesario poder regular los tiempos de actuación de estos últimos (Ta) y la corriente eléctrica diferencial (IΔ); para lograr todo esto se requiere que estos últimos lo permitan y son los que se denominan selectivos. En estos ID se puede regular el tiempo de actuación (Ta) así como la corriente diferencial (IΔ).

Para lograr la coordinación de los ID que quedan en el camino de la corriente eléctrica de falla, se deberá considerar: corriente eléctrica nominal (In), la corriente eléctrica diferencial (Id) y el tiempo de actuación (Ta).

Fig. Nº 4.30 Coordinación de los ID

4.23. Inconvenientes en el uso de los ID

La inclusión de los ID en los circuitos eléctricos como elemento de protección hace que por determinadas situaciones que no son exactamente de su función específica, el mismo actúe desconectando el de la carga. Si bien es lo que debe hacer un elemento de protección, no es menos cierto que en determinado momento puede provocar algún inconveniente al Usuario.

La actuación no deseada se puede deber a varias razones, a saber:

- sobretensión producida en el sistema de distribución de la energía eléctrica;
- cargas tales como computadoras, sistemas telefónicos o fax que cuentan con fuentes de alimentación internas con corriente eléctricas de fuga a tierra elevadas, que dependiendo de la cantidad de estas que se encuentren conectadas a un mismo circuito se sumen con lo cual hacen que se llegue al punto de disparo;
- los balastos electrónicos funcionan en base a altas frecuencias que pueden bloquear al ID y las frecuencias bajas pueden provocar el disparo del mismo; idéntico efecto puede ser debido a los equipos destinados a variar la velocidad de los ME.

Los inconvenientes provocados por la actuación intempestiva de los ID puede no ser un problema cuando se trata de viviendas o ciertos locales, en donde es de esperar la presencia permanente de personas que de inmediato puedan volver a realizar una nueva conexión si las condiciones son adecuadas, pero no siempre es así; por ejemplo un negocio en el cual hay mercadería perecedera en las heladeras y la interrupción ocurre durante la noche cuando el personal ya se ha retirado de local.

Para estos casos en que no haya personal que pueda efectuar la reconexión se hace necesario la utilización de ID que tengan un mecanismo de RECONEXIÓN automática. Estos dispositivos cuentan con un sistema que permite controlar el estado del aislamiento de los cables (Figura N° 4.31).

Fig. N° 4.31
ID reconectador

Producido el disparo, el dispositivo puede efectuar varios ciclos de control del aislamiento (de acuerdo con la programación previa), luego de los cuales y si encuentra valores aceptables del mismo, procede a reconectar, dejando señalizada esta actuación. En caso contrario permanece en el estado de desconexión.

Cuando las cargas sean equipos electrónicos como se mencionó, se deberá recurrir a dos posibles soluciones:

- subdividir los circuitos en donde están estos tipos de cargas a fin de reducir el valor total de las corriente eléctricas de fuga, de modo que la suma no haga actuar el ID;
- instalar ID diseñados para estos circuitos que cuentan con filtros especialmente calculados.

4.24. Protección de las personas y los bienes

4.24.1. Introducción: es necesario e imprescindible comprender que los ID tienen dos amplios campos de aplicación en cuanto a la protección que son: las personas y los bienes, para lo cual existen sendos tipos constructivos que son adecuados para cada caso y que no son reemplazables entre sí.

4.24.2. Protección de las personas. En este caso, como primera regla para su utilización debe comprenderse que es UNA PROTECCIÓN COMPLEMENTARIA O ADICIONAL CONTRA LOS CONTACTOS DIRECTOS E INDIRECTOS. La forma de la protección contra contactos directos se hace empleando al menos dos medios de protección de los citados en el párrafo titulado: PROTECCIÓN CONTRA LOS CONTACTOS DIRECTOS.

La utilización de los ID NO es una medida de protección completa contra los contactos directos o indirectos, sino que está destinada a complementar otras medidas de protección durante el servicio normal y, por lo tanto, no exime en modo alguno del empleo del resto de las medidas de seguridad, pues, a modo de ejemplo se puede decir que no evita los accidentes provocados al ser humano por el contacto simultáneo de dos partes conductoras activas de potenciales diferentes.

Este último comentario es de fundamental importancia ya que desmitifica el uso de este tipo de aparatos como una protección total, ya que habitualmente se lo pregona como el único elemento que protege vidas y bienes, cuando, y tal como hemos visto más arriba, no es así.

La no difusión de este pequeño párrafo o su inserción al final de los escritos y con letras más chicas, hace aumentar la creencia popular (incluyendo a ciertos Instaladores también) de que el ID basta para que el Usuario común olvide por completo que debe adoptar otras precauciones que debe tener cuando utiliza la energía eléctrica.

La forma de implementar el esquema de conexión a tierra (ECT) de la IE, tiene una importante relación y es directa desde el punto de vista funcional con los ID que es de extrema importancia, reiterando que el obligatorio es el TT cuando se recibe el suministro de la energía eléctrica en baja tensión.

Con respecto a su utilización, se puede decir que todo circuito eléctrico terminal o línea de circuito deberá estar protegido por un ID con sensibilidad de 30 mA y de actuación instantánea.

No obstante lo dicho, en el caso de que ciertos equipos en los que se demuestre que su funcionamiento normal puede estar perturbado por la presencia de un ID en su circuito eléctrico de alimentación (por ejemplo: un sistema de arranque a tensión reducida de estrella-triángulo para un ME de potencias medias y elevadas, en el cual, durante el proceso de conmutación, pueden introducir picos transitorios de corriente eléctrica que provoquen la actuación del ID), se admitirá prescindir del mismo, cumpliendo estrictamente las siguientes condiciones.

- El circuito eléctrico debe ser para alimentar esa única carga, y no debe tener ninguna derivación.

- Se garantizará la protección contra el riesgo de contactos directos empleando alguna de las siguientes protecciones:
  - aislamiento de las partes activas,
  - mediante barreras o por medio de envolturas.
- Se garantizará la protección contra el riesgo de contactos indirectos de acuerdo con:
  - la utilización de equipos, dispositivos y canalizaciones de doble aislamiento (Clase II),
  - por corte automático de la alimentación.

Los ID cuya corriente eléctrica diferencial de funcionamiento ($I\Delta$) es inferior a los 30 mA, se reconocen como aptos para la protección contra los contactos directos accidentales producidos por la falla de otras medidas de protección contra contactos directos.

Un empleo típico de los con $I\Delta$ = 10 mA lo constituyen los circuitos que alimentan los hidromasajes de las bañeras.

4.24.3. Protección de los bienes. Constituye la otra aplicación de fundamental importancia de los ID, los cuales basan su funcionamiento en la aparición de las corrientes de fuga, como ya se vio. En consecuencia se han establecido valores en los parámetros de funcionamiento de los mismos cuando se trata de la protección de los seres vivos.

Ahora bien, cuando se trata de equipos eléctricos o maquinarias de los sistemas productivos o bien los que se emplean en los distintos servicios con que cuentan los inmuebles (bombas, motores, etc.) que se conectan a la IE, tienen naturalmente corrientes diferenciales de fuga que superan los 30 mA, establecidos para la protección de las personas; en consecuencia se hace necesario disponer de ID que tengan valores acordes a esto, si no se produciría automáticamente la apertura de los circuitos innecesariamente.

Para evitar esto es que se emplean los ID cuya corriente diferencial ($I\Delta$) máxima sea de 300 mA porque se considera que corrientes eléctricas de mayor valor que circulen a tierra pueden generar una cantidad de calor que a su vez sea el origen de fuego, el cual, dependiendo del material o del ambiente en que se desarrolle, puede generar un siniestro.

Otra situación podría ser la que se puede encontrar en algunos establecimientos en donde mediante la utilización de ciertos equipos se llevan a cabo procedimientos que utilizan líquidos conductores, los cuales podrían facilitar la circulación de las corrientes eléctricas de fuga a tierra que también superen los valores establecidos para la protección de las personas.

Situaciones parecidas a estas pueden darse en ambientes, en donde puede haber gases o vapores combustibles.

También debe considerase dentro de los de este tipo a los: selectivos.

CANALIZACIONES ELÉCTRICAS

5.1 INTRODUCCIÓN

Las canalizaciones eléctricas son la esencia de las IE ya que las mismas distribuyen la energía eléctrica con que se alimentan las cargas. Existen diversos tipos y cada uno de ellos tiene exigencias constructivas para que puedan ser seguras para las personas y confiables funcionalmente. Debe tenerse en cuenta que no hay local o dependencia de un inmueble sin una canalización eléctrica.

5.2. REGLAMENTACIÓN (RIEI)

La Asociación Electrotécnica Argentina edita la REGLAMENTACIÓN PARA LA EJECUCIÓN DE INSTALACIONES ELÉCTRICAS EN INMUEBLES, que en lo sucesivo se indicará con las siglas RIEI, la cual tiene importancia técnica y legal ya que es parte de la LEY DE HIGIENE Y SEGURIDAD EN EL TRABAJO Nº 19.587 y del DECRETO REGLAMENTARIO DE HIGIENE Y SEGURIDAD PARA LA INDUSTRIA DE LA CONSTRUCCIÓN (DECRETO LEY Nº 911/96). Con respecto a las disposiciones que establece, es necesario destacar que en la misma constan las condiciones MÍNIMAS que deben cumplir las IE, lo cual no impide implementar otras disposiciones que mejoren las condiciones de seguridad o funcionales de éstas.

5.3. DEFINICIÓN

Se entiende por CANALIZACIÓN ELÉCTRICA, al conjunto formado por elementos capaces de conducir la corriente eléctrica, tales como: conductores, cables, barras y los respectivos elementos para soportarlos y protegerlos mecánicamente. A estos últimos se los denomina CANALIZACIONES.

5.4. TIPOS

5.4.1. Clasificación. Existe una gran variedad de posibilidades constructivas, para lo cual se hacen necesarios distintos tipos de elementos y materiales que periódicamente las nuevas tecnologías van renovando y que se han mostrado en los capítulos anteriores.

A continuación se describirán diversos tipos y sus principales características constructivas y funcionales a través de la Tabla Nº 5.1.

TABLA 5.1
TIPOS DE CANALIZACIONES ELÉCTRICAS

TIPO	FORMA DE TENDER LOS CONDUCTORES O CABLES	PROTECCIÓN MECÁNICA	TIPO DE CONDUCTOR O CABLE
SUPERFICIAL O A LA VISTA	Superficial o la vista	Vaina del cable, armadura del cable caño o bandeja portacable, cablecanal y conducto	Cable del tipo energía
	Línea aérea	----	Conductor o cable específico
EMBUTIDA EN LA MAMPOSTERÍA U HORMIGÓN	Alojado en caño	Caño (acero o plástico)	Cable simplemente Aislado
	Alojado en canal	Pared del canal	
SUBTERRÁNEA	Directamente enterrado	Protección superior con loseta o ladrillo	Cable del tipo energía
	Alojado en caño, canal o conducto enterrado	Caño o pared del canal	

5.4.2. Otra clasificación

5.4.2.1. Según el medio en que se encuentre la canalización eléctrica. Pueden clasificarse en: INTEMPERIE E INTERIOR.

5.4.2.2. Según la base de la estructura resistente. Se denomina de esta manera a la base sobre la cual se montará la canalización eléctrica. Los materiales de las construcciones típicas de las estructuras resistentes son: madera, hormigón, albañilería, hierro y mixtas. De acuerdo con estos serán los techos, entrepisos, tabiques, paredes en general, paredes medianeras, divisorios, pisos y azoteas.

En general y para el tipo de vivienda pequeña las paredes de mampostería común forman parte de la estructura resistente y sobre ellas se apoyan las vigas de madera, hormigón o hierro. En esos casos se puede decir que la construcción es del tipo mixto. No se incluyen en esta clasificación casos muy especiales. La mayor complejidad del inmueble y su destino dan paso a distintas formas constructivas.

5.4.2.3. Características constructivas. A continuación se darán una serie de indicaciones sobre las formas de ejecutar los distintos tipos de canalizaciones. No se pretende ser riguroso ni absoluto. Cada Instalador tiene su forma particular de ejecutar los trabajos, producto de su experiencia, puntos de vista e interpretación de las reglamentaciones. Lo que sigue es una guía para aquellos que se inician y desean tener una idea sobre la ejecución de este tipo de trabajo.

5.5. INFLUENCIA EXTERNA

Las IE forman parte de los inmuebles que se encuentran en todo el territorio del país en los cuales hay diversas condiciones ambientales (régimen de temperaturas, humedad ambiente, fauna, etc.) que puedan afectar a los distintos componentes de las primeras.

Estas consideraciones deben tenerse en cuenta antes de ejecutar el proyecto, diseño y cálculo de una IE.

5.6. CANALIZACIÓN SUPERFICIAL O A LA VISTA

5.6.1. Introducción. Son las que se emplean para las IE montadas sobre la superficie de las estructuras resistentes (paredes, estructuras, etc.) que están la vista, para lo cual se hacen necesarios distintos tipos de materiales y aparatos, que en algunos casos son utilizados en otras opciones de construcción.

5.6.2. Cable. Para el tendido de un cable a la vista se utilizan soportes especialmente construidos como en la Figura N° 5.1 o bien mediante las grapas de fabricación estándar, como las mostradas en las Figuras N° 5.2 y 5.3. En estos dos últimos casos estas grapas también se pueden usar para fijar cables o caños indistintamente.

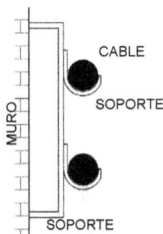

Fig. N° 5.1 Soporte para
cables

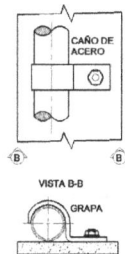

Fig. N° 5.2 Forma de fijar
un caño de acero

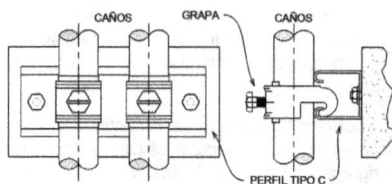

Fig. N° 5.3 Forma de fijar un caño de acero

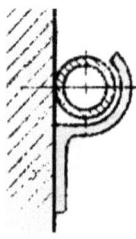

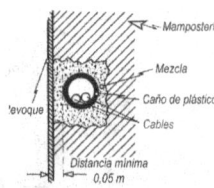

Esto puede ser aplicado en aquellos edificios en que el tendido corre por galerías, pasadizos secundarios, pasajes de comunicación entre edificios de un mismo grupo, etc. También puede ser utilizado para un tendido provisorio (por ejemplo: en un obrador). Para este tipo de tendido siempre debe considerarse la posibilidad de que el cable sufra un daño mecánico.

Es de muy fácil instalación y permite una rápida inspección en caso de falla o bien si se tiene que hacer alguna derivación. Solo se puede emplear el cable tipo energía con protección mecánica propia preferentemente.

5.6.3. Caño. En esta forma constructiva los cables se TIENDEN dentro de caños, los cuales se fijan a las estructuras resistentes. Se puede emplear una variedad de caños y si la estética lo requiere la terminación superficial de estos puede ser en el caso de los de acero: galvanizada en lugar de la clásica pintura negra y del color natural en el caso de los de material plástico.

En las Figuras N° 5.4 y 5.5 se muestran otras dos formas distintas de fijar un caño.

En el Capítulo N° 2 –Materiales uso en IE– se ha tratado el tema de los caños, sus diferentes tipos y los accesorios necesarios para la ejecución de una canalización.

En la Figura N° 5.6 se muestra la forma de embutir un caño de material plástico en una pared para evitarle un posible daño mecánico.

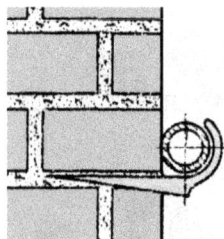

| Fig. N° 5.4 Forma de fijar un caño de acero | Fig. N° 5.5 Forma de fijar un caño de acero | Fig. N° 5.6 Colocación de un caño plástico en una pared |

5.6.4. Bandeja portacables (BPC).

El sistema de BPC se utiliza en los edificios para las montantes o para canalizaciones troncales que alimentan TE, por ejemplo, pero existen muchas más aplicaciones. En la Figura N° 5.7 se muestra una forma elemental en que se pueden disponer las BPC; la complejidad de su tendido depende del lugar en el cual se lleva a cabo el montaje. Hoy en día se usan en todo tipo de IE.

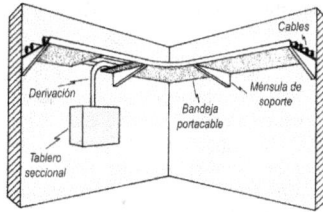

Fig. N° 5.7 Bandejas portacables

Este sistema se ha impuesto debido a su facilidad de montaje y a que los cables van fijados mediante precintos, con lo cual resulta muy simple su tendido y muy sencilla la inspección, cambios y agregados. Se trata de un sistema muy flexible. Las canalizaciones ejecutadas con BPC se fijan a las estructuras resistentes (paredes, techos, etc.) mediantes soportes especialmente diseñados.

5.6.5. Cablecanales.

Es un sistema que permite la ejecución de canalizaciones eléctricas completas fijadas a las paredes o estructuras (sistema significa que se proveen todos los elementos necesarios para realizar una IE completa). En las Figuras N° 2.29 a la N° 2.82 se han mostrado componentes. En la Figura N° 5.8 una ejecución de superficie elemental.

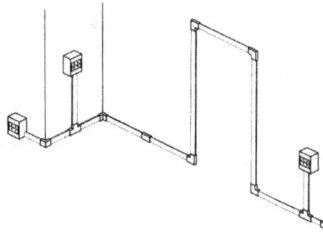

Fig. N° 5.8 Cablecanal de superficie

5.6.6. Sistema C.

También conocido como PERFIL REGISTRABLE, cuyo formato y componentes se mostraron en la Figura N° 2.87 (Capítulo N° 2 –Materiales eléctricos–). Es un sistema que permite canalizar una limitada cantidad de cables debido a sus reducidas dimensiones (44 x 44 mm). Se puede utilizar para cualquier tipo de circuito. En grandes áreas se lo emplea para los sistemas de iluminación ya que permite a su vez la fijación de las luminarias, para lo cual se emplean los correspondientes accesorios espe-

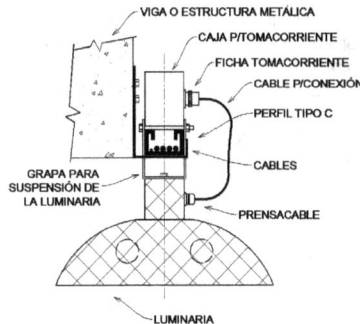

Fig. N° 5.9 Uso del perfil tipo "C" para el montaje de una luminaria

cialmente construidos. La Figura N° 5.9, muestra un caso típico de la fijación de una luminaria.

5.6.7. Líneas aéreas. Hay de dos tipos. Uno, las que son construidas mediante el empleo de conductores soportados por aisladores, los cuales a su vez están montados en una cruceta que se ubica en la parte superior de un poste de madera u hormigón. El otro tipo son las construidas con la técnica de los cables tipo preensamblados, tratados en el Capítulo N° 2 -Materiales eléctricos-.

En ambos casos son para tendidos a la intemperie, pero no son de aplicación en las IE tratadas en esta obra.

5.7. CANALIZACIÓN ELÉCTRICA EMBUTIDA

5.7.1. Introducción. Es el sistema de uso más generalizado en el tipo de IE de las viviendas, locales u oficinas. Permite una terminación adecuada de las paredes y de los techos, estéticamente acorde con la arquitectura, y es completamente seguro si ha sido efectuado con todos los requisitos que la práctica y las reglamentaciones indican.

En estas canalizaciones, los cables se alojan en caños que se colocan durante la construcción del edificio. Para la ejecución de esta canalización se emplean caños de dos tipos bien diferenciados de acuerdo con el material empleado para la fabricación de los mismos, así como de los distintos accesorios componentes (caños propiamente dichos, cajas, etc.): uno es el acero y el otro el material plástico en sus distintas variantes.

La técnica que emplea el acero es la más antigua y la que presenta mejores características funcionales. Es la tecnología tradicional, lo cual requiere de mano de obra con experiencia y además se hace necesario disponer de determinadas herramientas y en el manipuleo de los componentes debe tenerse en cuenta lo que significa el mayor peso y volumen de los caños así como de los accesorios.

Paulatinamente el avance de la tecnología y la economía imponen un mayor empleo de los materiales plásticos, aunque los que se encuentran en los comercios no siempre cumplen con las normas y reglamentaciones vigentes, lo cual también se aplica a las ejecuciones.

A continuación se desarrollarán ambos métodos, pormenorizando la técnica del empleo del acero, la cual mediante los accesorios adecuados y equivalentes se puede hacer extensiva a las que se ejecutan con componentes de material plástico.

En cierta bibliografía se nombra al material plástico como material aislante.

5.7.2. Acero. Los caños denominados tipo "luz" deben poderse curvar con cierta facilidad, ser prácticamente rectos y de sección circular suficiente para poder admitir el tendido de la cantidad de cables establecida. El espesor debe ser uniforme para que su resistencia mecánica no ofrezca puntos débiles. Las superficies deben ser perfectamente lisas, interior y exteriormente, para no dañar el aislamiento de los cables y para que al curvarlos no presenten defectos.

Cuando se corta un caño de acero mediante el empleo de una sierra, en los bordes suele quedar una rebaba o filo, la cual mediante el empleo de una lima debe ser eliminada a los fines de evitar que se dañe el aislamiento de los cables.

Por otra parte, los caños metálicos deben tener su superficie exterior debidamente recubierta (con pintura o galvanizada) para evitar la corrosión. Los caños metálicos embutidos en hormigón sufren poco los efectos de la humedad, pero los morteros de cal o de yeso son corrosivos si se humedecen.

El recubrimiento puede ensayarse para asegurarse de su calidad. Además, curvando el caño en frío y sin relleno por medio de un rodillo y guía acanalada a un ángulo de hasta 90°, no se debe abrir la costura, ni producirse grietas, ni desprenderse la protección de esmalte. La variación del diámetro en la parte curvada, con respecto a la inicial, no debe ser mayor del 5 % durante esa prueba de doblado.

Con respecto a los caños de acero flexible, tienen algunas aplicaciones definidas, pero no se deben usar para remplazar a los anteriores porque tienen el inconveniente de no adoptar la forma completamente recta, facilitando la acumulación de agua de condensación en las partes bajas.

Antes de continuar con la descripción de este método de montaje, se hace necesario aclarar algunos asuntos de interés. En la Figura N° 5.10 se puede apreciar mediante un dibujo esquemático, la forma en que se fija un caño de acero a una caja embutida en la pared.

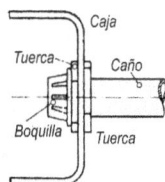

Fig. N° 5.10. Fijación de un caño a una caja

Por la pared llega el caño de acero (en este caso), el cual ingresa en una abertura que la caja tiene estampada, es una perforación sin terminar, quedando una especie de tapa que puede ser fácilmente removida por medio de una herramienta de mano. La fijación del caño a la caja se hace con una tuerca en la parte externa, y otra tuerca con una boquilla de aluminio en la parte interior. La boquilla preserva a los cables de los bordes filosos del caño.

En la parte abierta de la caja metálica embutida se aplica el bastidor para soportar los distintos módulos, el cual se fija por medio de dos tornillos. Previamente se deben haber fijado al bastidor los módulos de interruptores, tomacorrientes, etc., por simple presión si son del tipo a clip o con tornillos si vienen provistos de agujeros (Figura N° 5.11).

En una caja rectangular pueden llegar a colocarse hasta cuatro módulos de interruptores. Si se aplican tomacorrientes, dado que cuentan con lugar para la espiga de PAT, se pueden colocar hasta dos módulos.

Finalmente se coloca la tapa frontal con clip o a tornillos, según el modelo. La chapa frontal tiene agujeros con la forma de los módulos. La Figura N° 5.11 muestra esquemáticamente el armado de un conjunto.

La conexión de los cables al módulo se efectúa en un receptáculo del mismo, mediante un tornillo o resorte que lo comprime firmemente. En algunos sistemas no es necesario quitar el aislamiento del cable.

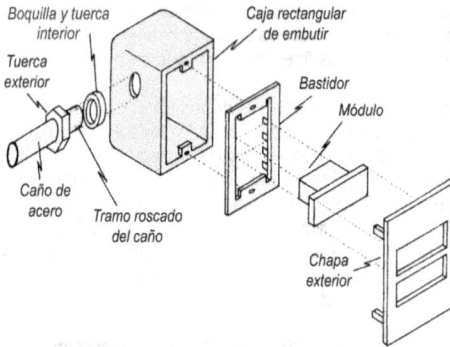

Fig. Nº 5.11 Armado de una caja con sus módulos

Las IE embutidas de caños se ejecutan colocando primero los caños en las paredes y techos, como se describirá más adelante. Una vez lista la parte de los caños y cajas como muestra esquemáticamente la Figura Nº 5.12, se procede a tender los cables dentro de los caños, y para apreciarlo mejor observar la Figura Nº 5.13. En dicho dibujo se muestra solamente una parte, para ilustrar cómo se procede a colocar un cable entre la caja de techo y la caja de pared. En la citada figura se puede apreciar un accesorio destinado a esta tarea llamado CINTA PASACABLES, una cinta de acero o de plástico flexible que se hace penetrar por el agujero de la caja de techo, hasta que el otro extremo aparezca por la caja embutida. Al extremo de la cinta se fija, con un adecuado nudo provisorio, el extremo del o de los cables que se desean pasar. Luego se tira del extremo libre en la caja de la pared, haciendo ingresar los cables al caño guiados por la cinta y ayudados por la mano del Instalador. Las flechas de la Figura Nº 5.13 indican el sentido de circulación del conjunto.

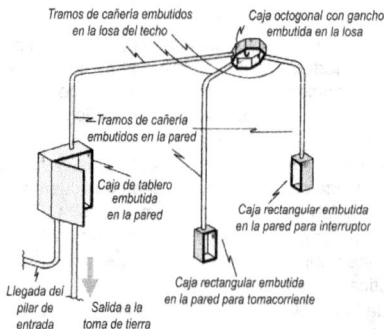

Fig. Nº 5.12 Parte de una cañería embutida

5.7.3. Colocación de caños y sus accesorios en forma embutida. Esto da origen a diversas disposiciones constructivas. En los techos o entrepisos de hormigón armado, las cajas de techo se colocan directamente sobre el encofrado (Figura N° 5.14), unidas a la cañería de la misma forma a lo que se indica en la Figura N° 5.10, empleando tuercas y una boquilla de aluminio que protege a los cables o bien usando los conectores de caños (Figura N° 2.44). El conjunto se apoya sobre las maderas del encofrado sujetándose con clavos y alambres en la forma que mejor convenga para fijarlos firmemente. Luego se puede proceder a hormigonar. Una vez que ha fraguado el mismo, se retiran las maderas y los componentes de la canalización quedan inmóviles. La Figura N° 5.15 nos proporciona una idea de cómo se procede.

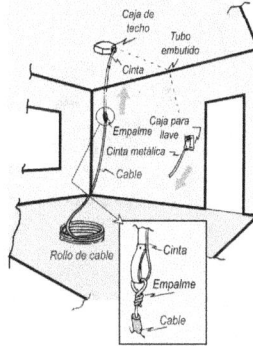

Fig. N° 5.13 Forma de tender los cables en los caños

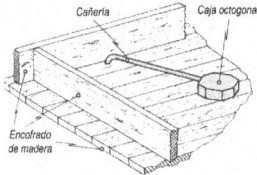

Fig. N° 5.14. Caja de techo y tramo de un caño en el encofrado

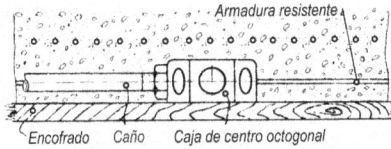

Fig. N° 5.15. Posicionado de una caja octogonal en el encofrado

En la Figura N° 5.15 se muestra una sección del encofrado con una caja octogonal de techo y su caño, tal como se presentan en obra. Una vez retirado el encofrado, solo se observan las aberturas que dejan las cajas, y desde las cuales se suspenderán los artefactos de iluminación o ventiladores de techo.

Hay casos en que la cañería debe hacer un recorrido como en la Figura N° 5.16, para sortear un obstáculo. Esto no es conveniente, ya que por condensación, se acumula agua en la parte más baja, pero en ese caso se deberán usar cables del tipo energía.

Cuando los caños llegan a las cajas es conveniente que tengan una cierta inclinación, como indica la Figura N° 5.17, para hacer escurrir el agua de las condensaciones hacia ellas, donde fácilmente se evapora y no perjudica a los cables.

Cuando se trata de IE para oficinas o locales, donde se tienden debajo del piso (Figura N° 5.18) y que deben ser muy flexibles para cambios y modificaciones, se emplean accesorios de fabricación estándar como se vio en el capítulo anterior.

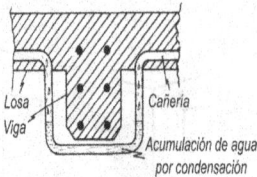

Fig. Nº 5.16. Cañería para salvar un obstáculo

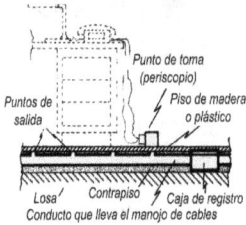

Fig. Nº 5.18. Canalización bajo piso

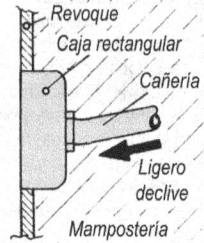

Fig. Nº 5.17. Llegada de un caño a una caja

Bajo el piso corren cañerías dispuestas para estos fines con cajas de registro adecuadamente situadas. La cañería permite colocar salidas, comúnmente llamadas "periscopios", que permiten disponer de energía eléctrica, teléfonos, señalización, datos, etc. en lugares próximos, sin tener necesidad de colocar cables adosados a las paredes que resultan pocos estéticos y no siempre seguros.

Cuando se deban colocar cajas en el piso, estas, con su cañería, se apoyan directamente sobre la losa de hormigón ya construida, y luego, al colocar el contrapiso de mezcla pobre, la abertura de la caja queda en el nivel del mismo, como se ilustra en la Figura Nº 5.19. Esto se emplea en casos particulares como el hecho de tener que agregar cajas después que se ha terminado de hormigonar.

En el caso de las cajas de techo, cuando el mismo es de hormigón, y si hay que hacer modificaciones o corregir errores de proyecto o de ejecución, se puede llegar a subsanar colocando un nuevo caño sobre la losa, de modo que luego el contrapiso la cubra totalmente, tal como lo muestra la Figura Nº 5.20.

Las cañerías tendidas dentro de las losas indefectiblemente deben unirse a las que irán empotradas en las paredes, y para esto en los lugares donde sea necesario se dejan trozos de caños, como ilustra la Figura Nº 5.21.

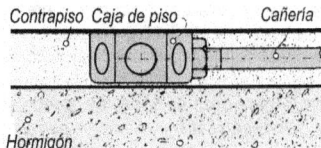

Fig. Nº 5.19 5.19. Disposición de un caño y caja en el piso

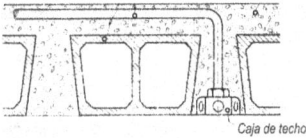

Fig. N° 5.20 Caño y caja en un
techo de viguetas

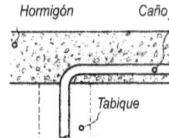

Fig. N° 5.21 Caño para la
transición entre pared y techo

Es necesario Los caños que se deben insta tener en cuenta que en la técnica de la construcción de techos y entrepisos se emplean bloques cerámicos o bloques premoldeados. En estos casos las cajas pueden colocarse en los espacios libres, llenando luego con mortero en la forma más conveniente y corriente, como se puede observar en la Figura N° 5.22.

Si por razones de ubicación la caja ha de ir en el mismo lugar que corresponde a un bloque, este se puede quebrar ligeramente para dejar la abertura necesaria, asegurándose la caja con un poco de mortero.

Cuando se trata de embutir caños en las paredes y estas son de hormigón, se coloca un listón de madera trapezoidal en el lugar reservado a los caños, de tal forma que al fraguar el hormigón, este queda pueda quitarse con simples golpes de herramienta, quedando la cavidad necesaria. En la Figura N° 5.23 se da una idea sobre las dimensiones.

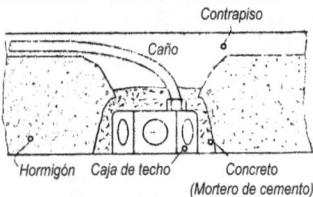

Fig. N° 5.22 Caño y caja bajo la losa
de un piso

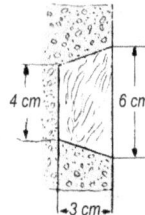

Fig. N° 5.23 Listón para la
colocación de caños en el hormigón

En determinadas ocasiones los caños deben tenderse por el interior de las columnas de hormigón armado, en ese caso, se pueden dejar listones de maderas al construir el encofrado de las mismas de modo que quedaría como lo muestran las Figuras N° 5.24 y 5.25, para lo cual habrá que coordinar con quien arma a este último ya que en determinadas situaciones hay que modificar los hierros de la armadura del hormigón armado, como se puede apreciar en la última de las figuras.

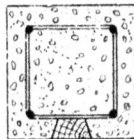

Fig. N° 5.24. Lugar para
los caños en una columna
de hormigón armado

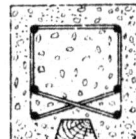

Fig. N° 5.25. Lugar para
los caños en una columna
de hormigón armado

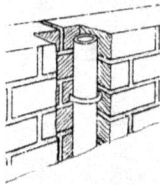

Fig. N° 5.26 Caño fijado dentro de una canaleta

Si se trata de embutir caños en una pared de mampostería común, se practican canaletas en la misma y luego de colocar el caño, este se sujeta con clavos como los de la Figura N° 5.26.

Al llegar los caños a los lugares en que irán ubicadas las llaves, tomas, pulsadores u otro accesorio, la canaleta se ensancha y allí se coloca la caja correspondiente. Una vez colocadas todas las cañerías, se tapan con mortero para inmovilizarlas como ilustra la Figura N° 5.27. Hay que prever el espacio que ocupan los revoques (grueso y fino), para que al ser colocados todo quede a un mismo nivel superficial.

Se aconseja que las canaletas verticales practicadas en las paredes, sean de: a x b de 3 x 5 cm o de 5 x 6 cm, según la disposición de la Figura N° 5.28.

Los caños que se deben instalar en forma horizontal en paredes o tabiques de ladrillos pueden ubicarse siguiendo las filas de estos como muestra la Figura N° 5.29.

Fig. N° 5.27 Espacio para una caja de embutir

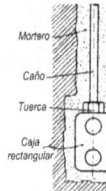

Fig. N° 5.28 Caño y caja una vez fijado

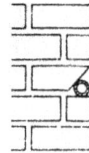

Fig. N° 5.29 Caño de acero empotrado en mampostería

En la Figura N° 5.30 se puede apreciar la disposición que se da en la preparación del encofrado, cuando es necesario dejar espacio en una pared o divisorio de ladrillos huecos, para una cañería horizontal.

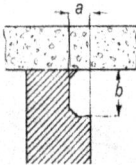

Fig. N° 5.30. Lugar para el tendido de cañerías en un muro de hormigón armado

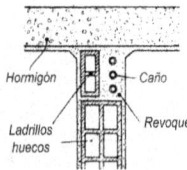

Fig. N° 5.31. Cañería en un tabique

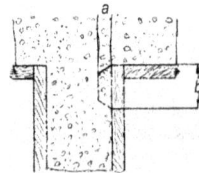

Fig. N° 5.32 Maderas en el hormigón armado para dejar lugar a una cañería

Cuando se trata de tender caños en forma horizontal en tabiques de hormigón, otra opción es dejar en el lugar establecido un ladrillo hueco cerámico, como se indica en la Figura N° 5.33. Una vez que se fraguó el cemento, se rompe fácilmente este último dejando el lugar necesario.

En la Figura N° 5.34 se puede apreciar la forma de hacer el cruce de una sección de hormigón, con caños de acero, que se han colocado en el encofrado.

Fig. N° 5.33 Forma de dejar
espacio en una pared de
hormigón armado

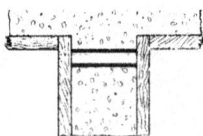

Fig. N° 5.34 Cruce a través
de una sección
de hormigón armado

5.7.4. Generales

5.7.4.1. Para las líneas principales, y las columnas montantes, que conducen gran cantidad de caños, se colocan CAJAS DE REGISTRO de ocho cm de profundidad, 15 a 20 cm de alto, y ancho variable. Estas son dimensiones mínimas.

5.7.4.2. Donde es necesario colocar codos o curvas, aun cuando los caños pueden ser doblados con un cierto radio mínimo de acuerdo con su diámetro, no se pueden tener más de tres curvas entre dos cajas, y estas no deberán tener un ángulo menor a 90°.

5.7.4.3. Cuando el recorrido es largo, son necesarias aberturas de acceso para cualquier cambio o reparación, estipulándose que debe haber cajas de paso (cuadradas y octogonales grandes) a distancias no mayores de 12 m en tramos rectos horizontales y 15 m en tramos verticales.

5.7.4.4. Las uniones de los caños deben hacerse con cuplas o enchufes, estando prohibidas las soldaduras. En los casos en que se requiera una canalización estanca, todas las uniones deben sellarse.

5.7.4.5. Una importante precaución es la de instalar las cañerías con algo de pendiente para evitar la acumulación de agua debida a las condensaciones que inevitablemente se producen. Por esta razón deben evitarse las curvaturas en "U".

5.7.4.6. El doblado de los caños hasta 15,87 mm (5/8") puede hacerse con la rodilla y en frío, pero para diámetros superiores debe usarse la dobladora de caños.

5.7.4.7. El diámetro menor admitido es de 15,87 mm (5/8).

5.7.4.8. Llaves, pulsadores y tomas individuales se colocan en cajas rectangulares o miñones.

5.7.5. Ejecución de canales en las paredes. Para embutir los caños en las paredes hace falta realizar un canal o "canaleta" que tengan el ancho y profundidad adecuados a las cantidades y diámetros de los caños. La forma tradicional de hacerlo es mediante un cortafrío y martillo, lo cual exige a quien lo ejecuta un esfuerzo físico considerable y el empleo de cierto tiempo. Esta tarea se ve simplificada si se utiliza una máquina "acanaladora de paredes", la cual permite realizar esta tarea con un menor esfuerzo y una mejor calidad. Se trata de una máquina eléctrica que tiene diversas características constructivas.

5.7.6 Canal de cables. También denominados "trincheras". Son fosos practicados en el piso, generalmente con sección transversal rectangular, cuyas paredes y piso son de mampostería u hormigón armado. Se cubren con tapas removibles de acero u hormigón armado. No son de aplicación más que en casos excepcionales en locales destinados a servicios (sótanos o cabina del ascensor) de los edificios.

5.7.7. Sistema de construcción en seco. La técnica de CONSTRUCCIÓN EN SECO (*dry wall*) tiene una muy creciente aplicación en la construcción de los edificios, por lo cual el Instalador seguramente las va a encontrar y como a todo tipo de edificio deberá dotarlo de una IE.

Sintéticamente se puede decir que este sistema constructivo se basa en montar una estructura de perfiles de acero cincado especialmente construidos, suficientemente rígida para permitir adosar a la misma las placas fabricadas a estos fines.

Una consideración muy importante a tener en cuenta porque eventualmente puede afectar la disposición de la IE es el hecho de que hay placas ESTÁNDAR y RESISTENTES AL FUEGO.

Las placas se fijan a ambos lados de los perfiles o bien de un solo lado según se trate la aplicación. El primer caso es si se trata de una pared divisoria y el segundo si es un cielorraso o bien el revestimiento de la pared.

También es necesario tener en cuenta que entre o sobre las placas se puede disponer de algún material destinado a la insonorización del ambiente o para aislarlo térmicamente (lana de vidrio).

Los perfiles son fabricados con chapa en acero y su terminación superficial es cincada. Existe una variedad de perfiles de acuerdo con las disposiciones constructivas que se dan en el edificio. Los más comunes son: SOLERA, MONTANTE Y OMEGA.

El primero de ellos se fija al piso y al cielorraso, constituyendo el soporte vertical de los perfiles montantes, formando de esta manera la estructura sobre la cual se fijan las placas.

Todos los perfiles tienen perforaciones a lo largo de los mismos a los fines de facilitar el tendido de las canalizaciones, en este caso las eléctricas.

El tendido de los caños para la IE entre dos placas, se hace atravesando las perforaciones que tienen los perfiles verticales.

El montaje de las cajas rectangulares u octogonales, según el destino (interruptores, tomacorrientes o luminarias) se hace mediante una perforación de la placa y se fijan mediante el empleo de tornillos autoperforantes.

A los fines de facilitar el tendido de los cables (nuevos o remplazo) los caños se deben fijar a los distintos tipos de perfiles para lo cual se emplean precintos de material plástico. Para el caso de las cajas destinadas a luminarias que se montan en el cielorraso, las mismas pueden ser fijadas, según la disposición adoptada, mediante alambre. Se debe emplear siempre alambre galvanizado a los fines de evitar la corrosión que con el transcurrir del tiempo debilitará al material.

5.8. CANALIZACIÓN SUBTERRÁNEA

5.8.1. Cable directamente enterrado. La construcción de este tipo de canalización se comienza abriendo una zanja del ancho de una pala de punta como mínimo, y de una profundidad de aproximadamente 80 cm. En ese ancho caben bien tres cables de BT, y si se han de colocar más, deben ubicarse en otra capa o bien haciendo una zanja más ancha. Se debe tratar que el fondo o piso de esta última sea lo más pareja posible.

Una vez finalizada la ejecución de la zanja, se extenderá una capa de arena de aproximadamente 10 cm de altura sobre la cual se tenderá el cable o los cables. En este tendido se deben tomar todas las precauciones que recomienda la técnica de su manejo, teniendo en cuenta que suele ser rígido y pesado. Cualquier esfuerzo desmedido o torcedura pronunciada, puede ocasionar un daño en el aislamiento haciendo que ingrese la humedad propia del terreno lo que le ocasionará un daño, tal vez en forma no inmediata.

Sobre el o los cables se coloca otra capa de arena como lo muestra la Figura N° 5.35. Por sobre esta última capa de arena y a modo de protección mecánica se coloca un ladrillo o una media caña de cemento premoldeado, luego de lo cual se procede a cerrar la zanja arrojando en su interior la tierra extraída y compactándola.

Por sobre la protección mecánica (aproximadamente 20 cm) se debe espolvorear a lo largo y ancho de la zanja polvo de ladrillo color rojo o bien tender una malla de material plástico de este color a los fines de advertir a quien haga una futura excavación de la presencia del cable; luego de lo cual se continúa con el tapado y compactado.

Para la conexión, empalme y derivación de los cables se utilizan los accesorios y materiales mencionados en el Capítulo N° 2 –Materiales eléctricos–.

5.8.2. Tendido de cables en un caño individual o en un conducto múltiple. Otra técnica empleada para realizar tendidos de cables en forma subterráneas es empleando un caño o un conductos de múltiples caños como el que ilustra la Figura N° 5.36. La cantidad de caños quedará supeditada a la cantidad y tipo de cables que se necesite tender (FM, control, comunicación, etc.) y en cuanto a caños requeridos, pueden ser: de PVC o bien acero galvanizado, dependiendo del lugar en que se hace el tendido, y la posible circulación de vehículos por encima de ellos.

La decisión de utilizar caños en lugar de hacerlo con la disposición clásica de tendido de cables directamente en forma subterránea dependerá de varios factores;

Fig. N° 5.35. Cable tendido en forma subterránea

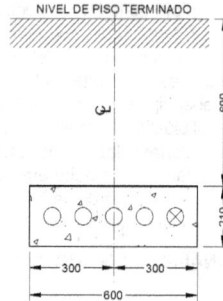

Fig. N° 5.36. Conducto subterráneo

uno de ellos puede ser la característica del terreno en la zona, otras de seguridad ya que se pueden emplear caños de acero, o bien por criterio de quien ejecuta la obra.

También es necesario señalar que el tendido de un caño directamente enterrado es mucho más simple que emplear la técnica convencional de tendido de cables directamente enterrado, solo que el cable dentro del caño tiene una menor capacidad de transmitir la corriente eléctrica (20 %) debido a que no puede disipar el calor que genera en la tierra.

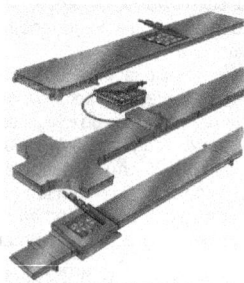

Fig. N° 5.37 Pisoducto

5.8.3. Canalización subterránea para el interior de los inmuebles. Se utilizan en inmuebles destinados a oficina y locales comerciales, pero fundamentalmente en los primeros. Para ello se emplean sistemas completos, lo cual hace que sean necesarios distintos tipos de componentes especialmente diseñados a los fines de resolver las diversas situaciones que se puedan presentar en la ejecución de un determinado proyecto. Suelen denominarse como PISO-DUC-TOS (Figura N° 5.37). Estos sistemas permiten alojar los distintos tipos de circuitos de una IE (energía eléctrica, telefonía, etc.).

5.9. COLUMNA MONTANTE

En los edificios con más de una planta en altura, independientemente del tipo o uso, el tablero principal o el tablero seccional general se encuentra ubicado en la planta baja. Desde estos últimos, hasta los tableros seccionales, ubicados en los distintos pisos o plantas del edificio se deben efectuar canalizaciones eléctricas para conectarles su alimentación.

El conjunto de las canalizaciones necesarias se tienden recorriendo en forma vertical al edificio, formando la denominada COLUMNA MONTANTE.

Las distintas canalizaciones que forman esta columna montante pueden estar destinadas a circuitos de electricidad monofásica, trifásica o de muy baja tensión, telefonía, datos, videos u otros sistemas de señales.

Para poder hacer estos tendidos se hace necesario contar en el edificio con un conducto vertical de mampostería o cámara de aire para albergar la columna montante. Ese espacio se lo llama popularmente como "pleno".

Las canalizaciones que forman la columna montante pueden estar realizadas con cañerías, conductos, BPC y deberá tener en cada piso puertas o tapas de acceso para inspecciones y derivaciones.

5.10. ENTRADA DE LÍNEAS AL INMUEBLE

El ingreso del cable con alimentación de la energía eléctrica a los inmuebles –ACOMETIDA– presenta una gran variedad de tipos constructivos, ya que las mismas estarán acordes con las disposiciones que adopten estos.

A su vez desde el punto de vista de las redes de distribución que pueden ser en BT o MT a su vez se presentan dos alternativas: mediante línea aérea (convencional o con cable pre-ensamblado) o bien con un cable tendido en forma subterránea; con lo cual las variedades y tipos de acometidas son bastantes amplias. En el Capítulo N° 1 –Sistemas eléctricos– se muestran estos tipos para sistemas de BT.

En lo que sigue se hará una descripción general, pero antes de encarar la ejecución de cualquier tipo de acometida se deberá consultar con la empresa que hace la distribución en el lugar ya que las mismas cuentan con normas propias y no son uniformes para todo el país.

En el Capítulo N° 6 –Circuitos eléctricos– se dan en detalle los circuitos para las acometidas a los distintos tipos de inmuebles y en los Capítulos N° 2 y 3 los materiales y aparatos a emplear.

5.10.1. Tipos de columnas montantes. Esta clasificación se hace teniendo en cuenta que en caso de un incendio, se produce propagación del fuego, gases o humos. Es así que pueden ser: ABIERTAS, CERRADAS Y EMBUTIDAS.

5.10.2. Requisitos
- Las canalizaciones y los cables serán elegidos de acuerdo a las influencias externas a las que estarán sometidos.
- Los cables deberán tener identificación.
- No se deben entrecruzar los cables de los distintos circuitos.
- Cuando se utilizan BPC, los cables serán del tipo energía.
- Los cables de potencia y señales que recorran el interior de los edificios, expuestos al aire en una longitud mayor a 2,5 m, deberán satisfacer el ensayo de no propagación del incendio.
- Las salidas de las canalizaciones en cada una de plantas deben ser selladas con productos que no sean combustibles y no trasmitan el calor a los fines de que no propaguen las llamas o el calor que eventualmente puedan generarse en el pleno que contiene a la columna montante.

5.11. OTRAS ACOMETIDAS

5.11.1. Motores eléctricos. Determinados inmuebles cuentan con algún tipo de ME, como los empleados en los sistemas de bombeos (agua potable, desagote o cloacales), u otras aplicaciones (portones automáticos, rampas para automóviles, etc.). Los mismos cuentan con canalizaciones eléctricas individuales que parte de su respectivo TE de comando, control y protección (Tablero del equipo). El recorrido de estas dependerá de la disposición física que tenga el local en donde se encuentren estos elementos. En la Figura N° 5.38 se ilustra una disposición típica a modo de ejemplo, de una acometida a un ME en la cual se aprecian los elementos comúnmente empleados; en cada caso se analizará la disposición a emplear.

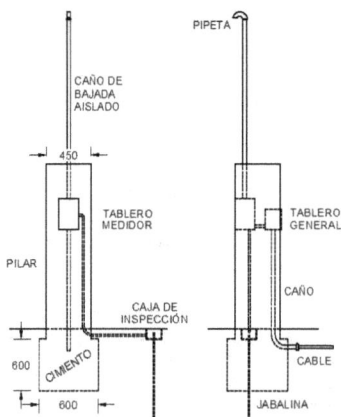

Fig. N° 5.38 Pilar para la acometida desde una distribución aérea

5.11.2. Luminarias. En algunas áreas de los inmuebles puede ser necesario montar algún tipo de luminaria que no sea las de los ambientes correspondientes a viviendas, locales y oficinas por lo cual hay que realizar un tipo de acometida acorde que facilite el montaje propiamente dicho así como el posterior mantenimiento. En la Figura N° 5.9 se muestra la disposición de montaje de un tipo de luminaria.

5.12. REDES DE COMUNICACIÓN Y DATO

Las redes destinadas a la conducción de las señales de comunicación y datos necesitan de canalizaciones en los inmuebles. Por lo cual serán: caños con cables y cajas con fichas de conexión que se tienden y montan junto con las destinadas al sistema eléctrico, que si bien están diseñadas y montadas por especialistas, el Instalador no puede estar ajeno a su disposición en el interior del inmueble ya que seguramente se producirán interferencias o cruzamientos que pueden acarrearle contratiempos.

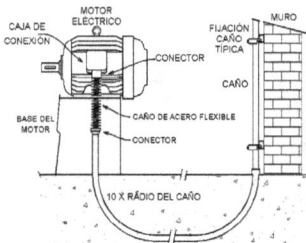

Fig. N° 5.39 Acometida a un motor eléctrico

CAPÍTULO 6

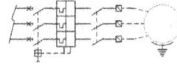

CIRCUITOS ELÉCTRICOS

6.1 INTRODUCCIÓN

Luego de que la energía eléctrica ingresa al inmueble se utiliza a través de los distintos tipos de LÍNEAS Y CIRCUITOS ELÉCTRICOS, de acuerdo con la actividad que se desarrolla en el mismo. Es de suma importancia que las diversas cargas se conecten a los apropiados y respectivos circuitos eléctricos.

Cada circuito eléctrico tiene un máximo números de bocas y un calibre de protección que necesariamente deben ser respetados.

6.2. CONCEPTO ASOCIADO A LAS LÍNEAS Y CIRCUITOS

6.2.1. Introducción. El término "boca" expresa una clave de las IE, porque tiene connotaciones reglamentarias ya que determina el número máximo que puede tener cada uno de los distintos tipos de circuitos y también incide en el precio de la ejecución de la misma, porque suele ser usada como una unidad de precio (pesos/boca).

6.2.2. Definición: se CONSIDERA BOCA AL PUNTO DE UN CIRCUITO TERMINAL DONDE SE CONECTA UNA CARGA EN FORMA FIJA O CON TOMACORRIENTES.

En consecuencia **no** se considera como tales a las cajas de paso, derivación, paso y derivación con más de un circuito, las que contienen exclusivamente elementos de maniobra o protección (interruptores, variadores, etc.).

Pero una boca a su vez puede ser al mismo tiempo: caja de paso, caja de derivación con un único circuito, caja de paso con más de un circuito, caja de derivación con más de un circuito, caja de paso y derivación, si está ubicada a una altura no inferior a 1,80 m.

6.2.3. Cajas. De esto último surge lo siguiente:

- **Caja de paso:** es aquella a la que ingresan y egresan el mismo número de circuitos, sin que ninguno de ellos tenga derivación alguna.
- **Caja de derivación:** en ella ingresan y egresan el mismo número de circuitos, teniendo todos por lo menos una derivación.
- **Caja de paso y derivación:** en esta caja ingresan y egresan el mismo número de circuito, algunos de ellos pueden tener derivaciones.

Estas definiciones tienen sus excepciones y particularidades cuando se trata de las losas. En ese caso las cajas instaladas en una losa, para el uso de paso, derivación o paso y derivación, serán consideradas como bocas a todos sus efectos, siempre y cuando sus medidas alcancen los 100 x 100 mm como máximo, si se superan estas dimensiones no se contarán como tales.

6.3. ACOMETIDAS

6.3.1. Definición. Para las empresas distribuidoras: el punto de vinculación con la red de distribución y los bornes de entrada al dispositivo de protección y maniobra del usuario se denomina ACOMETIDA.

Estas pueden ser, desde el punto de vista de la cantidad de conductores o cables que las forman:

- la más simple, es la MONOFÁSICA BIFILAR, constituida por dos cables,
- la denominada TRIFÁSICA, formada por cuatro cables (L1 (R), L2 (S), L3 (T) y N) o sea TRIFÁSICA TETRAFILAR.

Las Figuras Nº 6.1 y Nº 6.2 muestran con la representación unifilar ambos tipos de acometidas.

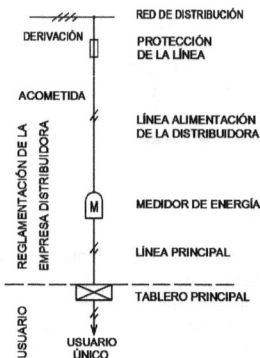

6.3.2. Características constructivas de las acometidas en BT. Están reguladas por las empresas distribuidoras de la energía eléctrica, las cuales tienen reglamentos que establecen los distintos tipos de elementos que la componen, que a su vez están en función de la potencia eléctrica del suministro y de la forma en que se hace la distribución (aérea o subterránea), por lo cual es importante consultar a estas antes de iniciar cualquier tipo de proyecto u obra.

Fig. Nº 6.1. Esquema de una acometida monofásica

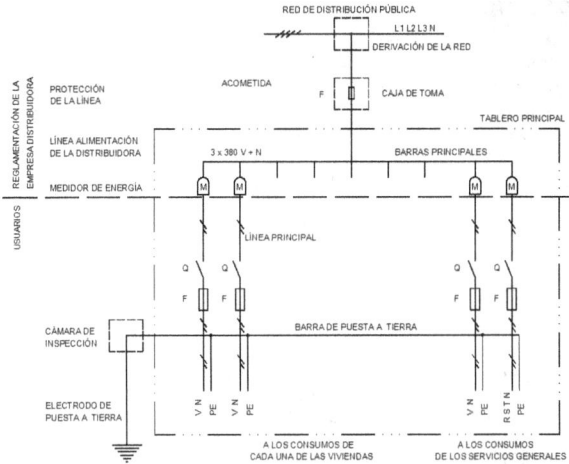

Fig. N° 6.2. Esquema de la acometida trifásica a un edificio

6.3.3. Líneas. Son las que forman la acometida y son las siguientes.

- **Línea de alimentación de la distribuidora (LAD)**: es la que vincula la red de la empresa de distribución de la energía eléctrica, con los bornes de entrada del:
  - **Dispositivo de protección de la alimentación de la distribuidora (DPLA)**: se encuentra inserto en LAD.
- **Línea de alimentación de la distribuidora (LAD)**: con el mismo nombre es la que vincula el DPLA anterior con los bornes de entrada al medidor de la energía eléctrica.
- **LP. Línea principal:** es la que vincula los bornes de salida del medidor de la energía eléctrica (M), con los bornes de entrada del tablero principal (TP), los que constituyen el punto origen de la IE del tipo de inmueble que estamos tratando.

Cada vivienda, local u oficina deberá tener su propio medidor de la energía eléctrica.

Hay que señalar que algunas empresas distribuidoras de la energía eléctrica solicitan que el tablero general que contiene los medidores de la energía eléctrica tenga acceso desde la vía pública, abandonando la práctica de disponer un local interno para ese exclusivo uso.

Cuando la seguridad del suministro y la importancia del mismo, en cuanto a la potencia, lo exige, se impone que el edificio cuente con su propia SET, tema que será visto en el Capítulo N° 12 –Fuentes de energía eléctrica–.

6.4. CIRCUITOS

6.4.1. Introducción. A partir de los TABLEROS PRINCIPALES (TP), de los TABLEROS SECCIONALES GENERALES (TSG) y de los TABLEROS SECCIONALES (TS) parten los diversos tipos CIRCUITOS TERMINALES (CT) que componen una IE.

Es necesario destacar que si bien pueden existir otros TABLEROS SECCIONALES (TSi) más, también es cierto que en algunos casos pueden no existir (Figura N° 6.3).

ESQUEMAS TÍPICOS A PARTIR DEL TABLERO PRINCIPAL

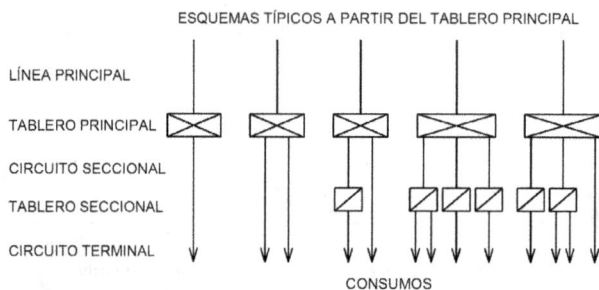

LÍNEA PRINCIPAL

TABLERO PRINCIPAL

CIRCUITO SECCIONAL

TABLERO SECCIONAL

CIRCUITO TERMINAL

CONSUMOS

Fig. N° 6.3 Esquemas de líneas, tableros y circuitos

Todos los tipos de TE deben tener los elementos de maniobra y protección necesarios y los mismos deben tener la misma cantidad de polos que de conductores o cables que tiene el circuito que alimentan.

Un circuito bifilar debe tener un aparato de maniobra y protección que permita desconectar al mismo tiempo ambos conductores o cables, que corresponden al VIVO y al NEUTRO.

En los casos de las líneas trifásicas tetrapolares, el interruptor principal o de entrada de un TE debe ser tetrapolar, a los fines de poder separar completamente la IE de la red de distribución que lo alimenta.

6.4.2. Clasificación. Los circuitos pueden estar destinados a: USOS GENERALES, USOS ESPECIALES O USOS ESPECÍFICOS.

6.4.2.1. Circuitos para usos generales: son monofásicos (un cable con un vivo, otro con un neutro y el de protección PE) y alimentan bocas destinadas a la iluminación y a los tomacorrientes, que están bajo techo o en superficies semi-cubiertas del inmueble.

Estos circuitos eléctricos de usos generales deben tener protección en el cable vivo y en el del neutro. En el TE que los alimenta debe tener una protección bipolar (fusibles o IA), cuya intensidad no debe sobrepasar los 16 A. Este tipo de circuito puede alimentar como máximo a 15 bocas.

Ejemplos de circuitos de usos generales

- Aquellos en cuyas bocas se pueden conectar artefactos de iluminación, ventiladores, combinación de ellos, u otras cargas; la condición
es que las mismas no consuman más de 6 A en forma permanente.
- La forma de conectar las cargas puede ser por medio de una conexión
fija o bien con una ficha tomacorriente a un tomacorriente.
- Son también aquellos circuitos que alimentan tomacorrientes y cuyas
siglas son TUG. En este caso las cargas no podrán tomar una corriente
eléctrica permanente mayor a los 10 A.

Estos circuitos contarán con protección para una corriente eléctrica no
mayor de 20 A y el número máximo de bocas será de 15.

6.4.2.2. Circuito para usos especiales: Son circuitos monofásicos que
alimentan las cargas que no se pueden hacer por medio de los circuitos de USOS
GENERALES, porque consumen corrientes eléctricas mayores o porque están a la
intemperie. En ese caso la protección no podrá ser mayor de 32 A y el número
máximo de bocas es 12.

Ejemplos de circuitos de estos circuitos

- **Circuito de iluminación de uso especial (IUE),** en cuyas bocas deben conectarse exclusivamente luminarias (artefactos de iluminación)
por medio de una conexión fija o por medio de tomacorrientes de 10
o 20 A.
  Este tipo de circuito es apto para la iluminación de parques y jardines,
debiéndose tener en cuenta el grado de protección de los elementos
de conexión. Recordemos que el grado de protección, denominado IP,
da el grado de protección mecánica de los elementos que se utilizan
en las IE.
  Se RECOMIENDA, por razones funcionales, que los circuitos a la intemperie sean independientes.
- **Circuito de tomacorriente de uso especial (TUE),** en cuyas bocas
pueden conectarse cargas unitarias que consuman hasta 20 A. Y al
igual que el caso anterior deben tomarse las precauciones del caso en
cuanto al grado de protección (IP) de los elementos a emplearse para
la conexión.

6.4.2.3. Circuito para uso específico: pueden ser MONOFÁSICOS O TRIFÁSICOS
y alimentan las cargas no comprendidas en las definiciones anteriores.
  La utilización de estos circuitos en las IE es suplementaria y no exime de
las exigencias en cuanto al número mínimo de circuitos y de los puntos de utilización para cada grado de electrificación (los veremos más adelante). Estos
tipos de circuitos se dividen en dos grupos.

- **Circuito para uso específico que alimenta cargas cuya tensión de
funcionamiento NO es directamente la de la red de alimentación.**
Son los circuitos de muy baja tensión de seguridad (24 V) (MBTS),

en cuyas bocas pueden conectarse cargas predeterminadas, sea por medio de conexiones fijas o de las respectivas fichas (tamaño y color). La alimentación de la fuente se realiza por medio de un circuito de alimentación a carga única (ACU) con sus correspondientes protecciones. Los circuitos de MBTS no tienen limitación del número de bocas, potencia de salida de cada circuito.

- **Circuito de alimentación de tensión estabilizada (ATE).** Están destinados a los equipos que la requieren para su funcionamiento normal debido a sus aplicaciones en asociación con equipos de energía ininterrumpible (SAI).

Con el objeto de diferenciar los tomacorrientes de circuitos ATE y evitar errores operativos, se deben instalar los tomacorrientes especiales y con el color adecuado a la tensión respectiva; por ejemplo: rojos.

6.4.2.4. Circuito para uso específico que alimentan cargas de funcionamiento en 220 o 380 V.
En este caso se pueden encontrar cuatro casos.

- **Circuito de alimentación monofásica de pequeños motores (APM)**, en cuyas bocas se pueden conectar cargas destinadas a ventilación, convección forzada, accionamiento de portones, cortinas de enrollar, heladeras comerciales, góndolas refrigeradas, lavarropas comerciales, fotocopiadoras, etc.
- La conexión puede hacerse en forma fija o bien por medio de tomacorrientes.
- **Circuito de alimentación monofásico o trifásico de carga única (ACU)** a partir de cualquier tipo de TE, sin derivación de las líneas. No tiene limitación de la potencia eléctrica a conectarse.
- **Circuito de alimentación monofásica de fuentes para consumos de muy baja tensión funcional (MBTF).** El número máximo de bocas es 15 y la carga máxima por boca es de 10 A. La protección del circuito no puede ser mayor a los 16 A.
- **Circuito de iluminación trifásica específica (ITE).** En las IE con presencia permanente de personal de mantenimiento u operación. Este tipo de circuito puede ser empleado para la iluminación de lugares en cualquier condición (interior, intemperie, semi-cubiertos, etc.).
- **Otros circuitos específicos monofásicos o trifásicos (OCE)** que alimentan cargas no comprendidas en las descripciones anteriores. No tienen limitaciones en el número de bocas así como tampoco de la potencia.

Se han visto hasta aquí los distintos tipos de circuitos y es fácil notar que en algunos casos se establecen limitaciones en cuanto al número de bocas y en otros no. De la misma manera en lo que respecta al calibre de las protecciones. En este último caso cuando no lo indica porque es RESPONSABILIDAD DEL PROYECTISTA el valor adoptado.

A continuación se mostrará una tabla en donde están las siglas que identifican a cada uno de los distintos tipos de circuitos.

TABLA N° 6.1
SIGLAS CON LAS QUE SE IDENTIFICAN LOS CIRCUITOS

DENOMINACIÓN	SIGLAS
Iluminación uso general	I U G
Tomacorrientes uso general	T U G
Iluminación uso especial	I U E
Tomacorrientes uso especial	T U E
Alimentación a fuentes de muy baja tensión funcional	M B T F
Salidas de fuentes de muy baja tensión funcional	- -
Alimentación de pequeños motores	A P M
Alimentación de tensión estabilizada	A T E
Circuitos de muy baja tensión sin puesta a tierra	M B T S
Alimentación de carga única	A C U
Iluminación trifásica específica	I T E
Otros circuitos específicos	O C E

TABLA N° 6.2
RESUMEN DE LOS DISTINTOS TIPOS DE CIRCUITOS

USO DEL CIRCUITO	DESIGNACIÓN	SIGLA	CANTIDAD DE BOCAS MÁXIMAS	CALIBRE DE LA PROTECCIÓN MÁXIMA
General	Iluminación uso general	I U G	15	16 A
	Tomacorrientes uso general	T U G		20 A
Especial	Iluminación uso especial	I U E	12	32 A
	Tomacorrientes uso especial	T U E		
Específicos	Alimentación a fuentes de muy baja tensión funcional	M B T F	15	20 A
	Salidas de fuentes de muy baja tensión funcional	- -	Sin límite	Responsabilidad del proyectista
	Alimentación de pequeños motores	A P M	15	25 A
	Alimentación de tensión estabilizada	A T E		
	Circuitos de muy baja tensión de seguridad	M B T S	Sin límite	Responsabilidad del proyectista
	Alimentación de carga única	A C U	No corresponde	
	Iluminación trifásica específica	I T E	12 por fase	
	Otros circuitos específicos	O C E	Sin límite	

6.5. EJEMPLO DOMICILIARIO

Como un muy simple ejemplo se puede apreciar una vista de una IE domiciliaria en el esquema mostrado en la Figura N° 6.4,cuya representación didáctica en forma de circuito la vemos en la Figura N° 6.5. Se trata de una unidad de vivienda elemental que tendrá en consecuencia solamente dos circuitos (luego se verá que esto se debe al grado de electrificación mínimo).

En este caso se puede apreciar que luego de la caja de toma con sus fusibles, está el medidor de energía (M), luego se ingresa al TABLERO GENERAL (TG) y de allí al TABLERO SECCIONAL (TS), el cual está dentro de la vivienda y desde donde partirán los dos circuitos previstos, uno de iluminación y el otro de tomacorrientes, como se puede ver en el esquema eléctrico de la Figura N° 6.5. La Figura N° 6.6 a su vez muestra en un esquema en planta la disposición de los distintos elementos

A modo de complemento se pueden ver los esquemas de la disposición física parcial de distintos elementos de esta IE mostrados en las Figuras N° 6.7 y N° 6.8.

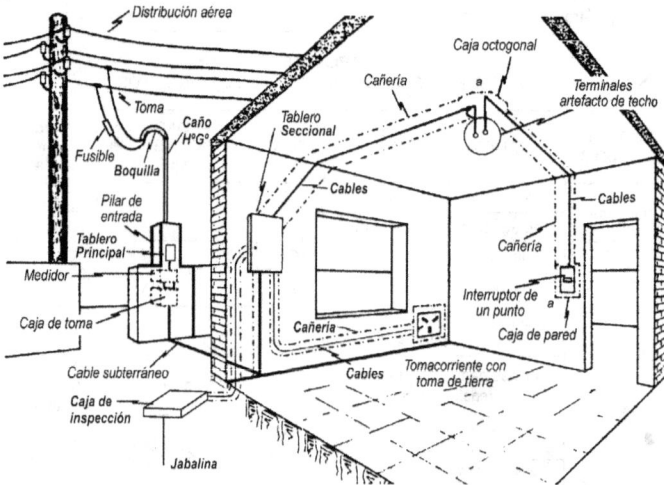

Fig. N° 6.4 Disposición de una IE domiciliaria

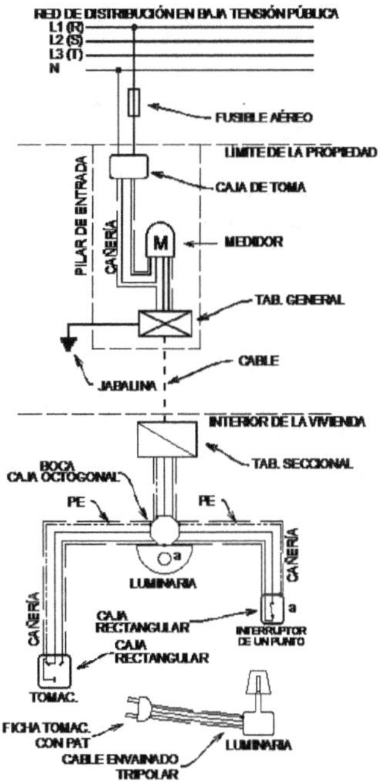

Fig. Nº 6.5 Esquema de una IE domiciliaria

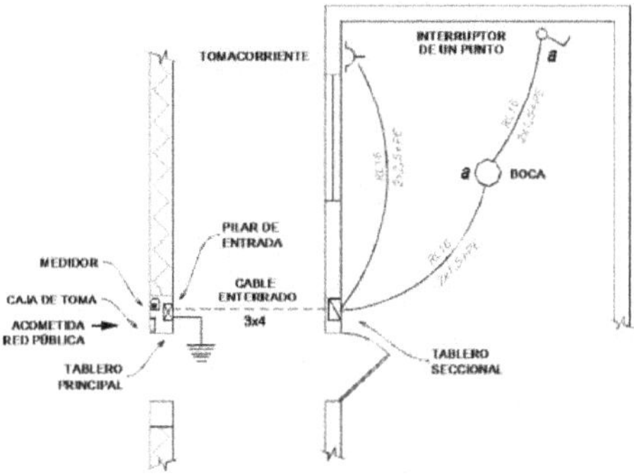

Fig. Nº 6.6 Esquema representando una IE domiciliaria

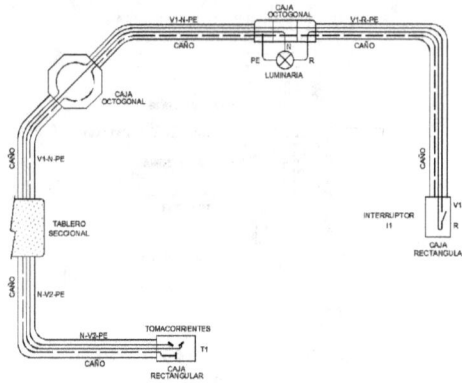

Fig. N° 6.7 Disposición física de los cables

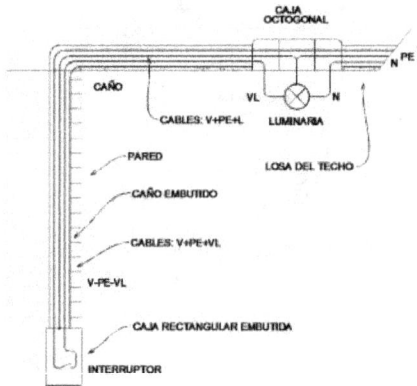

Fig. N° 6.8 Disposición física general de la conexión de una luminaria

6.6. CIRCUITOS DE ACOMETIDAS TÍPICOS

A modo de ejemplo en las Figuras N° 6. 9 y 6.10 se muestran acometidas monofásicas y en la Figura N° 6.11 una trifásica.

En ambos casos son diversas situaciones que se pueden presentar. Es de señalar que se han indicado IA, pero que puede emplearse algún tipo de los fusibles vistos.

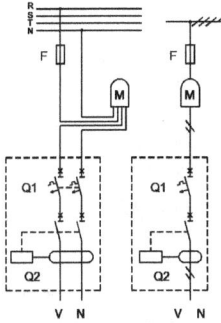

Fig. Nº 6.9 Esquema básico de una IE domiciliaria

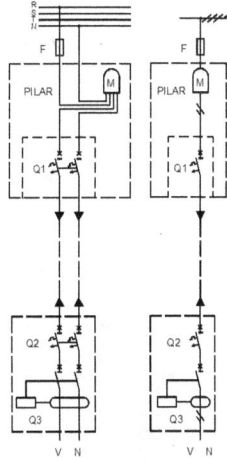

Fig. Nº 6.10 Esquema básico de una IE domiciliaria con acometida a un pilar

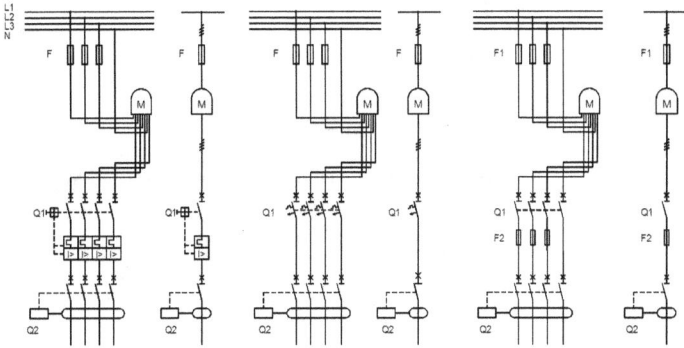

Fig. Nº 6.11 Esquemas de acometidas trifásicas

6.7. CIRCUITOS TÍPICOS DE LAS INSTALACIONES ELÉCTRICAS

En las Figuras Nº 6.12 a Nº 6.17 se han esquematizado los circuitos más comunes de las IE.

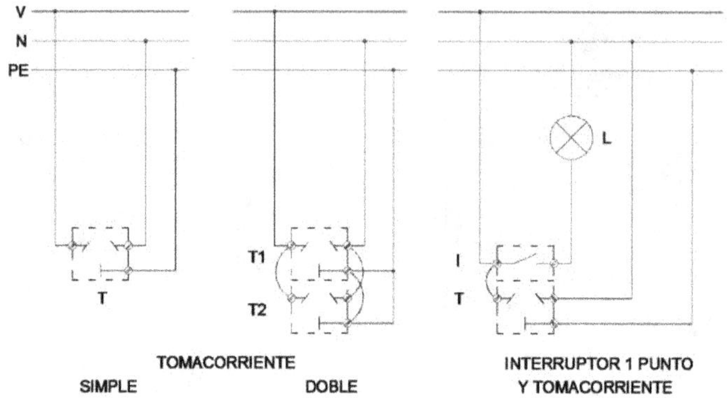

TOMACORRIENTE

SIMPLE   DOBLE

INTERRUPTOR 1 PUNTO
Y TOMACORRIENTE

Fig. N° 6.12 Esquemas de las conexiones de tomacorrientes

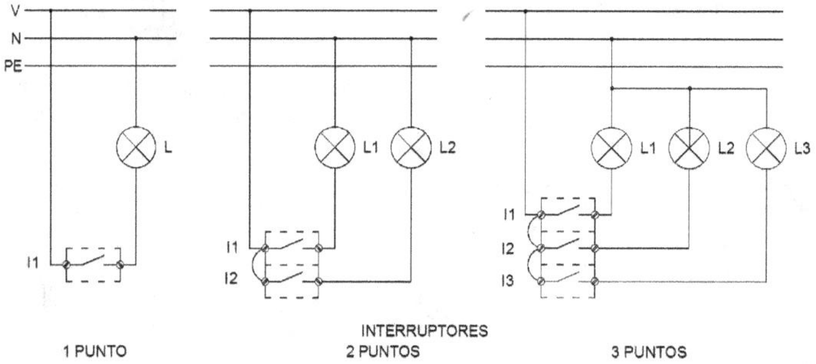

INTERRUPTORES
1 PUNTO   2 PUNTOS   3 PUNTOS

Fig. N° 6.13 Esquemas de las conexiones de interruptores

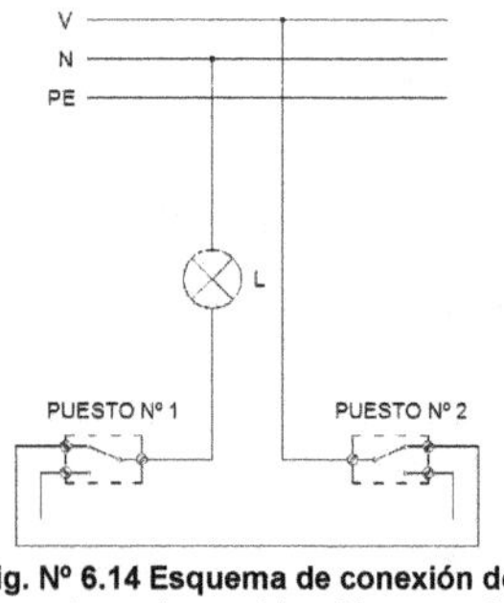

**Fig. N° 6.14 Esquema de conexión de
interruptores de combinación o escalera**

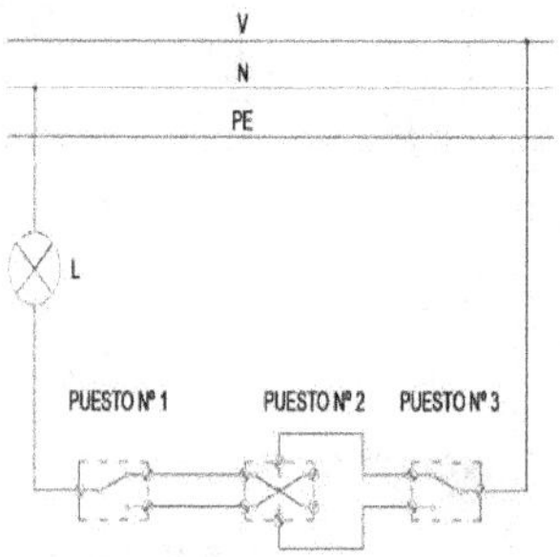

**Fig. N° 6.15 Esquema de conexión
de tres interruptores**

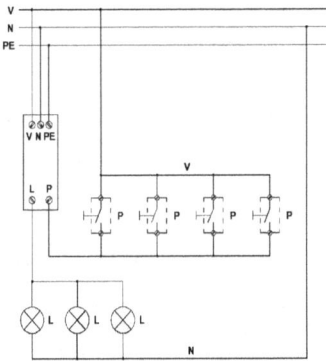

Fig. N° 6.16. Esquema de conexión de un
módulo para comando de luminarias

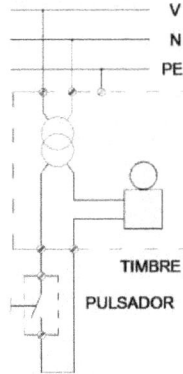

6.17. Esquema de conexión de un
timbre

6.8. CIRCUITOS DE LOS SISTEMAS DE ILUMINACIÓN

En el Capítulo N° 10 –Iluminación– se muestran los esquemas de conexión de los distintos tipos de lámparas.

6.9. CIRCUITOS DE FUERZA MOTRIZ

Se destinan a suministrar energía eléctrica a los motores eléctricos (ME), resistores destinados a la calefacción, equipos de aire acondicionado central, etc.

Los circuitos de fuerza motriz (FM) son de tres cables cuando son ME trifásicos, y de dos cuando se trata de cargas monofásicas.

En consecuencia y tratándose de sistemas de BT, la tensión de alimentación de los circuitos de FM se hace con 3 x 380 V o bien 3 x 380/220 V.

Es así como en la Figura N° 6.2 se puede ver a la derecha del circuito eléctrico general de un edificio los de FM, los cuales están destinados a: ascensores, bombas, caldera, aire acondicionado o rampas para automóviles. En el mismo se puede ver que para estos circuitos cuenta con un contador de energía eléctrica separado del resto.

Estas últimas cargas son los considerados SERVICIOS GENERALES, cuando se trata de edificios de múltiples viviendas, locales y oficinas.

En las viviendas únicas, se pueden utilizar circuitos de FM, para grandes equipos de aire acondicionado, bombas de los filtros de las piletas de natación, o bien, para ascensores de discapacitados o montacargas.

El tema FM será tratado con más extensión en el Capítulo N° 9 –Motor eléctrico–. La Figura N° 6.11 muestra los esquemas trifilares y unifilares de acometidas a los usuarios de sistemas trifásicos tetrafilares.

6.10. CIRCUITOS DE CONTROL

Son los que están destinados al comando, control y protecciones de las diversas cargas de las la IE.

Los circuitos de control se alimentan con fuentes de baja tensión (12 o 24 V tanto en continua como en alterna); se los pueden encontrar en los sistemas de agua potable, portones de ingreso, ascensores, rampas para automóviles y aire acondicionado. En el Capítulo N° 9 –Motor eléctrico– se podrán ver algunos destinados a estos.

6.11. DETERMINACIÓN DE LAS CORRIENTES ELÉCTRICAS CONSUMIDAS

En los sistemas de corriente eléctrica alterna y tal como se había visto en el Capítulo N° 1 –Sistemas eléctricos–, el suministro de la energía eléctrica (Esquema de conexión TT) a los receptores monofásicos se hace conectando un cable a alguna de las tres fases (R, S, T) y otro al que corresponde al neutro (N).

La corriente eléctrica que toma un receptor monofásico se calcula de la siguiente manera:

$$I = \frac{P}{U \cos\varphi} \qquad (6.1)$$

En este caso la tensión monofásica U es de 220 V (380 V / 1,73), ya que se toma entre un conductor o cable vivo y el neutro.

En un consumo trifásico, la intensidad de la corriente eléctrica tomada por cualquier conductor o cable vivo está dada por la expresión:

$$I = \frac{P}{\sqrt{U} \cos\varphi} \qquad (6.2)$$

En un circuito trifásico tetrafilar de cuatro conductores o cables (tres vivos y un neutro), entre estos la tensión U es de 380 V.

Las denominaciones para ambos casos son:

- P: Potencia del receptor [watt]
- U: Tensión entre conductores [volt]
- cos φ: Factor de potencia de la carga [sin unidades]
- I: Intensidad de la corriente eléctrica [ampere]

Esta última fórmula (6.2), es válida para receptores trifásicos equilibrados, donde las corrientes eléctricas en cada una de las fases son aproximadamente iguales y a su vez son aquellos en los que su alimentación se hace con tensiones de las tres fases iguales, porque están conectados a redes en las que las tres tensiones son iguales entre sí. Se admite como desequilibrio una diferencia del 10 % entre los valores de corrientes eléctricas o tensiones.

DISEÑO, PROYECTO Y CÁLCULO

7.1 INTRODUCCIÓN

La ejecución de una obra destinada a dotar de una IE a un inmueble puede realizarse adecuadamente, en tiempo y forma, si se desarrolla previamente el correspondiente PROYECTO. Entendiendo como tal el DISEÑO, PROYECTO PROPIAMEN-TE DICHO y CÁLCULO.

7.2. DISEÑO, PROYECTO Y CÁLCULO

La realización de un diseño, proyecto y cálculo de una IE permite deter-minar el costo total de la misma, lo cual involucra la realización del cómputo de MATERIALES y MANO DE OBRA, así como también determinar las herramientas y equipos necesarios para la ejecución, tales como: escaleras, andamios, grúas, transportes, etc. A su vez la realización del cómputo posibilita el estudio de la forma de realización de la obra.

Cuanto más detallado sea el proyecto menor será el tiempo de ejecución, porque se habrán resuelto un sinnúmero de pequeños detalles constructivos que lógicamente gravitarán sobre el costo final de la obra. Por el contrario un proyecto poco estudiado dará lugar a dudas, improvisaciones y modificaciones durante la ejecución de la obra, que ocasionarán gastos extras y los consabidos conflictos de intereses acarreados.

La cuidadosa observación de las reglamentaciones y normas vigentes es también muy aconsejable para una rápida aprobación de los planos antes de la ejecución de la obra y posterior habilitación, no solo en lo referente al proyecto propiamente dicho, sino en cuanto a los requisitos formales de su presentación y de la documentación requerida.

Es necesario resaltar que el proyecto de una IE debe realizarse teniendo en cuenta la preservación de la vida de los usuarios y de los animales domésticos, y que a su vez tenga un funcionamiento acorde con las reales necesidades del usuario.

Es de fundamental importancia considerar que la ejecución de la obra correspondiente a una IE debe marchar acorde con el desarrollo general de la edificación, lo cual hace indispensable tener resueltos los distintos aspectos constructivos y recordar que la misma se debe hacer con una completa coordinación con el director de la obra o quien la conduzca.

7.3. CONSIDERACIONES GENERALES

El proyecto comienza cuando se dispone de los planos del inmueble, que son los comúnmente llamados civiles o de arquitectura. En general alcanza con los planos en donde están representadas la o las plantas del mismo, pero si hay varias, conviene proveerse también de los planos con los cortes correspondientes a cada una de ellas.

Los planos se preparan de acuerdo con las reglamentaciones municipales del lugar donde se va a ejecutar la obra. Todo lo que se indique en estos planos será después lo que se ejecutará, permitiéndose algunas ligeras variantes, acorde con las circunstancias o a veces con el particular modo de trabajar de cada Instalador electricista.

En viviendas pequeñas los proyectos son sencillos, y se encuentran pocas diferencias entre los realizados que podrían presentar dos o más proyectistas de igual preparación y experiencia. En cambio cuando se trata de grandes inmuebles, donde las situaciones a resolver son de mucha importancia e implicancias y que a veces se requiere el concurso de especialistas en las distintas partes componentes de las IE (domótica, señales de video, etc.), así como de los distintos servicios que pueda estar dotado (refrigeración, calefacción, etc.), indudablemente la mayor jerarquía y conocimientos conducirán siempre a una solución técnico-económica más adecuada.

Junto con los planos se debe averiguar por conducto de la persona responsable del proyecto del edificio, cuáles son las características constructivas del mismo (superficie exclusiva y comunes, entradas o accesos, cocheras, etc.), lo cual influirá en la disposición, cantidad y características de los interruptores, tomacorrientes y las chapas a emplear.

A través de estos planos se puede conocer la forma en que abren las puertas y ventanas, la ubicación de los muebles importantes, placares, camas, mesas, luminarias, así como también las disposición de la cocina, sanitarios, piletas, etc., lo cual ayudará a realizar una distribución racional de las bocas destinadas a iluminación y a la ubicación de los tomacorrientes e interruptores.

Luego de conocer estos detalles constructivos y funcionales, se procederá al diseño, proyecto y cálculo, propiamente dicho de la IE.

Se entiende como DISEÑO, la etapa donde se van fijando los trazados en función de los requerimientos que se tiene de acuerdo con la ubicación y función de las distintas cargas.

7.4. DEMANDA

A partir del conocimiento de las características constructivas y funcionales del inmueble se hace la determinación de la DEMANDA DE POTENCIA MÁXIMA SIMULTÁNEA que tendrá, y a partir de la POTENCIA INSTALADA se podrá llegar a determinar la ENERGÍA ELÉCTRICA A DEMANDAR de la red de distribución.

Al respecto es necesario señalar que habitualmente se denomina DEMANDA a la potencia eléctrica a conectar efectivamente al suministro de la energía eléctrica.

7.5. DETERMINACIÓN DE LA DEMANDA DE POTENCIA MÁXIMA SIMULTÁNEA

7.5.1. Introducción. Para comprender mejor el tema se hacen necesarias algunas definiciones previas.

7.5.2. Grado de electrificación de un inmueble (GE). Es un atributo determinado del inmueble, el cual está asociado a su superficie y se establece a los efectos de determinar en la IE el número de circuitos y las bocas de cada uno de ellos, que deberían considerarse como mínimo.

Los inmuebles podrán tener algunos de los siguientes GE: MÍNIMO, MEDIO, ELEVADO Y SUPERIOR (Tabla N° 7.1).

TABLA N° 7.1
GRADOS DE ELECTRIFICACIÓN DE LAS VIVIENDAS

GRADO DE ELECTRIFICACIÓN	SUPERFICIE (LÍMITE DE APLICACIÓN)	DEMANDA DE POTENCIA MÁXIMA SIMULTÁNEA CALCULADA
MÍNIMO	Hasta 60 m²	Hasta 3,7 kVA
MEDIO	Más de 60 m² hasta 130 m²	Hasta 7 kVA
ELEVADO	Más de 130 m² hasta 200 m²	Hasta 11 Kva
SUPERIOR	Más de 200 m²	Más de 11 kVA

7.5.3. Demanda de potencia máxima simultánea calculada, será la potencia eléctrica que se logre determinar mediante el procedimiento de cálculo que se explicará a continuación, que no incluye la potencia eléctrica a conectar en los circuitos para usos específicos (bombas, ascensores, rampas, etc.), lo cual será tratado en forma particular.

7.5.4. Potencia a contratar, es la acordada con la empresa distribuidora de la energía eléctrica.

7.5.5. Superficie (Límite de aplicación). Es la que corresponde a la superficie cubierta del inmueble más el 50 % de superficie semi-cubierta.

7.5.6. Inmueble. Son las construcciones fijas hechas con materiales resistentes, destinadas a viviendas, locales y oficinas.

7.6. DETERMINACIÓN DEL GRADO DE ELECTRIFICACIÓN

El cálculo de la demanda es un procedimiento, y dado que es igual para cada uno de los distintos tipos de inmuebles (viviendas, locales u oficinas), a continuación se desarrollará solamente a modo de ejemplo uno que corresponde a una VIVIENDA.

La unidad señalada con **kVA** en esta tabla, es el **kilo-volt-ampere**; es la unidad de la llamada POTENCIA APARENTE, la cual es el producto de la tensión en **volt** del circuito, por la intensidad de la corriente eléctrica consumida en **ampere**.

En cambio la POTENCIA ACTIVA, que se expresa en **kilo-watt** es el producto de la tensión del circuito en **volt** por la intensidad de la corriente eléctrica consumida por la carga en **ampere** por el FACTOR DE POTENCIA de la misma.

El factor de potencia es un parámetro propio de los circuitos de corriente alterna, tema que será tratado en el Capítulo N° 14 –Funcionalidad–.

Esto es para un circuito monofásico, si fuese trifásico ambos productos deben multiplicarse por la constante 1,732, que es la raíz cuadrada del número tres.

La energía eléctrica consumida es la medida con el denominado "contador" monofásico o trifásico, que se expresa en **kilowatt hora (kWh),** y que es la potencia activa que se consume en determinado tiempo de uso.

7.6.1. Determinación. Para determinar el GE es necesario seguir los pasos detallados a continuación.

1. Calcular la superficie cubierta del inmueble, más el 50 % de la semicubierta (aleros, cerramientos, que son lugares en donde se presenta un tipo de construcción tipo liviana o las destinadas a la protección contra la lluvia, por ejemplo).
2. Con la superficie calculada anteriormente y a través de la Tabla N° 7.1, se PREDETERMINA un GE (mínimo, medio, etc.).
3. Con el GE predeterminado en el paso anterior se puede conocer el tipo y número de CIRCUITOS MÍNIMOS correspondientes, según se indica en la Tabla N° 7.2.
4. Usando alguna de las tablas tituladas NÚMERO MÍNIMO DE BOCAS (puntos de utilización de las viviendas) (Tablas N° 7.3, 7.4 y 7.5) que corresponda al GE predeterminado, se contabilizan las bocas o los puntos de utilización MÍNIMOS. Es necesario destacar que el término MÍNIMO, no limita las cantidades de estos puntos, puesto que en definitiva se fija-

rán de acuerdo con la funcionalidad o predilección del usuario, lo cual a su vez está relacionado con el diseño del inmueble.

5. El cálculo de la DEMANDA DE POTENCIA MÁXIMA SIMULTÁNEA se hace empleando las Tablas N° 7.6 y 7.8. Para mostrar el cálculo se ha confeccionado la Tabla N° 7.8.

6. Al resultado obtenido se le deben aplicar los COEFICIENTES DE SIMULTANEIDAD de la Tabla N° 7.7, si una vez que se aplicaron los mismos, ocurriera que la potencia máxima simultánea así calculada correspondiese a un GE inferior; a todos los efectos se mantendrá el grado de electrificación anterior a la aplicación del coeficiente de simultaneidad.

7. A modo de reunir y ver el cálculo se confeccionó la Tabla N° 7.8. Luego de ejecutado este procedimiento, pueden ocurrir dos cosas.

   7.1 Que el resultado sea igual o menor a los límites de potencias eléctricas establecidos en cada caso al indicado en la tabla, en cuyo caso esta etapa del cálculo ha terminado.

   7.2 Que el resultado sea mayor a los límites de potencias eléctricas indicados en la Tabla N° 7.1, entonces se rehace el cálculo utilizando un GE mayor.

NOTAS:

- Una variación en la cantidad de la potencia eléctrica determinada se produce si se asignan tomacorrientes al circuito de iluminación general.
- El orden de los pasos anteriores tres y cuatro puede ser alterado; es posible hacer primero lo indicado en el paso cuatro antes del tres ya que no hay variación del resultado final.

7.6.2. Determinación del número mínimo de circuitos de las viviendas.

La definición siguiente es de suma importancia: LA IE DE UN INMUEBLE TENDRÁ EL TIPO Y NÚMERO MÍNIMO DE CIRCUITOS DE ACUERDO CON EL GE DETERMINADO, como se indica en las Tablas N° 7.2, 7.3, 7.4 y 7.5 según se trate.

TABLA N° 7.2
NÚMERO MÍNIMO DE CIRCUITOS DE LAS VIVIENDAS
DE ACUERDO CON EL GRADO DE ELECTRIFICACIÓN

GRADO DE ELECTRIF.	CANTIDAD MÍNIMA DE CIRCUITOS	VARIANTE	ILUM. USO GENERAL IUG	TOMAC. USO GENERAL TUG	ILUM. USO ESPECIAL IUE	TOMAC. USO ESPECIAL TUE	CIRCUITO DE LIBRE ELECCIÓN
MÍNIMO	2	Única	1	1	0	0	0
MEDIO	3	a)	1	1	1	0	0
		b)	1	1	0	1	0
		c)	2	1	0	0	0
		d)	1	2	0	0	0
ELEVADO	5	Única	2	2	0	1	0
SUPERIOR	6	Única	2	2	0	1	1

TABLA N° 7.3
NÚMERO MÍNIMO DE BOCAS (PUNTOS DE UTILIZACIÓN)
DE LAS VIVIENDAS DE ELECTRIFICACIÓN MÍNIMA

AMBIENTE	ILUM. USO GENERAL I U G	TOMAC. USO GENERAL T U G	ILUM. USO ESPECIAL I U E	TOMAC USO ESPECIAL T U E
SALA DE ESTAR Y COMEDOR	1 por cada 18 m² o fracción Mínimo: 1	1 por cada 6 m² o fracción Mínimo: 2	0	0
DORMITORIO Sup.> 10 m²	1	2	0	0
DORMITORIO 36 > Sup.≥ 10 m²	1	3	0	0
DORMITORIO Sup.> 36 m²	2	3	0	1
COCINA	1	3 + 2 Tomacorrientes p / electrodomésticos	0	0
BAÑO	1	1	0	0
VESTÍBULO	1	1	0	0
PASILLO	1 por c/5 m o fracción	0	0	0
LAVADERO	1	1	0	0

TABLA N° 7.4
NUMERO MÍNIMO DE BOCAS (PUNTOS DE UTILIZACIÓN)
DE LAS VIVIENDAS ELECTRIFICACIÓN MEDIO

AMBIENTE	ILUM. USO GENERAL I U G	TOMAC. USO GENERAL T U G	ILUM. USO ESPECIAL I U E	TOMAC. USO ESPECIAL T U E
SALA DE ESTAR Y COMEDOR	1 por cada 18 m² o fracción Mínimo: 1	1 por cada 6 m² o fracción Mínimo: 2	0	0
DORMITORIO Sup.> 10 m²	1	2	0	0
DORMITORIO 36 > Sup.≥ 10 m²	1	3	0	0
DORMITORIO Sup.> 36 m²	2	3	0	0
COCINA	2	3 + 2 Tomacorrientes p/electrodomest.	0	0
BAÑO	1	1	0	0
VESTÍBULO	1	1 por c/12 m² o fracción Mínimo: 1	0	0
PASILLO	1 por c/5 m de longitud Mínimo: 1	1 por c/5 m de longitud Mínimo: 1	0	0
LAVADERO	1	2	0	1

TABLA N° 7.5
NUMERO MÍNIMO DE BOCAS (PUNTOS DE UTILIZACIÓN)
DE LAS VIVIENDAS DE ELECTRIFICACIÓN ELEVADA Y SUPERIOR

AMBIENTE	ILUM. USO GENERAL I U G	TOMAC. USO GENERAL T U G	ILUM. USO ESPECIAL I U E	TOMAC. USO ESPECIAL T U E
SALA DE ESTAR Y COMEDOR	1 por c/18 m² o fracción Mínimo: 1	1 por c/6 m² o fracción Mínimo: 2	0	1 para S > 36 m²
DORMITORIO Sup.< 10 m²	1	2	0	0
DORMITORIO 36 > Sup.$\geq$ 10 m²	1	3	0	0
DORMITORIO Sup.> 36 m²	2	3	0	1
COCINA ELECTRIFICACIÓN ELEVADA	2	3 + 3 Tomacorrientes p / electrodomésticos	0	1
COCINA ELECTRIFICACIÓN SUPERIOR	2	4 + 3 Tomacorrientes p / Electrodomésticos	0	2
BAÑO	1	1	0	1
VESTÍBULO	1	1 por c/12 m o fracción Mínimo: 1	0	0
PASILLO	1 por c/5 m de longitud Mínimo: 1	1 por c/5 m de longitud Mínimo: 1	0	0
LAVADERO	1	2	0	1

TABLA N° 7.6
DEMANDA MÁXIMA DE POTENCIA SIMULTÁNEA DE VIVIENDAS

CIRCUITO	VALOR MÍNIMO DE LA POTENCIA MÁXIMA SIMULTÁNEA
Iluminación para uso general sin tomacorrientes derivados	66% de la que resulte al considerar todos los puntos de utilización previstos, a razón de 150 VA cada uno
Iluminación para uso general con tomacorrientes derivados	2 200 VA por cada circuito
Tomacorrientes para uso general	
Iluminación para uso especial	66% de la que resulte al considerar todos los puntos de utilización previstos, a razón de 500 VA cada uno
Tomacorrientes para uso especial	3 300 VA por cada circuito

TABLA Nº 7.7
COEFICIENTES DE SIMULTANEIDAD

GRADO DE ELECTRIFICACIÓN	COEFICIENTE DE SIMULTANEIDAD
MÍNIMA	1
MEDIA	0,9
ELEVADA	0,8
SUPERIOR	0,7

TABLA Nº 7.8
DETERMINACIÓN DE LA POTENCIA MÁXIMA SIMULTÁNEA

CANTIDADES	BOCAS		CIRCUITOS	
TIPO	ILUMINACIÓN DE USO		TOMACORRIENTES DE USO	
	GENERAL IUG	ESPECIAL IUE	GENERAL TUG	ESPECIAL TUE
CANTIDADES				
POTENCIA CARGA [VA]	150	500	2200	3300
COEFICIENTE	0,66		1	
SUB-TOTAL DE LA POTENCIA [VA]				
POTENCIA [VA]				
COEFICIENTE DE SIMULTANEIDAD				
POTENCIA TOTAL [VA]				

La Tabla Nº 7.8 es una derivación de la Tabla Nº 7.6 y permite determinar la POTENCIA ELÉCTRICA TOTAL, la cual se debe comparar con la POTENCIA ELÉCTRICA MÁXIMA que corresponde al GE antes predeterminado. Si es superado se debe elegir un GE superior.

TABLA Nº 7.9
COEFICIENTES DE SIMULTANEIDAD PARA CONJUNTOS DE VIVIENDAS

CANTIDAD DE VIVIENDAS	GRADO DE ELECTRIFICACIÓN	
	MÍNIMO Y MEDIO	ELEVADO Y SUPERIOR
2 a 4	0,9	0,7
5 a 15	0,8	0,6
15 a 25	0,6	0,5
> 25	0,5	0,4

7.7. DESARROLLO DEL DISEÑO, PROYECTO Y CÁLCULO

A continuación se desarrollarán los distintos aspectos de estas fundamentales tareas, comenzando por señalar aquellos que hacen a las ubicaciones de los componentes, así como la representación en los planos a elaborar.

7.7.1. Interruptores y tomacorrientes. En la Figura Nº 7.1 vemos varios casos muy comunes de ubicación de interruptores para el comando de las luces. En los dos primeros, el interruptor está fuera del recinto a iluminar. En todos los dibujos, la flecha señala la dirección en que está la luminaria a comandar. Estas disposiciones

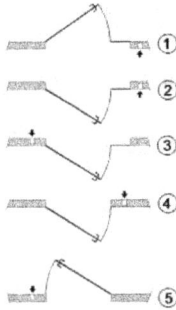

Fig. Nº 7.1 Ubicación de interruptores y pulsadores

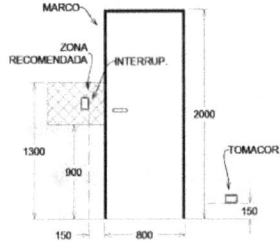

Fig. Nº 7.2 Ubicaciones recomendadas

tienden a que la persona realice el menor número de movimientos, y encuentre con facilidad el interruptor en la oscuridad.

Las alturas a las cuales se deben colocar los pulsadores, interruptores y toma-corrientes se indican en la Figura Nº 7.2, que constituyen los casos límites. Estos últimos cuando se disponen a poca altura del piso son cómodos, pero se objeta su peligrosidad cuando hay niños en la casa, lo cual puede desaparecer con la utilización de tomacorrientes de seguridad o con accesorios colocados sobre los mismos (Figura Nº 4.9).

En el caso de locales destinados a oficina, conviene colocar tomacorrientes en el piso, en el lugar que se presume irán los escritorios. En los comedores de las viviendas importantes es costumbre colocar bocas en la pared, con la finalidad de poner en ellas apliques luminosos decorativos.

En general la cantidad de bocas (luminarias, interruptores, tomacorrientes y pulsadores) está condicionada al tipo constructivo de la vivienda. En las económi-cas se busca utilizar el mínimo de dispositivos y en la mayoría de los casos se recu-rre al artificio de colocar los interruptores y los tomacorrientes juntos, en una misma caja rectangular, con el objeto de reducir la mano de obra y economizar materiales. Esta forma de instalar, si bien es justificada, no es funcionalmente aceptable.

En viviendas con grandes superficies cubiertas se colocan gran cantidad de interruptores y tomacorrientes, no solo para estar a tono con la edificación gene-ral, sino porque quienes la habitarán querrán disponer de todas las comodidades posibles.

En general se debe pensar que una IE bien diseñada proporciona comodida-des ampliamente compensadas con el costo inicial. En el caso inverso, una IE di-señada con escasez de componentes da lugar al agregado posterior de toda clase de accesorios y componentes que quedarán a la vista, con la consiguiente falta de seguridad, funcionalidad y estética, y con un gasto adicional.

Los interruptores de un punto deberían instalarse de forma tal que el movi-miento de la palanquita o tecla sea vertical, lo cual no siempre es posible ya que depende del sistema de montaje de los módulos. En los de varios puntos con movimiento horizontal, y en caso de comandar dos o tres luces, el interruptor superior está destinado a maniobrar la luminaria del local, en donde está ubicado el interruptor, y las inferiores la de los locales adyacentes.

7.7.2. Canalizaciones. Los distintos tipos de dispositivos y accesorios que componen las canalizaciones eléctricas se han descripto en el Capítulo N° 2 –Materiales para las IE– y los aparatos en el N° 3 –Aparatos de la IE–. Los respectivos dimensionamientos se verán más adelante.

7.7.3. Simbología

TABLA N° 7.11
SIMBOLOGÍA DE LAS INSTALACIONES ELÉCTRICAS

SIMBOLOGÍA		
○ BOCA		↗ VARIADOR DE VELOCIDAD
⊢○ BOCA PARED		✻ VENTILADOR DE TECHO
Ⓔ BOCA ILUMININAC. DE EMERGENCIA		✻ VENTILADOR DE TECHO C/LUZ
⌐ TOMACORRIENTE USO GENERAL		☐ CAJA DE PASO
⌐ TOMACORRIENTE USO ESPECIAL		Ⓜ MEDIDOR
⌐ TOMAC. EN CIRCUITO DE ILUMINACIÓN		⊙ BOCA PARA PULSADOR
⌐ INTERRUPTOR DE UN EFECTO		Ⓣ BOCA DE TELÉFONO
⌐ INTERRUPTOR DE DOS EFECTOS		Ⓣ BOCA DE TELEVISIÓN
⌐ INTERRUPTOR DE COMBINACIÓN		◯☐ TIMBRE O ZUMBADOR
—— CANALIZACIÓN		Ⓟ PORTERO ELÉCTRICO
⊗ LUMINARIA		Ⓟ PORTERO VISOR

7.7.4. Forma de representar las canalizaciones eléctricas. La forma de indicar la cantidad y sección de los cables contenidos en el caño se muestra en la Tabla N° 7.8, en la que se puede apreciar la representación de una boca de techo (círculo) a donde llega un caño (línea llena). Sobre esta línea está la indicación **RL16** de acuerdo con la denominación de la norma IRAM; ver la Tabla N° 2.8, en la misma es posible ver que se trata de un caño cuyo diámetro exterior es de 15,85 mm (5/8"). Abajo de la línea anterior se lee: 2 x 1,5 lo cual indica que dentro de ese caño se deben tender dos cables unipolares de 1,5 mm^2 de sección cada uno.

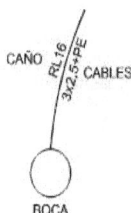

ALIMENTACIÓN

CAÑO / CABLES
RL16
3x2,5+PE

RL16

3x2,5+PE

V N

BOCA

Fig. N° 7.3
Representación
de una boca

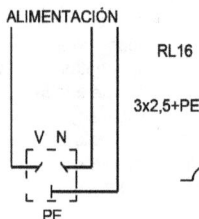

PE

T

Fig. N° 7.4
Representación
de un
tomacorriente

En la Figura N° 7.4 se muestra el circuito de un tomacorriente con espiga de puesta a tierra, y la forma de representarlo en los planos.

La Figura N° 7.5 muestra en forma similar el caso de tres luminarias; primero muestra el esquema eléctrico y luego la forma de representarlo en los planos.

El circuito de una luminaria que se muestra en esta última figura con la forma de representación en los planos, así como la figura siguiente la disposición física que puede adoptar un circuito de este tipo.

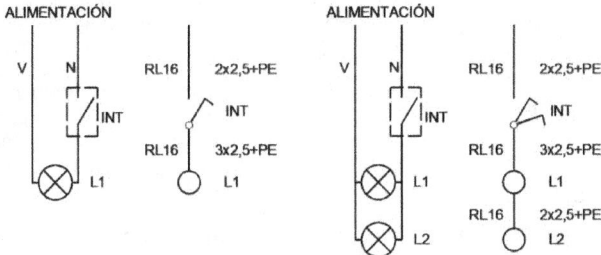

Fig. N° 7.5 Representación de interruptores

7.7.5. Recorrido de las canalizaciones.
En la Figura N° 7.6 se ha representado el denominado **plano de planta** de una vivienda típica y es el que se utilizará para describir la mecánica de la ejecución del diseño, proyecto y cálculo de su IE. Es preciso señalar que este plano lo ejecuta quien hace el proyecto civil de la vivienda y debe ser el punto de partida para quien haga este trabajo.

A partir de él se desarrollará la denominada PRIMERA ETAPA que se muestra en la Figura N° 7.7. En ella se han representado mediante el empleo de símbolos gráficos normalizados, la ubicación de las bocas y los puntos desde donde se controlarán. En esta etapa, si es posible, resulta conveniente consultar con quien habitará la vivienda a los fines de que exprese su opinión antes de iniciar los trabajos para ejecutar la obra.

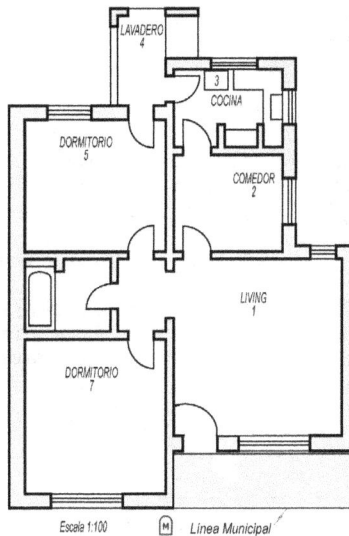

Fig. N° 7.6 Primera etapa.
Plano de la vivienda

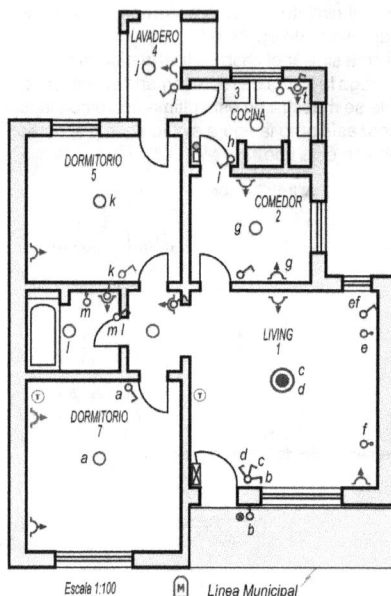

Escala 1:100   Ⓜ Línea Municipal

Fig. Nº 7.7 Segunda etapa.
Plano con la distribución de las bocas

Finalizado este procedimiento se procede a realizar la Segunda etapa: el **plano de efectos**, en donde se representa la vinculación entre los componentes de la IE, como, por ejemplo, desde dónde se controlarán las luminarias.

Se utiliza una misma letra minúscula para indicar una boca y el interruptor desde la cual se maniobra. En el living-comedor se colocó una boca de techo (centro) de dos efectos, comandados desde los puntos **c** y **d** del interruptor de tres puntos, reservándose el tercer punto **b** para el encendido de una luminaria exterior.

También en el living se colocaron dos luminarias de pared **e** y **f** que se maniobran desde el interruptor de un punto colocado debajo de las anteriores.

Detrás de la puerta de entrada está el tablero seccional, colocado a no más de dos metros del medidor de la energía eléctrica (conviene hacer una consulta con la empresa distribuidora).

En el living hay dos tomacorrientes de uso general y una boca de teléfono.

En el dormitorio principal está el interruptor **a** que comanda la boca del techo, y en dos tomacorrientes, uno para cada mesa de noche o mesa de luz y una boca de teléfono.

En el baño se tiene la boca de techo **l** y una luminaria de pared sobre el lavatorio, que enciende desde el interruptor **m** junto con la primera. En el baño también hay un tomacorriente para aparatos de uso común (secador de cabello, máquina de afeitar, etc.).

Con criterio análogo se van colocando todas las bocas, destinadas a luminarias, interruptores y tomacorrientes, indicándose en cada caso con una letra el interruptor y la boca que se corresponden, lo cual no es necesario pero sí conveniente. La mayor o menor cantidad de estos componentes dependen, como ya hemos dicho, de las características constructivas de la vivienda. En este caso no se presentó la necesidad de colocar "combinación escalera" o interruptor de combinación, consistente en el comando de una misma luz desde dos puntos distintos, y cuyo esquema, junto con otros similares, veremos más adelante (Figura Nº 6.15).

Una vez que se han terminado de ubicar todas las bocas de techo, bocas de pared, los puntos de comando así como los tomacorrientes con sus respectivas identificaciones por medio de las letras minúsculas, se ha concluido esta etapa, que resulta representada en la Figura Nº 7.8.

A continuación se procede a ejecutar la TERCERA ETAPA, en la que se establecen cuáles serán las cantidades y sección de los cables para cada caso, así como en función de estos el diámetro de los caños necesarios. Esto se representa en el plano de la manera antes indicada.

Esta representación nos va orientando sobre el recorrido de los caños para alojar los cables necesarios para

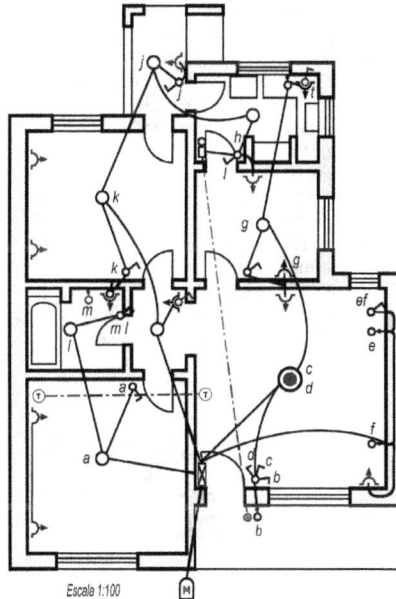

Fig. Nº 7.8 Tercera etapa. Plano de los efectos

realizar las funciones específicas (tomacorrientes, luces, etc.).

El recorrido de los caños está influenciado por las características constructivas del inmueble, tipo de paredes y fundamentalmente de los techos (hormigón armado, vigas, etc.).

En la obra, se colocan siguiendo trayectorias que eviten las interferencias (columnas, vigas, etc.) y a su vez no ocasionen inconvenientes, ni afecten las cuestiones de estética por las cajas de paso que ha colocar. Las distintas situaciones se pueden apreciar en el Capítulo Nº 5 –Canalizaciones eléctricas–.

Como detalle importante se puede señalar que en cada local del inmueble debería haber bocas alimentadas desde distintos circuitos; de este modo, ningún local queda sin energía eléctrica al fallar un circuito.

El TABLERO SECCIONAL GENERAL (TSG) está colocado en este ejemplo detrás de la puerta de entrada. El proyectista debe colocarlo siempre con criterio funcional y económico.

La línea de alimentación al TSG es la que llega desde el TABLERO PRINCIPAL (TP). Desde el primero se alimentan los CONSUMOS. En nuestro ejemplo no hay LÍNEAS SECCIONALES (CS).

Los circuitos eléctricos deben ser bifilares y protegerse con un IA en todos los cables (bipolares, tripolares o tetrapolares según sea el caso), además del ID.

Los IA, al operar sobre todos los cables del circuito, cuando se abre el mismo hacen que el circuito quede efectivamente sin tensión y pueda maniobrarse sin temor a un shock eléctrico.

En el caso de los interruptores destinados a las luces que son unipolares (un punto) deben conectarse siempre sobre el cable correspondiente al vivo.

El número máximo de bocas, de circuitos, así como la corriente eléctrica máxima de cada tipo de circuito queda establecido de acuerdo con el GE.

En este ejemplo se deben emplear dos. La subdivisión de la alimentación en muchos circuitos es técnicamente favorable, pero aumenta considerablemente el costo.

Luego de las consideraciones anteriores, es necesario dimensionar a los componentes mediante cálculos y hacer las respectivas representaciones.

En el plano de la Figura Nº 7.9 se han omitido deliberadamente algunas indicaciones por ser repetitivas y restarle claridad al dibujo, porque la hoja no tiene el tamaño del plano definitivo a realizar, así como tampoco se ha indicado el cable PE que recorre toda la IE.

Para este último caso habitualmente se coloca una leyenda que diga: "Todos los caños serán recorridos con un cable cuyo aislamiento sea de color verde-amarillo (PE) de 2,5 mm² de sección" (o de la sección que corresponda).

Los cables con distintos colores de aislamiento sirven para identificar los distintos circuitos y si ello no resultase posible se debe recurrir a emplear letras o números, especialmente diseñados para esto y que se mostraron en el Capítulo Nº 2 –Materiales para las IE–.

Con estos datos es posible ejecutar el plano que contiene el circuito unifilar de toda la IE de acuerdo con lo detallado más abajo.

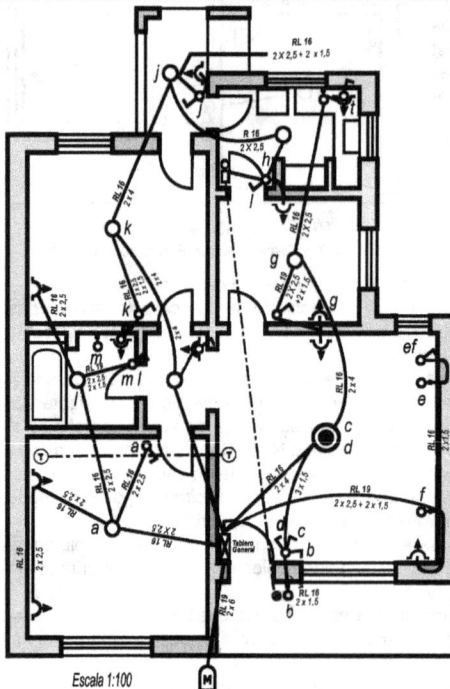

Fig. Nº 7.9 Cuarta etapa. Plano de cañerías y cableado

7.8. DOCUMENTACIÓN DEL PROYECTO

7.8.1. Introducción. Las autoridades de aplicación que corresponden al lugar en donde se va a realizar la obra son quienes fijan las características de la documentación técnica exigida, tipo, contenido y formato. Tanto sea para la aprobación del proyecto como también para la denominada "CONFORME A OBRA" una vez que se finalizó la misma, para efectuar la correspondiente habilitación.

A continuación se mencionan algunos de los ítems que debe contener la documentación del proyecto.

7.8.2. Inmueble. Se deberá hacer una breve, pero completa descripción de las características constructivas del inmueble en donde se ejecutará la IE. En la misma deberán constar los locales, ingresos, materiales empleados en la construcción del mismo, así como toda otra información que facilite la comprensión de las características constructivas.

Se podrá incluir: catálogos técnicos, croquis, planos así como todo otro material técnico y gráfico que ayude a la interpretación de las citadas descripciones.

7.8.3. Actividades. Es necesario describir el tipo de actividad a desarrollar en los distintos locales que forman el inmueble.

7.8.4. Tipo de instalación eléctrica. Se deberá hacer una descripción de la disposición constructiva de IE a ejecutar; en la cual se deberán indicar, en caso de situaciones especiales, las normas a las que se ajustarán los materiales a emplear en la ejecución de la misma.

7.8.5. Memoria técnica. La misma contendrá:

- Planilla detallando las superficies de cada uno de los locales que componen el inmueble, y la total.
- Esquema de conexión a tierra adoptado.
- Indicación del grado de electrificación correspondiente.
- Número de circuitos adoptados.
- Número de bocas o puntos de utilización.
- Potencia eléctrica máxima demandada total.
- Listado de los circuitos eléctricos con indicación de la sección de los cables.

7.8.6. Planos

7.8.6.1. Del inmueble. En planta y de ser necesario los cortes, en donde esté representado:

- disposición de las cañerías. Con indicación del tipo y diámetro de los caños, así como la cantidad de cables contenidos y sus respectivas secciones,
- ubicación de las bocas destinadas a interruptores y tomacorrientes,
- ubicación de las cajas de paso,
- ubicación de los tableros principales y seccionales,
- tipo de PAT y la ubicación.

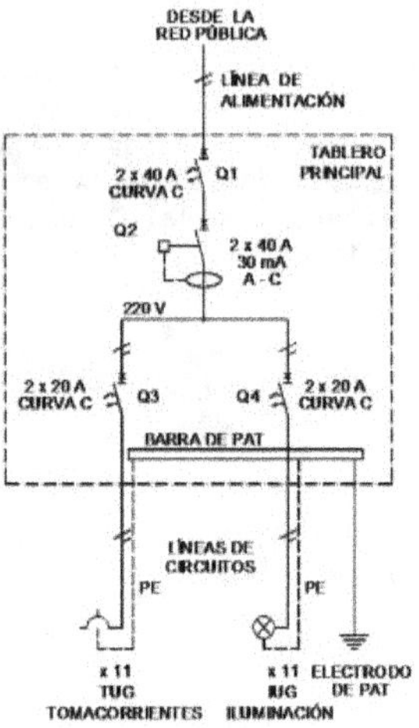

Fig. Nº 7.10 Esquema unifilar de la IE

7.8.6.2. Circuito unifilar. Se debe desarrollar a partir del punto de la acometida por parte de la empresa distribuidora de la energía eléctrica, con indicación de la potencia de cortocircuito disponible por part para cada sección normalizada e de la red, todos los circuitos con sus respectivos aparatos de maniobra, protección y sección de los cables. En los dispositivos de protección se deberá indicar: tensión nominal, corriente nominal o asignada, poder de ruptura y tipo de curva de respuesta del elemento de protección. En el caso de los de maniobra: tensión nominal y corriente nominal. La Figura Nº 7.10 muestra el circuito unifilar del ejemplo anterior (Figura Nº 7.9).

7.8.6.3. Tableros. Se deben representar en un plano los TE: principal y los seccionales (si hubiere). En ellos se indicará la disposición o ubicación física de los componentes de los mismos (topográfico). Las Figuras Nº 7.11, 7.12 y 7.13 muestran el TG de la vivienda usada como ejemplo.

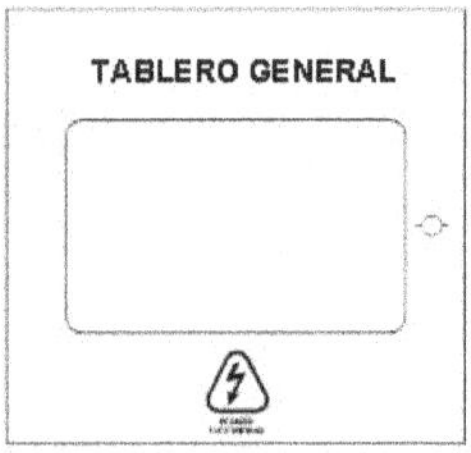

TABLERO ELÉCTRICO

Fig. Nº 7.11 Esquema del frente del TG

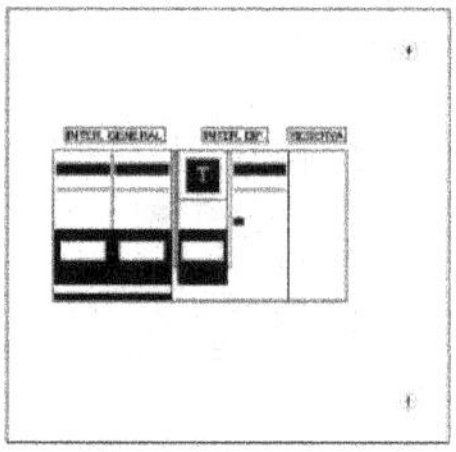

SEGUNDA PUERTA

Fig. Nº 7.12 Esquema de la segunda puerta del TG

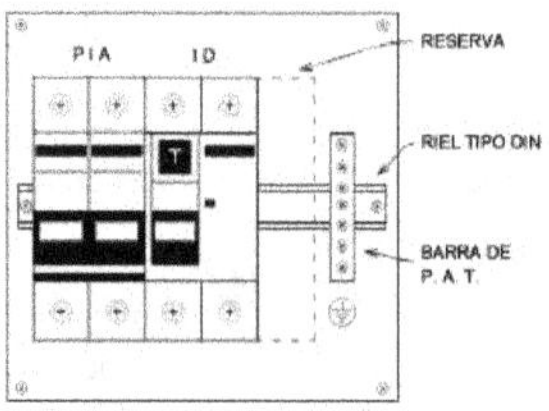

PLACA DE MONTAJE

Fig. Nº 7.13 Esquema de la placa de montaje del TG

NOTAS:

1. Para el dibujado de los planos: el tamaño de los mismos debe estar de acuerdo con las dimensiones de los formatos establecidos por la norma IRAM respectiva.
2. En general se exige que la escala a utilizar sea 1:100, por ser más fácil de trabajar.

7.8.7. Lista de materiales. Debe contener todos los materiales utilizados para la ejecución de la obra, debiendo figurar de ellos: cantidades, marca, modelo y las principales características técnicas de cada uno de los componentes, tales como tensión, corriente, norma de fabricación, etc. En la Figura N° 7.15 se muestra en forma abreviada la lista de materiales del TE de la Figura N° 7.12. Esta lista tendrá el formato normalizado (A4 o A3 por ejemplo), en donde figurará el número, la obra, fecha, ejecutante, etc.

ÍTEM	POS.	DESCRIPCIÓN	UNIDAD	CANTIDAD
1	---	GABINETE DE MATERIAL TERMOPLÁSTICO, AUTOEXTINGUIBLE Y LIBRE DE HALÓGENOS. USO EN INTERIOR PARA 5 POLOS Y BARRA DE PAT. FABRICADO SEGÚN NORMAS IEC 62208 Y 6067024. IP 40 E IK 07. MÍNIMO. MARCA Y MODELO INDICATIVO: XXXXXXXXXXXXXX	C/U	1
2	Q1	PEQUEÑO INTERRUPTOR AUTOMÁTICO BIPOLAR (PIA) 230 V 50 Hz 40 A 5 kA CURVA C. MARCA Y MODELO INDICATIVO: XXXXXXXX	C/U	1
3	Q2	DISYUNTOR DIFERENCIAL BIPOLAR. 30 mA, 230 V, 50 Hz Y 40 A. CLASE AC. MARCA Y MODELO INDICATIVO: XXXXXXXX	C/U	1
4	Q3-Q4	PEQUEÑO INTERRUPTOR AUTOMÁTICO BIPOLAR (PIA) 230 V 50 Hz 20 A 5 kA CURVA C. MARCA Y MODELO INDICATIVO: XXXXXXXX	C/U	2

Fig. N° 7.14 Ejemplo de una lista de materiales

7.9. DIMENSIONAMIENTO DE CABLES

7.9.1. Introducción. En el Capítulo N° 2 –Materiales para las IE– se han visto los materiales que se emplean en la ejecución de las IE entre los que encontraban los distintos tipos de cables, así como su empleo.

Para realizar la determinación de la sección es imprescindible tener en cuenta las consideraciones que se detallan a continuación.

7.9.2. Condición mecánica. En las IE de los inmuebles individuales, en general, no se tienen requerimientos de esfuerzos mecánicos sobre los cables, más allá de los que se ejercen para su tendido en las cañerías, por lo cual este ítem no debe ser considerado, si se tiene un mínimo de cuidado en la ejecución de la obra.

En cambio cuando se trata de inmuebles con viviendas múltiples, desarrolladas en edificios de muchos pisos, los cables de la alimentación a cada unidad, se tienden por la columna montante, por lo cual estarán sometidos a esfuerzos mecánicos debidos a su propio peso que pueden llegar a ser considerables. Esto se evita fijando firmemente los cables al soporte de los mismos que en general son BPC.

7.9.3. Condición eléctrica

7.9.3.1. Calentamiento. El conductor de un cable tiene una cierta resistencia eléctrica que como tal, genera calor por efecto Joule, cuando es circulado por una corriente eléctrica, por lo cual eleva su temperatura. La misma ocasiona una diferencia con respecto al ambiente que lo rodea, por ello le cede calor al mismo. La cesión de calor al medio que lo rodea es mayor cuanto más grande es la diferencia de temperaturas, hasta llegar a un estado de equilibrio térmico a partir del cual la temperatura ya no se eleva más. Esa es la temperatura límite o de funcionamiento. Su valor debe ser tal que no comprometa la integridad el material del conductor, ni de su aislamiento, ni a los otros componentes próximos o en contacto con él.

Las normas han determinado cuál debe ser la INTENSIDAD DE SERVICIO de cada tipo de cable, para lo cual se han confeccionado tablas (las cuales se han visto en el Capítulo N° 2). En ellas, la intensidad de la corriente eléctrica admisible está señalada en ampere, para cada sección normalizada, la cual está dada para una determinada temperatura ambiente que en general es de 40 °C.

Antes de comenzar el desarrollo es necesario señalar las nomenclaturas a utilizar.

U: tensión [volt]
R: resistencia del conductor [ohm u ohm/km]
X: reactancia de los conductores [ohm u ohm/km]
δ: caída de tensión absoluta [sin unidades]
ΔU: caída de tensión [volt o %]
I: intensidad de la corriente eléctrica [ampere]
φ: ángulo de desfase entre la corriente y la tensión [sin unidades]
cos φ: factor de potencia de la carga [sin unidades]
sen φ: expresión relacionada [sin unidades]
S: sección del conductor [mm²]
Sb: sección del conductor de una línea monofásica [mm²]
St: sección del conductor de una línea trifásica [mm²]
ρ: resistividad del material conductor [ohm-mm²/m]
C: conductividad del material conductor [siemens/m]
L: longitud del conductor [m ó km]

7.9.3.2. Caída de tensión. Es una cuestión MUY IMPORTANTE en la determinación de la sección de un conductor o cable, la misma depende fundamentalmente del largo de este, lo cual no es tan importante dentro de inmuebles pequeños (departamentos o casa unifamiliares) donde las longitudes de los circuitos eléctricos son cortas. De todas maneras es un detalle importante siempre a tener en cuenta.

Un conductor o cable, al comportarse como una resistencia, tiene entre sus extremos una caída de la tensión o diferencia de potencial cuando circula a través del mismo una corriente eléctrica.

En un circuito monofásico, la caída de tensión está dada por:

$$\Delta U = I \times R \times \cos\varphi \quad [volt] \qquad (7.1)$$

La expresión de la resistencia de un conductor a su vez está dada por:

$$R = \rho \times \frac{L}{S} \qquad [\text{ohm}] \qquad (7.2)$$

Donde r es la resistividad del material del conductor.

Si reemplazamos el valor de la resistencia dado en 7.2 en la expresión de la caída de tensión dada en 7.1 nos quedará:

$$\Delta U = I \times \rho \times \frac{L}{S} \qquad [\text{ohm}] \qquad (7.3)$$

De donde la expresión de la sección es:

$$S = \frac{I \times \rho \times L \times \cos\phi}{\Delta U} \qquad [\text{mm}^2] \qquad (7.4)$$

Si se expresa la caída de tensión mediante un porcentaje de la nominal se tiene:

$$\Delta U = \frac{\delta \times U}{100} \qquad [\text{volt}] \qquad (7.5)$$

Reemplazando en la ecuación 7.4, tendremos:

$$S = \frac{I \times \rho \times L \times \cos\phi}{\dfrac{\Delta \times 6}{100}} \qquad [\text{mm}^2] \qquad (7.4)$$

O lo que es lo mismo:

$$S = \frac{I \times \rho \times L \times \cos\phi}{\delta \times U} \qquad [\text{mm}^2] \qquad (7.7)$$

Si se toma la inversa de la resistividad (ρ), la cual se denomina conductividad (σ),

$$d = \frac{1}{\pi} \qquad (7.8)$$

hará que la expresión final de la sección sea:

$$S = \frac{I \times L \times 100 \times \cos\phi}{\rho \times \delta \times U} \qquad (\text{mm}^2) \qquad (7.9)$$

Si se trata de una línea bifilar en corriente alterna monofásica, la fórmula pasará a ser:

$$S_{\text{bifilar}} = 2 \times S = \frac{200 \times I \times L \times \cos\phi}{\rho \times \delta \times U} \qquad [\text{mm}^2] \qquad (7.10)$$

En este caso la tensión U = 220 volt.

Para el caso de una línea trifilar en corriente alterna, por razones que no explicaremos en este texto, aunque se puede encontrar en tratados de electrotecnia, la fórmula se transforma en:

$$S_{trifilar} = \sqrt{3} \times S = \frac{\sqrt{3} \times 100 \times I \times \cos \phi}{\sigma \times \delta \times U} \quad [mm^2] \quad (7.11)$$

En este caso la tensión U = 380 volt.

Los valores **teóricos** de la conductividad, teniendo en cuenta que la conductancia (inversa de la resistencia) se expresa en siemens, son:

$$Cobre: 58 \ \frac{[siemens] \ [metro]}{[mm^2]} \quad o \ 58 \ \frac{[metro]}{[ohm] \ [mm^2]}$$

$$Aluminio: 35,36 \ \frac{[siemens] \ [metro]}{[mm^2]} \quad o \ 35,36 \ \frac{[metro]}{[ohm] \ [mm^2]}$$

Pudiéndose tomar para el cobre como VALOR PRÁCTICO de la conductividad:

$$d = 52 \ \frac{[siemens] \ [metro]}{[mm^2]} \quad o \ 52 \ \frac{[metro]}{[ohm] \ [mm^2]}$$

Con estas expresiones se puede calcular la sección necesaria de un conductor o cable, teniendo en cuenta la caída de tensión. Las caídas de tensión admisibles de los distintos circuitos se dan en la Tabla N° 7.10.

En general, la caída de tensión es muy pequeña en las IE destinadas a viviendas de una planta. En los inmuebles grandes de varios pisos, las distancias entre los TE son importantes y debe verificarse que no se excedan los valores límites establecidos.

En el cálculo de la caída de tensión no hemos tenido en cuenta la reactancia propia del cable, cuyo valor es prácticamente constante para distintas secciones del cable. Pero cuando los cables tienen SECCIONES SUPERIORES a los 50 mm² se debe tener en cuenta, siendo las expresiones para determinar dicha caída de tensión las siguientes:

Para líneas bifilares:

$$\Delta U = 2 \times I \times L \ (R \times \cos \varphi + X \times sen \ \varphi) \ [volt] \quad (7.12)$$

Para el caso de las líneas trifilares:

$$\Delta U = \sqrt{3} \times I \times L \ (R \times \cos \varphi + X \times sen \ \varphi) \ [volt] \quad (7.13)$$

La caída de tensión en un circuito es un factor que determina, entre otros, de la calidad del servicio del suministro eléctrico. El valor porcentual indicado se refiere a la tensión alterna de servicio, es decir, 220 volt si es una línea bifilar o a 380 volt si se trata de una línea trifilar o tetrafilar. La Tabla N° 7.12 nos sirve para tener una idea de cómo conviene distribuir las caídas de tensión en una IE.

En la Tabla N° 7.10 se dan los valores porcentuales de caída de tensión en régimen permanente, señalando que en el caso de ME en el momento del arranque la caída de tensión no debe superar el 15 %.

NOTA:
Para determinar la caída de tensión en el arranque de un ME se debe considerar: $\cos \varphi = 0,30$ y $\sin \varphi = 0,95$; mientras que en régimen permanente o marcha normal se debe tomar $\cos \varphi = 0,85$ y $\sin \varphi = 0,53$.

TABLA N° 7.12
CAÍDAS DE TENSIÓN ADMISIBLES

INSTALACIÓN	CAÍDAS DE TENSIÓN MÁXIMAS ADMISIBLES EN POR CIENTO DE LA TENSIÓN NOMINAL			
	LÍNEAS		CIRCUITOS	TOTAL
	PRINCIPALES	SECCIONALES		
ILUMINACIÓN	0,5 %	1,5 %	1,0 %	3,0 %
FUERZA MOTRIZ	1,0 %	3,0 %	1,0 %	5,0 %

Hasta aquí se ha visto que la determinación de la sección de un conductor o cable se debe hacer primordialmente sobre la base del calentamiento o condición térmica, la caída de tensión y la sección mínima por exigencias mecánicas (si las hubiese).

En algunos casos se procede al revés, calculando la sección que proporciona una determinada caída de tensión, y verificando luego si el calentamiento es aceptable mediante la tabla de las intensidades de las corrientes eléctricas admisibles.

7.9.3.3. Cortocircuito. Las fuentes de energía eléctrica tienen la propiedad de suministrar una corriente eléctrica estable de acuerdo con su potencia en forma continua o normal, pero también tienen la posibilidad de suministrar una corriente eléctrica extraordinaria durante un muy breve lapso de tiempo.

La primera es la CORRIENTE NOMINAL y la segunda es la CORRIENTE DE CORTOCIRCUITO, que también se conocen como corrientes eléctricas en régimen estable y en régimen transitorio respectivamente.

Esta corriente eléctrica de cortocircuito somete a los componentes de las IE a un régimen de esfuerzos adicionales, con manifestaciones térmicas (calor) y dinámicas (fuerzas), con las consiguientes consecuencias. En el primer caso: deterioro de los aislamientos y arcos eléctricos, en el segundo, deterioro de los soportes, otros cortocircuitos como consecuencia del desprendimientos de conductores o cables, etc.

Los conductores o cables serán quienes transporten esta corriente eléctrica de cortocircuito. En consecuencia deberán estar diseñados para soportar esos esfuerzos adicionales, sin sufrir daños o generar perjuicios en sus entornos. Es por ello que la determinación de la sección deberá hacerse también contemplando la circulación de esta corriente eléctrica de cortocircuito durante el tiempo que le permitan las protecciones asociadas.

7.9.3.4. Protección de los cables. La protección de los cables está íntimamente ligada a la determinación de la sección de los mismos. Así como la determinación de la sección depende de las longitudes también depende de la corriente eléctrica de cortocircuito disponible en el TE en que se va a conectar el conductor o cable en cuestión.

Al mencionar corrientes eléctricas de cortocircuito estamos asociando al conductor o cable con un elemento de protección y será el tiempo que permanezca circulando esta corriente eléctrica el determinante de la sección buscada para alimentar la carga en cuestión.

Se denominan a estas corrientes como: CORRIENTES DE CORTOCIRCUITO, SOBRECORRIENTES O SOBREINTENSIDADES DE CORTA DURACIÓN.

La protección de los conductores o cables queda supeditada al tipo de elemento de protección empleado, considerando el tiempo de actuación del mismo.

Es así que encontramos:

- dispositivos que tienen tiempo de apertura inferiores a 0,1 s. (son limitadores de la corriente de cortocircuito),
- dispositivos con tiempos de apertura mayores de 0,1 s y menor de 5 s.

Para cada una de estas condiciones se deberá verificar o determinar la sección del conductor o cable según se trate.

7.9.3.4.1. Dispositivos de protección con tiempos de apertura inferiores a 0,1 segundo. Para el caso de estos dispositivos, los conductores o cables quedarán protegidos cuando se cumpla:

$$K^2 \times S^2 > I^2 \times t \qquad (7.14)$$

En donde:

$I^2 \times t$: máxima energía específica pasante por el dispositivo de protección (A^2s),

S : sección nominal del conductor o cable (mm^2),

K : coeficiente que tiene en cuenta el material del conductor y del aislamiento.

K : 115 para cables con conductores de cobre aislados en PVC, de secciones menores o iguales a 300 mm^2,

K : 103 ídem pero para secciones mayores a 300 mm^2,

K : 143 para cables con conductores de cobre aislados en goma para propósitos generales goma butílica, goma etilén-propilénica o polietileno reticulado (XLPE),

k : 86 para conductores de aluminio aislados en PVC, con secciones menores o iguales a 300 mm^2,

k : 68 para conductores de aluminio aislados en PVC, con secciones mayores a 300 mm^2, k :   84 para cables con conductores de aluminio aislados en goma para propósitos generales, goma butílica, goma etilén-propilénica o polietileno reticulado (XLPE).

El coeficiente k no tiene unidades.

La expresión I^2 x t, se denomina ENERGÍA ESPECÍFICA y es un parámetro característico de cada tipo constructivo de IA, en consecuencia su valor debe ser suministrado por el fabricante.

La característica de limitación de la corriente eléctrica de los dispositivos de protección se ordena por clases, las cuales deben estar grabadas en el frente de los mismos, según lo exige la respectiva norma.

7.9.3.4.2. Dispositivos de protección con tiempos de apertura comprendidos entre 0,1 s y 5 s. En este caso se puede decir que un conductor o cable estará protegido cuando se cumpla la siguiente condición:

$$S > \frac{Icc \times t}{k} \qquad (7.15)$$

Donde:

t: duración del cortocircuito en segundos,

S: sección nominal del cable en milímetros cuadrados,

Icc: intensidad presunta de la corriente eléctrica de cortocircuito en amperes expresada en valor eficaz,

k: constante que tiene en cuenta las características del conductor y el aislamiento, sin unidades.

7.9.3.4.3. Protección de las líneas para las corrientes eléctricas de cortocircuito mínimas. De acuerdo con las características de los circuitos (longitud y sección de los conductores o cables) y de la corriente de cortocircuito disponible en el TE, puede ocurrir que el valor que adopte la corriente eléctrica de cortocircuito en la parte más alejada tenga un valor que no sea tan elevado como normalmente tiene y en ese caso se trata de una CORRIENTE ELÉCTRICA DE CORTOCIRCUITO MÍNIMA.

La protección de los conductores o cables de las líneas seccionales y de los circuitos también debe ser capaz de actuar oportunamente en el caso de estas corrientes eléctricas, por lo cual los dispositivos de protección deben poder actuar en estos casos.

7.9.3.5. Sección adoptada. La sección del conductor o cable que se debe adoptar es la que cumple satisfactoriamente las tres condiciones en forma simultánea.

7.10. DIMENSIONAMIENTO DE LAS CANALIZACIONES

7.10.1. Introducción. Las características constructivas de los diversos componentes necesarios para construir una canalización eléctrica se han visto en el Capítulo N° 2 –Materiales para las IE– y en el Capítulo N° 5 –Canalizaciones eléctricas–, se han descripto los distintos tipos.

Se ha definido a la CANALIZACIÓN ELÉCTRICA, como un conjunto formado por elementos capaces de conducir la corriente eléctrica, tales como: conductores, cables, barras y los respectivos elementos para soportarlos y protegerlos mecánicamente.

Se entiende por CANALIZACIÓN en general a los elementos destinados a soportar o contener y proteger mecánicamente a los conductores y cables utilizados en los circuitos eléctricos de cualquier tipo. En la Tabla N° 5.1 –Tipos de canalizaciones eléctricas– se listan los distintos tipos.

7.10.2. Caño y accesorios. Independientemente del tipo de material empleado en su fabricación (acero o material plástico) y de su tipo constructivo (liviano, semipesado o pesado) se establece como regla general que la sección de los cables (conductor más aislamiento) no puede ocupar más del 35% de la sección libre en el interior del caño y sus accesorios (curvas, uniones, etc.).

En el caso de cables de control, la ocupación puede llegar a un 50% en virtud de que los mismos disipan muy poco calor porque las corrientes eléctricas que circulan son de poco valor.

Estos valores son máximos y son generales; las características constructivas pueden hacer que estos valores de ocupación puedan ser reducidos, pero nunca aumentados.

Para los caños de sección circular, el diámetro se determina en función de la cantidad, sección y diámetro (incluido el aislamiento) de los cables, de acuerdo con la Tabla N° 7.11.

Cuando se utilicen caños no metálicos, en tramos rectos sin curvas, con un solo cable por caño, el diámetro interno de los caños será como mínimo 1,5 veces el diámetro exterior del cable alojado.

Las medidas mínimas de las cajas por utilizar quedan fijadas por la cantidad, sección de los cables y dispositivos (interruptores, pulsadores, etc.) que van dentro de ellas.

7.10.3. Sistemas de conductos

7.10.3.1. Cablecanal. Los sistemas de cablecanal de material plástico, deberán cumplir desde el punto de vista constructivo los requisitos mínimos establecidos en el Capítulo N° 2 –Materiales para las IE–. Los mismos se instalan sobre la superficie de las paredes o divisorios.

Al igual que en el caso de los caños, la sección de los cables alojados no debe superar el 35 % de la sección libre del cablecanal.

7.10.4. Bandeja portacable. El ancho de las BPC debe ser el doble de la suma de todos los diámetros de los cables a alojar, considerando que se deja un diámetro de cable de separación entre los mismos. A lo cual se le suma un 20 % del ancho calculado en concepto de reserva. NO SE PERMITE más de una capa de cables destinados a circuitos de FM.

En cambio cuando se trata de cables destinados a los sistemas de control es posible ubicarlos uno al lado del otro, en varias capas, ya que no generan calor. En este caso es posible ocupar un 40 % de la sección transversal de la BPC.

7.10.5. Sistemas tipo "C". Para estos sistemas de conductos también es válido lo expresado para los caños.

7.11. TENDIDO DE LOS CABLES

7.11.1. Reglas generales. Antes de comenzar las tareas del tendido de los cables en sus respectivas canalizaciones, a los fines de formar la canalización eléctrica es necesario tener en cuenta que:

- se debe haber completado el montaje de todos los caños, cajas y gabinetes de los TE,
- se haya terminado el trabajo de construcción de la mampostería y su posterior acabado.

Como cuestiones relacionadas con los circuitos eléctricos, se deberá:

- en cada caja dejar a cada cable 15 cm de largo a los fines de realizar posteriormente las conexiones,
- si el cable pasa por una caja en la cual no se hará empalme o conexión se debe dejar un bucle,
- los cables en tendidos verticales no podrán tener largos mayores a los 15 metros sin una adecuada fijación,
- no se deberán ejercer esfuerzos sobre los cables que puedan afectar su sección o aislamiento,
- no se podrán realizar líneas o circuitos con conductores o cables en paralelo.

7.11.2. Agrupamiento de los cables en una misma canalización.

- Todos los cables pertenecientes a un mismo circuito, incluyendo el de protección (PE), se tenderán dentro de una misma canalización.
- Cada línea principal se alojará en una canalización independiente.
- Las líneas seccionales deberán alojarse en canalizaciones independientes. No obstante, se admitirán en un mismo caño hasta tres líneas seccionales, que correspondan a un mismo medidor.
- Deberán tener cañerías independientes las siguientes líneas de circuitos: usos generales, usos especiales y consumos específicos.

EXCEPCIÓN: los circuitos de usos generales podrán alojarse en una misma cañería, en un máximo de tres, de acuerdo con lo indicado a continuación:

- que pertenezcan a una misma fase y a un mismo tablero seccional,
- que la suma de las corrientes eléctricas nominales o asignadas de los dispositivos de protección de cada uno de los circuitos no sea mayor a 36 A,
- que el número total de bocas de salida alimentadas por estos circuitos en conjunto no sea mayor de 15 unidades,
- en todas las cajas donde converjan líneas de circuitos diferentes los cables deben estar debidamente identificados,
- cada boca de salida servirá como tal a un solo circuito. pudiendo servir solo como caja de paso de otros circuitos,
- las canalizaciones, tales como cablecanales múltiples, solo se conside-

rarán canalizaciones independientes si cuentan con separadores fijos y permanentes diseñados como tales.

- En los inmuebles, podrán coexistir en canalizaciones independientes los siguientes sistemas:
  - 380/220 V,
  - muy baja tensión de seguridad (MBTS),
  - muy baja tensión funcional (hasta 24 V) (MTF),
  - señales tales como: video, televisión, alarmas, computación, etc.,
  - transmisión de datos para servicios tales como Internet, intranet, etc.,
  - telefonía.

7.11.3. Medidas mínimas de las canalizaciones. La Tabla N° 7.13 muestra cómo se pueden ocupar las distintas medidas de caños de sección circular con los cables.

Para conductos que alojen circuitos principales o seccionales, el diámetro mínimo de los caños de sección circular será de 15 mm (RL 18 y RS 18) (3/4"), y la sección mínima para otras formas (cablecanales, etc.) será de 200 mm².

Para conductos que alojen circuitos terminales, de usos generales o especiales, el diámetro mínimo de los caños de sección circular será de 13 mm (RL 16 y RS 16). Y la sección mínima para otras formas será de 150 mm².

7.11.4. Curvas en los caños. Una curva de una canalización de sección circular, es un cambio de dirección de un caño que respetando los radios mínimos de curvatura, tengan ángulos interiores comprendidos entre 80 y 135°.

Algunas consideraciones:

- no se admitirán más de tres curvas en la cañería entre dos cajas consecutivas,
- la distancia mínima entre dos curvas consecutivas no será menor a diez veces el diámetro exterior del caño,
- las curvas de los caños se deben realizar por medio de accesorios específicos,
- todo cambio de dirección en los conductos de sección no circular debe realizarse por medio de los accesorios específicos que forman parte del sistema de canalización correspondiente.

Si la canalización es metálica se deberá mantener la equipotencialidad del conducto en las curvas no protegidas mecánicamente por la cañería, mediante tramos de cable de protección (PE) con terminales fijados con tornillos, de sección no menor a la mitad del conductor de protección que recorre la canalización, con un mínimo de 6 mm² y un máximo de 25 mm². Los extremos de los caños deberán rematar con boquillas.

7.11.5. Instalaciones eléctricas en bandejas portables. Las BPC son un sistema completo de canalización que está, compuesto por diversos componentes tales como: tramos rectos, curvas, divisorios, tapas, uniones, derivaciones en T, soportes, etc.

El montaje de este sistema hace que se deban utilizar todos los componentes fabricados a tales efectos, no permitiéndose el corte o la soldadura de los componentes porque se altera la terminación superficial de los mismos y por ende su protección superficial.

Consideraciones para la ejecución de una canalización eléctrica empleando BPC.

- En las BPC solo se permite instalar cables unipolares o multipolares construidos según las normas IRAM 2 188, y está prohibido el empleo de cordones flexibles (conocidos como cables tipo taller) construidos según las normas IRAM 248-5 y el empleo de conductores unipolares construidos según normas IRAM 248-3 (este tipo de conductor solo se autoriza como conductor de protección).
- Cuando por la misma BPC se deban tender cables de muy baja tensión (MBT), datos, comunicación etc., solo será posible hacerlo instalando un separador del mismo material y con una altura igual a la del ala de la BPC de modo que se genere un canal de separación.
- Las BPC para el tendido de cables deben estar instaladas en forma accesible y expuesta.
- Cuando sea necesario instalar una BPC por arriba del cielorraso y este no sea del tipo de placas desmontables se deberán prever tapas de inspección cada seis metros como mínimo.
- Se prohíbe la instalación de luminarias embutidas en el fondo de la BPC así como el montaje de los equipos auxiliares de las lámparas.
- Se permitirá colgar las luminarias de las BPC solo cuando las mismas estén diseñados para tal fin y previendo que el calor generado por las lámparas no incida sobre los cables tendidos en su interior.
- En el caso en que se empleen BPC para soportar luminarias formando líneas continuas o no, cuyos cables de alimentación hayan sido tendidos por el interior de las mismas, las derivaciones para la alimentación de cada luminaria se deberán realizar mediante el empleo de cajas metálicas con grado mínimo de protección IP41.
- En los casos donde se tenga que continuar con otro tipo de canalización y cableado por fuera de la BPC se permitirá apoyar o fijar a la misma si se utiliza una grapa especialmente fabricada para ello.
- Cada tramo de BPC de tres metros deberá ser soportado por lo menos en dos puntos separados a 1,5 m (cuando existan razones físicas o prácticas que impidan cumplir con esa distancia entre soportes, esta podrá ser mayor, pero sin superar los dos metros entre soportes), ya sea con dos ménsulas de largo adecuado no inferior al ancho de la bandeja fijadas a la pared o estructura, ya sea cuatro grapas de suspensión, ya sea suspendidas y soportadas con dos perfiles de resistencia adecuada ubicados por debajo de la misma, u otro método equivalente.
- No se permite utilizar las BPC metálicas como conductor o cable de protección.

164 *Instalaciones eléctricas de viviendas, locales y oficinas* - Alberto L. Farina

TABLA N° 7.13

MÁXIMA CANTIDAD DE CABLES POR CAÑOS

			SECCIÓN DEL CONDUCTOR [mm²]									
			80,00	50,00	35,00	25,00	16,00	10,00	6,00	4,00	2,50	1,50
		DIÁMETRO EXTERIOR MÁXIMO [mm²]	18,00	14,50	12,50	11,00	8,80	8,60	6,30	4,80	4,20	3,50
		SECCIÓN DEL CABLE [mm²]	226,88	165,13	122,82	85,03	60,82	45,36	31,18	18,10	13,85	8,62
Caño designación IRAM	Caño designación comercial	Sección [mm²]	Cantidad de cables									
RS 16	Sp. 5/8"	132	—	—	—	—	—	—	—	—	2+PE	4+PE
RL 16	Liv. 5/8"	154	—	—	—	—	—	—	—	2+PE	3+P5	5+P5
RS 18	Sp. ¾"	188	—	—	—	—	—	—	—	3+P5	4+PE	6+PE
RL 18	Liv. ¾"	228	—	—	—	—	—	—	2+PE	4+PE	5+PE	8+PE
RS 18	Sp. 8/8"	255	—	—	—	—	—	—	2+P5	4+PE	6+PE	8+PE
RL 22	Liv. 8/8"	314	—	—	—	—	—	2+PE	3+PE	5+PE	8+PE	11+PE
RS 22	Sp. 1"	346	—	—	—	—	—	2+PE	3+PE	6+PE	8+PE	13+PE
RL 25	Liv. 1"	416	—	—	—	—	2+PE	2+PE	4+PE	8+PE	10+PE	—
RS 32	Sp. 1¼"	616	—	—	—	—	3+PE	4+PE	6+PE	11+PE	15+PE-	—
RL 32	Liv. 1¼"	661	—	—	—	—	3+PE	4+PE	8+PE	12+PE	—	—
RS 38	Sp. 1½"	808	—	—	2+PE	2+PE	4+PE	6+PE	8+PE	—	—	—
RL 38	Liv. 1½"	862	—	—	2+PE	3+PE	5+PE	8+PE	10+PE	—	—	—
RS 51	Sp. 2"	1662	2+PE	3+PE	4+PE	5+PE	8+PE	12+PR	18+PE	—	—	—
RL 51	Liv. 2"	1810	2+PE	3+PE	4+PE	6+PE	8+PE	—	—	—	—	—

PROTECCIONES ELÉCTRICAS

8.1 INTRODUCCIÓN

Las IE, como toda disposición técnica, son susceptibles de presentar fallas, que no solo tienen repercusión sobre el propio funcionamiento sino también sobre quien las opera y los bienes en donde se encuentran insertas.

8.2. FALLAS

8.2.1. Clasificación. A continuación se describirán las distintas fallas que se pueden presentar en las IE.

8.2.2. Sobrecorriente eléctrica. Cada elemento que consume energía eléctrica toma de la IE a la cual está conectado una determinada corriente eléctrica para poder desarrollar la función que debe cumplir de acuerdo con su diseño, la cual se denomina CORRIENTE ELÉCTRICA NOMINAL O CORRIENTE ELÉCTRICA ASIGNADA. Por ejemplo en el caso de una lámpara, para emitir el flujo luminoso nominal; en una estufa determinada cantidad de calor, etc.

Con respecto al valor que las sobrecorrientes eléctricas pueden presentar, son:

- ligeramente superiores a las nominales,
- muy superiores a estas.

Las primeras son SOBRECORRIENTES ELÉCTRICAS O CORRIENTE ELÉCTRICA DE SOBRE-CARGA y las segundas, CORRIENTES ELÉCTRICAS DE CORTOCIRCUITO.

Tanto en un tipo como en el otro, el TIEMPO DE ACTUACIÓN es un factor asociado a su naturaleza; en el primer caso son de larga duración (segundos o minutos) y en el segundo de muy breve duración (milisegundos).

8.2.3. Deterioro del aislamiento. El aislamiento de los equipos y de los distintos elementos que se emplean en los sistemas eléctricos en general pueden sufrir los siguientes deterioros:

- **mecánico:** debido a una acción puramente mecánica (golpe, cortadura, dobladuras de los cables en ángulo muy cerrado, roedores, mal manipuleo, etc.);
- **degradación de sus propiedades dieléctricas.** Pueden tener como origen:
  - la sobreelevación de la temperatura,
  - estar sometidos a una tensión superior a la admisible,
  - la acción de los rayos ultravioletas, como en el caso de cables tendidos a la intemperie.

8.2.4. Arco interno. A consecuencia del deterioro de los aislamientos antes descriptos se producen arcos de pequeña magnitud: entre dos cables, en el seno del conductor de un mismo cable o bien entre el vivo y el de protección (PE). La magnitud de estos arcos en las IE tratadas no tiene la misma envergadura que el que se produce en las IE de potencia o MT, pero son lo suficientemente importantes como para generar un incendio, dependiendo del entorno en el cual se producen.

8.2.5. Sobretensión. Es la elevación del valor de la tensión de una red por encima del nominal o asignado, la cual provoca el deterioro paulatino o bien la destrucción instantánea de los aislamientos de los receptores, dependiendo del valor que adquiera.

Las sobretensiones originadas en los propios sistemas de distribución de la energía eléctrica se deben a los efectos derivados de la desconexión de cargas.

Esta sobretensión producida en los procesos de conmutación de las IE de MT deriva del acoplamiento capacitivo con las líneas de BT. Los orígenes pueden estar dados por:

- desconexión de una línea en vacío (comportamiento capacitivo),
- desconexión de un transformador en vacío,
- derivación a tierra de redes aisladas de tierra.

8.2.6. Subtensión. Ocurre cuando el valor de la tensión nominal o asignada desciende por debajo de este valor. Ello puede ocurrir porque el suministro de la empresa distribuidora sea deficiente o bien por que la propia IE tenga caídas de tensión inadmisibles por diversas razones.

8.2.7. Asimetría de las tensiones y falta de fase. La asimetría de las tensiones se manifiesta cuando el valor de las tensiones de las fases de un circuito trifásico no presenta el mismo valor. La falta de fase es en realidad la falta de tensión en una de las fases. El origen de estas anomalías puede estar en la red de distribución de la energía eléctrica o en fallas en la IE propiamente dicha.

La falta de fases y la asimetría de las tensiones afectan directamente a los circuitos trifásicos,

8.3. PRINCIPIOS DE FUNCIONAMIENTO DE LAS PROTECCIONES

Los elementos destinados a las protecciones por las sobrecorrientes eléctricas son de tres tipos: INTERRUPTORES AUTOMÁTICOS TERMOMAGNÉTICOS (IA), RELÉ O RELEVADORES y FUSIBLES.

Todos estos dispositivos basan su principio de funcionamiento en las manifestaciones del paso de la corriente eléctrica a través de ellos.

Las protecciones de los sistemas eléctricos están ligadas íntimamente con los IA. Los denominados de efecto o simplemente interruptores son los unipolares, que solo pueden operar la apertura y el cierre en forma manual, de acuerdo con la necesidad del usuario (Capítulo N° 2 –Aparatos eléctricos–). En cambio los IA son aquellos que no solo pueden conducir o cortan la corriente eléctrica de un circuito eléctrico a voluntad del operador, sino que también lo hacen si las condiciones no son las prefijadas de antemano, por ejemplo, si se verifica una sobrecarga o un cortocircuito.

Las protecciones de las IE tratadas aquí son fundamentalmente de dos tipos: SOBRECARGA y CORTOCIRCUITO. La primera se basa en la deformación que se produce en una lámina bimetálica a raíz del calentamiento que genera la corriente eléctrica al pasar por una resistencia calefactora que la rodea. Una lámina bimetálica está formada por dos metales de distinto coeficiente de dilatación, lo cual hace que al dilatarse se curve hacia uno de los lados y se genere una fuerza que es utilizada para hacer la apertura del IA interrumpiendo la circulación de la corriente eléctrica del circuito en el cual está inserta (Figura N° 8.1).

El principio de funcionamiento de la protección contra la corriente de cortocircuito se fundamenta en la acción electromagnética producida por esta al circular por una bobina. La circulación de la corriente de cortocircuito por una bobina genera fuerzas electromagnéticas que hacen desplazar un vástago ubicado en la parte interna; ese desplazamiento es utilizado para producir la apertura del IA con la consiguiente interrupción de la corriente eléctrica (Figura N° 8.2). Observando la Figura N° 8.3 se podrá ver la forma general que adoptan estos elementos

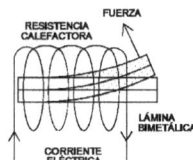

Fig. N° 8.1. Esquema del principio de la protección por sobrecarga

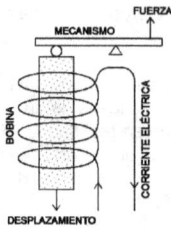

Fig. Nº 8.2 Esquema del principio de la protección por cortocircuito

formando parte de un PIA. En los interruptores del tipo compacto el sistema es más complejo.

Las protecciones por las distintas sobrecorrientes eléctricas utilizadas en las IE siempre se conectan en serie con los conductores o cables de la misma, y son mecanismos que actúan sacando de servicio el circuito averiado, ya que la persistencia de esas condiciones provoca lesiones a los seres vivos, la inutilización de elementos y daños de diversas índole a los bienes.

Todos los circuitos eléctricos deben estar protegidos contra las condiciones de funcionamiento anormales.

8.4. PROTECCIÓN DE FALLAS DE ORIGEN INTERNO

8.4.1. Introducción. Requieren de una serie de dispositivos que basan su funcionamiento de acuerdo con la característica de la falla que se detecta.

8.4.2. Interruptor automático (IA). Los dispositivos y acciones de protección son:

* en caso de sobrecarga de larga duración (sobrecarga): basa su acción en un dispositivo denominado bimetálico, cuyo efecto se debe al calor desarrollado por el paso de la corriente eléctrica que está midiendo (Figura Nº 8.1),
* cuando se trata de las corrientes eléctricas de cortocircuito o de elevado valor y breve tiempo de actuación, esta protección se basa en efectos electromagnéticos (Figura Nº 8.2).

Las actuaciones de todos los elementos destinados a la protección de los circuitos eléctricos se ven reflejadas en las curvas de respuesta, las mismas muestran en forma gráfica la respuesta que tendrá el elemento de protección frente a las magnitudes que está controlando en relación al tiempo (por ejemplo, corriente eléctrica y tiempo).

Estas curvas se representan en un plano formado por dos ejes perpendiculares: a uno se asigna la magnitud de la corriente eléctrica (**A**) a una determinada tensión, y al otro el tiempo (**t**). Por convención, estos ejes se dibujan en escala logarítmica para que las curvas sean de más fácil comprensión y utilización.

En la Figura Nº 8.4 se muestran las curvas de respuestas genéricas de un IA.

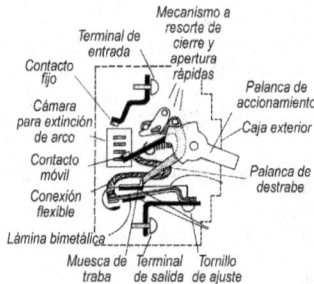

Fig. Nº 8.3 Esquema. del corte de un PIA

En la misma se puede apreciar que está compuesta a
su vez por dos tipos de curvas, indicadas con **0-1** y **0-2**
respectivamente, que se intersectan en el punto **0**.

La primera de ella (**1**) representa la respuesta de la
protección por sobrecarga y la segunda (**2**) por cortocircuitos; ambas, combinadas, ofrecen una protección completa frente a estas dos anomalías que pueden presentarse en los circuitos eléctricos de las IE. Estas curvas
son proporcionadas por los fabricantes, a través de los
catálogos técnicos.

Existen elementos de protección que realizan estas
funciones en forma separada, que se emplean en otros
tipos de circuitos, por ejemplo en un motor eléctrico,
como se verá en el capítulo siguiente.

Volviendo a la anterior, todos los valores que se encuentran dentro de la zona de protección, que se muestra
sombreada en la Figura N° 8.4, corresponden a los estados en los cuales la protección actúa, desconectando el
circuito eléctrico que se encuentra protegiendo.

Si se establece en el circuito una corriente eléctrica
de valor I_1, la protección actuará en el tiempo indicado

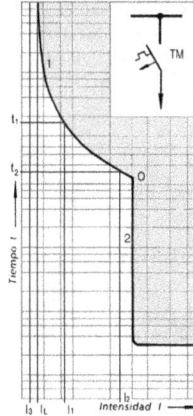

**Fig. N° 8.4 Curvas de
las protecciones
de un IA**

con t_1, o sea que han transcurrido t_1 segundos desde que se estableció. De igual
manera si la corriente eléctrica establecida fuese I_2, la protección actuaría en el
tiempo t_2, en cambio si la corriente eléctrica fuese I_3 la protección no actuará.

La corriente eléctrica indicada con I_L es la intensidad límite, valor crítico que
al ser sobrepasado hace actuar el mecanismo de protección en un tiempo finito.

La palanca de accionamiento de los IA tiene tres posiciones: ARRIBA (circuito
abierto), en el MEDIO (indica que abrió el circuito debido a la acción de las protecciones) y ABAJO (circuito cerrado). No son posibles las posiciones intermedias
reguladas a voluntad.

Al producirse la apertura de los circuitos, tanto sea en forma normal como en
el caso de falla, se establecen arcos eléctricos, que dependen del tipo y magnitud
de la carga conectada; es por eso que los IA tienen cámaras denominadas apaga
chispas (en donde se enfrían los gases), cuya salida se encuentra en la parte
superior de los mismos, lo cual hace que se exijan ciertas distancias mínimas
con respecto a otros componentes cuando se encuentran montadas en un TE.

El proceso físico de extinción del arco en los IA es un asunto bastante complejo que no se desarrollará en este texto.

La apertura es siempre muy rápida. Al cerrar el IA, el operador debe hacer
cierto esfuerzo para cargar en un resorte energía potencial, la cual va a ser
usada en la posterior apertura.

La velocidad de la apertura mecánica de los contactos en los IA se debe al
impulso que le proporciona esta energía acumulada.

En la Figura N° 8.4 se mostró la curva de respuesta de un IA genérico, pero
en las IE se establecen corrientes eléctricas bien determinadas por los distintos
tipos de cargas, por lo cual se hace necesario contar con protecciones adecua-

das a las mismas y es así como en las Figuras N° 8.5 y N° 8.6 se muestran las curvas de respuestas para determinadas y distintas corrientes eléctricas para los PIA, las cuales se clasifican con las letras: A, B, C y D.

Curvas características de las protecciones

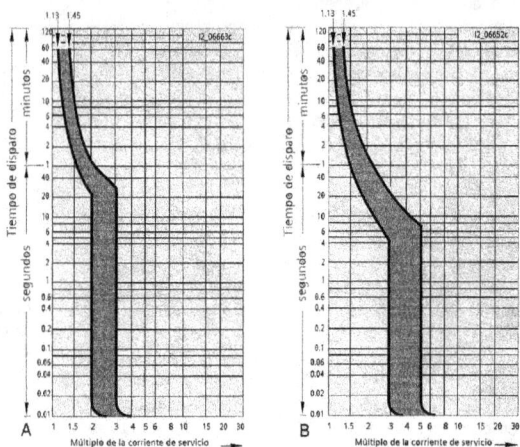

Fig. N° 8.5

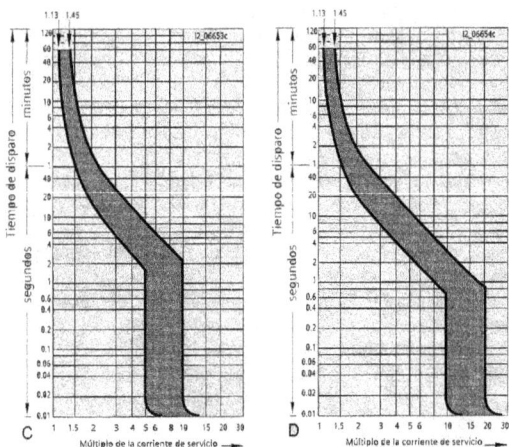

Fig. N° 8.6

De la observación de las mismas se pueden apreciar las distintas respuestas en tiempo y corriente eléctrica de cada una de ellas. En la Tabla N° 8.1 se muestra la posible aplicación de cada uno de estos tipos de curvas.

TABLA N° 8.1
CARACTERÍSTICAS Y USO DE LAS CURVAS DE PROTECCIÓN

TIPO	EMPLEO
A	Protección limitada de semiconductores. Protección de medición con transformadores.
B	Protección de conductores. Uso domiciliario con limitaciones.
C	Protección de conductores Uso domiciliario con limitaciones. Uso industrial con limitaciones.
D	Protección de cables en circuitos de baja tensión (110 V). Uso industrial con fuertes corriente eléctricas de inserción

8.4.3. Tipos de interruptores automáticos. Se fabrican en dos formatos: uno es el que se denomina PEQUEÑO INTERRUPTOR AUTOMÁTICO TERMOMAGNÉTICO (PIA), comúnmente llamado en forma simplificada: "termomagnético" o "térmica" (hasta 125 A en 440 V) y el otro tipo es el conocido como CAJA MOLDEADA O COMPACTO (mayores de 125 A y hasta 1 000 V). Los primeros pueden ser unipolares, bipolares, tripolares o tetrapolares. En cambio los segundos solo pueden ser tripolares o tetrapolares, aunque para tensión continua existen bipolares.

En las Figuras N° 8.7 y 8.3 vemos el aspecto constructivo de los PIA, uno bipolar y el otro tetrapolar. La Figura N° 8.9 muestra una caja moldeada o compacto tripolar.

Fig. N° 8.7
PIA bipolar

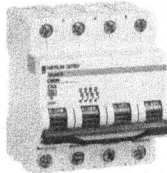

Fig. N° 8.8
PIA tetrapolar

Fig. N° 8.9
IA compacto

Con respecto a los primeros, su construcción es tal que la unión mecánica se logra mediante un accesorio que conecta las manijas de accionamiento de cada uno de ellos, como vemos en las figuras anteriores. Se fabrican para tensiones hasta 440 V y con rangos de corriente eléctrica entre 0,5 A y 125 A, con poder de corte de 10, 15 y 20 kA y distintas características operativas (lo cual se ve reflejado en las distintas curvas de funcionamiento, por ejemplo: C, D, etc.).

En cambio los IA compactos se construyen para tensiones hasta 1 000 V y corrientes eléctricas nominales que van desde los 100 A hasta los 6 300 A. En general su poder de corte es de 25 a 120 kA y depende de la tensión nominal.

Todos estos valores son generales, los distintos fabricantes presentan una variedad importante, por lo cual llegado el caso hay que consultarlos y analizar la información técnica suministrada.

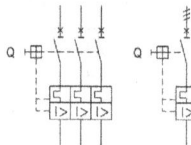

Fig. Nº 8.10	Fig. Nº 8.11 Símbolo	Fig. Nº 8.12 Símbolo trifilar
Símbolo unifilar	unifilar alternativo	(izq.) y unifilar (der.) de un
de un PIA	de PIA	IA tripolar

En las Figuras Nº 8.10 y 8.11 se muestran los símbolos unifilares normalizados (IEC) de un IA unipolar cuya corriente eléctrica nominal es menor o igual a 125 A y en la Figura Nº 8.12, según la misma norma el símbolo trifilar y unifilar de un IA compacto para corrientes eléctricas nominales mayores a esta última.

Es importante resaltar que el principio de operación de las protecciones antes descritas es para el caso de las que tienen una construcción del tipo electromecánica, en la actualidad van siendo reemplazadas por las electrónicas o de estado sólido.

La protección electrónica funcionalmente actúa de forma idéntica a la electromecánica antes descripta, pero tiene la ventaja de ser más versátil, exacta, confiable y a su vez puede comunicarse mediante algún tipo de red, con lo cual se pueden lograr regulaciones más precisas y que, además, actúan más rápidamente.

Dentro de la gama de los PIA, como los descritos, se encuentran los de conformación unipolar, pero todas las protecciones deben ser bipolares como mínimo para interrumpir tanto la fase como el neutro simultáneamente. Su campo de aplicación es muy grande, desde los de uso domiciliario hasta otros empleos, tales como grandes sistemas de iluminación o circuitos de comando y control.

Al respecto es necesario resaltar el hecho de que aún existen PIA que se identifican como 1P+N, 2P+N o bien 3P+N, lo cual significa que los elementos de protección están colocados solo en uno, dos o tres polos respectivamente. Con la letra **N** se identifica al polo QUE NO TIENE PROTECCIÓN, si bien este último está vinculado mecánicamente con los que sí la tienen; estos tipos constructivos NO están permitidos.

La utilización de los elementos de maniobra y protección que tienen que tener todos los polos de acuerdo con el tipo de circuito es:

- **circuitos monofásicos:** bipolar (vivo y neutro),
- **circuito trifásico trifilar:** tripolar (las tres fases),
- **circuito trifásico tetrafilar** tetrafilar: tetrapolar (tres fases y neutro).

- **8.4.4. Interruptor automático guardamotor.** Es una variedad de los IA. En cuanto a su formato y aspecto son muy parecidos a los de caja moldeada o compacto, solo que las curvas de respuestas de sus elementos de protección están de acuerdo con las características operativas de los ME.

Existen dos tipos bien diferenciados.

El MAGNÉTICO, que solo cuenta con la protección para la corriente eléctrica de cortocircuito, con lo cual cumple la misma función que el fusible. Se los emplean en forma conjunta con un contactor y un relé de protección térmica o de sobrecarga para la protección de los ME.

El segundo tipo es el TERMOMAGNÉTICO, cuenta con protección para las corrientes eléctricas de cortocircuito y de sobrecargas.

En ambos casos se dispone de distintos tipos de accesorios, al igual que los IA antes descritos. Los IA del tipo guardamotores para corrientes eléctricas más pequeñas se proveen en una caja o gabinete que los aloja en forma unitaria. Se emplean en el caso de bombas eléctricas de pequeña potencia.

Fig. Nº 8.13
Guardamotor
termomagnético

Fig. Nº 8.14
Guardamotor y
contactor

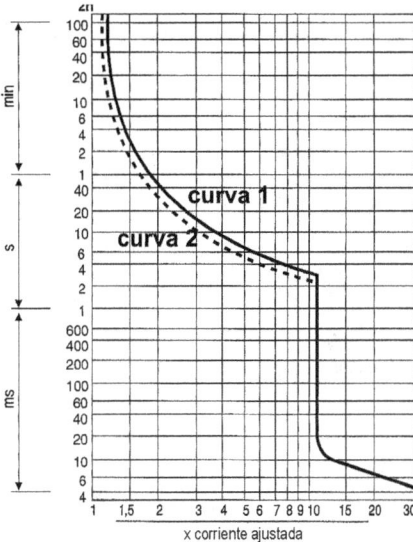
Fig. Nº 8.15 Curvas característica de un guardamotor termomagnético

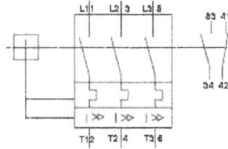
Fig. Nº 8.16
Símbolo de IA tipo
guardamotor

8.4.5. Accesorios de los interruptores automáticos. Los elementos que se consideran como ACCESORIOS que pueden ser adosados a los IA sirven para agregarles otras funciones complementarias. Algunos de las más comunes son los que se describen a continuación:

- **contacto auxiliar:** son contactos normalmente abiertos, cerrados e inversores en cantidades predeterminadas por cada fabricante, que se utilizan para funciones de enclavamiento o señalización; por ejemplo para dar la señal de que el IA está abierto o cerrado o que abrió por la actuación de la protección;
- **bobina de disparo:** permiten abrir el IA a distancia por razones operativas o de seguridad, independientemente de la que puede generar la propia protección del mismo;
- **bobina de cero tensión:** en caso de faltarle la tensión de alimentación, la misma provoca la apertura del interruptor, de modo que al restaurarse la alimentación se hace necesario volver a conectarlo (en forma local o a distancia). De esta manera se evita la conexión intempestiva que en algún tipo de carga puede ocasionar algún daño o bien puede generar alguna condición insegura para quienes se encuentren trabajando sobre el equipo en ese momento;
- **bloqueo con candados:** tanto sea que el accionamiento sea a palanca o rotativo permite la colocación de candados para bloquear la maniobra del mismo en cualquiera de sus dos posiciones;
- **enclavamiento manual:** mecánicamente une los dos mandos de otros tantos IA de forma tal que cuando se opera uno de ellos en un sentido, el otro lo hace en el sentido contrario de modo que, cuando se abre uno se cierra el otro y viceversa.

8.4.6. Comando rotativo: permite transformar el comando a palanca en otro rotativo. Montaje de los interruptores automáticos en los gabinetes. En el caso de los PIA se hace sobre un riel tipo DIN, el cual se fija a su vez sobre la PLACA DE MONTAJE del TE, en cambio en los compactos, de tamaño más pequeño, se puede hacer de igual forma que los anteriores, pero los más grande deben atornillarse a la placa de montaje.

Se proveen gabinetes de fabricación estándar que permiten alojar distintas cantidades de PIA, desde tres a varias docenas. Las características constructivas son de lo más diversas, pasando desde aquellos destinados a talleres hasta los que deben ser colocadas en edificios destinados a residencias o públicos; por ende estos últimos presentan detalles decorativos (distintos colores, puertas translúcidas, etc.).

8.4.7. Relé de protección o relevadores. Son dispositivos de protección por sobrecorrientes eléctricas (sobrecargas), cuyo principio de funcionamiento es el mismo que el expuesto para los IA en el inicio de este capítulo, pero que se presentan en unidades independiente que se pueden vincular mecánicamente a los contactores (Capítulo N° 3 –Aparatos eléctricos–) o a los guardamotores del tipo magnético para la protección de los ME.

Poseen contactos principales y auxiliares. Estos últimos pueden ser nor-

malmente abiertos, normalmente cerrados e inversores en una cantidad determinada; cuando es necesaria una mayor cantidad se le acoplan.

Los del tipo ELECTROMECÁNICO son más simples en cuanto a las funciones y
regulaciones, en cambio los ELECTRÓNICOS tienen mayores prestaciones e indicaciones así como también posibilidades de medición de la corriente eléctrica y
pueden llegar a tener la posibilidad de comunicarse a través de redes dedicadas.
En general estas funciones adicionales están relacionadas con la potencia eléctrica que deben proteger o bien por las funciones del ME (Figuras N° 8.12 y 8.13).

Fig. N° 8.17 Relé de
protección para
sobrecarga
electromecánico

Fig. N° 8.18 Relé de
protección para
sobrecarga electrónico

Fig N° 8.19 Símbolo
de un contactor
con un relé por
sobrecarga

8.4.8. Otros elementos destinados a la protección de motores eléctricos.

8.4.8.1. Sondas. Dependiendo de lo crítico que sea el servicio del equipo
impulsado o cuando el ME es de cierta potencia se utilizan sensores de temperatura colocados en los bobinados del mismo. Estos sensores dan una señal
que es captada por un relé dedicado, el cual dará una indicación de alarma o
bien de desconexión.

Se trata de los TERMISTORES, en los cuales varía la resistencia de un semiconductor con la temperatura (NTC o PTC) o bien de TERMO-RESISTORES (RTD)
en los cuales la resistencia varía con la temperatura. Ambos tienen curvas de
respuestas distintas.

Fig. N° 8.20 Relé
de monitoreo
de ME

8.4.8.2. Relés especiales para ME. Son relés
destinados a monitorear algunos parámetros de funcionamiento y puede llegar a proteger el ME; todas estas funciones están integradas.

8.4.9. Otros elementos de interrupción. Hasta
aquí se ha desarrollado el tema de los IA como elementos de protección de los circuitos eléctricos, pero
existen otros que NO son automáticos como los interruptores manuales multipolares (Figuras N° 8.21 y N°
8.22) que se utilizan para los circuitos destinados a
cargas más pequeñas o como el que se muestra en la
Figura N° 8.23, asociados a una función de seguridad.

Fig. N° 8.21 Interruptor manual tripolar

Fig. N° 8.22 Interruptor manual unipolar, bipolar o tripolar

Fig. N° 8.23 Interruptor manual de seguridad

Finalmente se puede nombrar a los SECCIONADORES, que son interruptores que actúan sin corriente eléctrica de carga, que suelen conectarse como un elemento de seguridad: para abrir un circuito o bien asociarlo a fusibles para cumplir la función de protección de un determinado circuito.

8.5. INTERRUPTORES Y SECCIONADORES

A los fines aclaratorios se presentan las distintas variantes de elementos de maniobra y protección aun aquellos que habitualmente no se utilicen en la IE que se tratan, señalando que existen otros derivados de la combinación de elementos de maniobra como de protección.

8.5.1. Interruptor: es un elemento que mecánicamente puede conectar, conducir e interrumpir corriente eléctrica: nominal de sobrecarga y de cortocircuito. Su accionamiento es manual.

8.5.2. Interruptor automático: permite conectar, conducir e interrumpir la corriente nominal del circuito, pudiendo a su vez interrumpir las corrientes eléctricas de sobrecargas y cortocircuitos de valores prefijados en forma automática.

8.5.3. Interruptor automático limitador: por su brevísimo tiempo (milisegundos) de apertura hace que la corriente eléctrica de cortocircuito no alcance su máximo valor. La limita a valores pre-establecidos de acuerdo con su construcción.

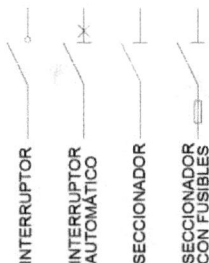

8.5.4. Interruptor con fusibles: es un aparato que combina un interruptor con fusibles.

8.5.5. Seccionador: permite conectar e interrumpir corrientes eléctricas despreciables, mientras que a su vez puede conducir la corriente eléctrica nominal, de sobrecarga y cortocircuito.

De accionamiento manual, una vez abierto permite establecer una distancia de aislación predeterminada.

INTERRUPTOR   INTERRUPTOR AUTOMÁTICO   SECCIONADOR   SECCIONADOR CON FUSIBLES

Fig. N° 8.24 Simbología de la interrupción y protección

8.5.6. Fusible

8.5.6.1. Introducción. Basa su funcionamiento en el principio de que, al circular una corriente eléctrica por un conductor, este genera calor. Este elemento conductor es el denominado ELEMENTO FUSIBLE, de modo que cuando la corriente eléctrica que lo atraviesa llega a determinado valor el calor que genera lo funde, con lo cual se abre el circuito eléctrico dejando de circular la misma.

A partir de este principio elemental, se fabrican fusibles de todos los diseños constructivos y funcionales imaginables. Es así que se emplean en dos grandes campos: uno los destinados a la protección de equipos y el otro en las IE.

Su empleo es muy difundido por su eficacia y su bajo costo, de modo que es posible encontrarlos en una amplia gama de tensiones. Esto hace que tengan distintas formas constructivas así como un muy variado espectro de características eléctricas.

8.5.6.2. Tipo de fusibles. Dentro de los fusibles destinados a los sistemas eléctricos de BT, existen diversos tipos según la aplicación. A continuación se tratarán los más comúnmente empleados, tanto sea en los inmuebles destinados a viviendas como aquellos que se utilizan en los circuitos de FM elementales.

8.5.6.3. Fusible de uso domiciliario. Para las IE domiciliarias se usan los denominados "tapones". Consisten en un cuerpo de porcelana cilíndrico, dentro del cual se aloja el elemento fusible por el cual circula la corriente eléctrica a proteger. Cuando esta toma un valor superior al esperado, el calor desarrollado al circular por este elemento fusible lo funde, con lo cual se abre el circuito eléctrico. El arco que se produce, así como el metal fundido que se esparce, quedan confinados dentro del cuerpo.

Estos fusibles se intercalan en el circuito eléctrico mediante el uso de una base portafusible que tiene un cuerpo de porcelana con rosca, llamado INTERCEPTOR O BASE PORTA-FUSIBLE TIPO UZ (Figuras N° 8.25 y 8.26).

Fig. N° 8.25 Fusible a rosca domiciliario

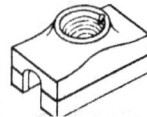

Fig. N° 8.26 Base unipolar UZ

Si bien este tipo de fusibles y su base son muy comunes en las IE domiciliarias, la tendencia es reemplazarlos por los PIA por su mejor prestación y porque no hace falta ningún tipo de reparación en caso de actuación por una falla.

8.5.6.4. Fusible tipo cartucho Diazed. El conjunto que forma este tipo de fusibles tiene los siguientes componentes.

- **Base.** Permite la conexión del fusible en el circuito a proteger. Se proveen para ser montadas sobre riel tipo DIN o atornilladas sobre la placa de montaje de los TE.
- **Tapa.** Es el elemento que fija el cartucho fusible propiamente dicho a la base. En su parte extrema tiene un visor que permite ver

el calibre del elemento fusible propiamente dicho y si el mismo ha actuado o no.

- **Anillo.** Se fija en el fondo de la base mediante un tornillo y sirve para evitar que se coloque un cartucho de un calibre superior al seleccionado originalmente.

- **Protección del conjunto.** Se la utiliza cuando se emplea la base de montaje sobre riel DIN para evitar que se haga contacto con la mano con los bornes de conexión de esta.

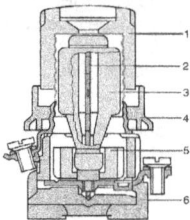

Fig. N° 8.27
Base porta-fusible y
fusible tipo Diazed

1. Tapa, 2. Elemento fusible, 3. Cartucho, 4. Protección, 5. Anillo de adaptación, 6. Base.

La Figura N° 8.27 muestra el conjunto antes descripto. En este tipo, el elemento fusible propiamente dicho se encuentra dentro de un cartucho de porcelana hermético, el cual está lleno con arena de cuarzo para apagar el arco, absorbiendo la energía liberada por este ya que el mismo se produce en su seno.

Al estar montado dentro de un cartucho, el elemento fusible ofrece un cierto grado de dificultad para repararlo, aunque no es imposible hacerlo. Se pretende que no se reparen a los fines de asegurar su calidad y precisión en la operación de corte.

Estos fusibles se emplean para la protección contra cortocircuitos y sobrecargas de circuitos domiciliarias y en ciertos circuitos de FM. En cuanto a su capacidad de ruptura, hasta 220 V es ilimitada. En cambio, hasta 500 V es de 70 kA.

Su característica de fusión se especifica con las siglas GL (lento/rápida) y responde a normas determinadas que se muestran en la Figura N° 8.28.

A los fines de poder identificar el calibre del cartucho fusible y su estado, la tapa posee un visor a través del cual es posible ver una chapita circular coloreada fijada al elemento fusible propiamente dicho que se desprende cuando el mismo ha actuado. Cada color representa un calibre del cartucho fusible. La Figura N° 8.29 muestra el símbolo unifilar de un fusible a rosca en general.

8.5.6.5. Fusible de alta capacidad de ruptura. Conocidos como "NH" o "ACR", tienen una alta capacidad de ruptura o de corte frente a las corrientes eléctricas de cortocircuito. Su habilidad consiste en interrumpir a esta última en un brevísimo lapso de tiempo (0,5 ms), con lo cual se minimizan los efectos de las mismas. La Figura N° 8.30 muestra la forma constructiva de los cartuchos y la Figura N° 8.31 una base portafusibles.

La capacidad de limitación de la corriente eléctrica de cortocircuito con tensiones alternas de hasta 500 V supera los 100 kA.

La Figura N° 8.32 muestra las curvas de respuestas o actuación y la Figura N° 8.33 el símbolo unipolar de este tipo de fusible.

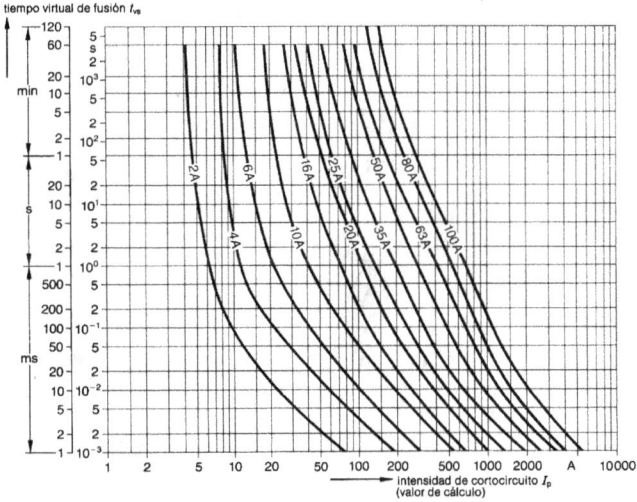

Fig. Nº 8.28 Curvas de un fusible tipo Diazed

Fig. Nº 8.29
Símbolo de
una rosca

Fig. Nº 8.30
Cartucho fusible
tipo NH

Fig. Nº 8.31 Base
portafusible tipo NH

8.5.6.6. Empleo como limitador. En el gráfico de la Figura Nº 8.34 se muestran las curvas que permiten evaluar la acción limitadora de la corriente eléctrica de cortocircuito de este tipo de fusibles.

Las denominaciones de "asimétrica" o "simétrica" está referida a la forma de onda de la corriente de cortocircuito. Conocida la corriente de paso y sabiendo el calibre del fusible se obtiene la corriente eléctrica de corte que tendrá el mismo.

8.5.6.7. Identificación. Se identifican para su aplicación de acuerdo con las siglas mostradas en la Tabla Nº 8.6.

180 *Instalaciones eléctricas de viviendas, locales y oficinas - Alberto L. Farina*

tiempo virtual de fusión t_{vs}

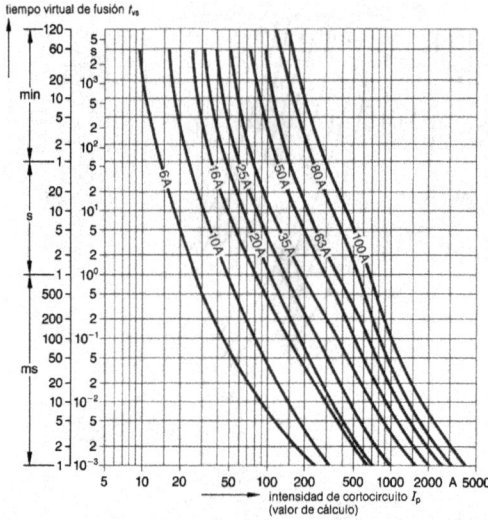

Fig. N° 8.32 Curvas de un fusible tipo NH

Fig. N° 8.33 Símbolo de un fusible NH

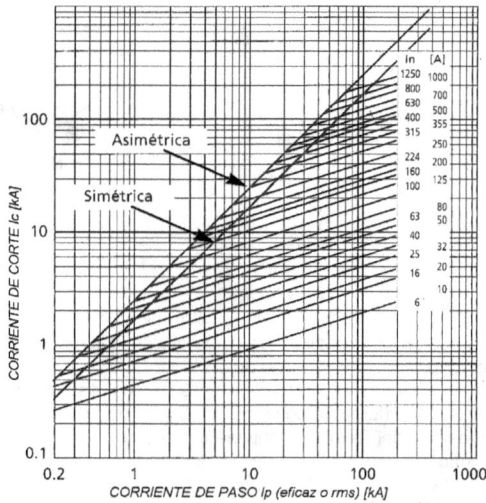

Fig. N° 8.34 Acción limitadora de la corriente de cortocircuito

TABLA Nº 8.6
IDENTIFICACIÓN DE LOS FUSIBLES Y SU UTILIZACIÓN

TIPO	UTILIZACIÓN
GI	Conductores y dispositivos de maniobra en general
Ar	Semiconductores contra cortocircuito
GTr	Transformadores de distribución
Am	Motores contra cortocircuitos
Gc	Condensadores completos
GR	Semiconductores completos
GB	Equipamiento de industria minera

8.5.6.8. Accesorios. Para hacer un empleo seguro de este tipo de fusible se requieren los siguientes accesorios:

- **Empuñadura.** Es un dispositivo que permite colocarlos en su posición definitiva de funcionamiento conectándolo a su base y por ende extraerlos en forma segura para el operador.
- **Cubre borne.** Evita que queden partes con tensión (sus bornes) al alcance de la mano del operador.
- **Separador.** Son placas de material aislante que se colocan entre dos bases portafusibles próximas.
- **Base portafusible.** Está destinada a soportar y conectar simultáneamente al cartucho fusible.

Fig. Nº 8.35
Símbolo de un
fusible genérico

8.6. FALLAS DE ORIGEN EXTERNO

8.6.1. Falta de fase. Se presentan dos casos, uno se puede deber a una falla en la propia IE y el otro al sistema de distribución de la energía eléctrica.

8.6.2. Asimetría de la tensión y baja tensión. Son siempre debidas a la red de distribución de la energía eléctrica. Sus orígenes son muy variados, con consecuencias diversas según el tipo de carga conectada.

8.6.3. Sobretensiones. Es uno de los fenómenos a los que se encuentran sometidas todas las IE: FM, control, comunicación, etc. Esto representa un riesgo físico para todos los componentes en sí, a los vinculados a ellas, y para las personas que se encuentran en las cercanías de los mismos u operándolos.

8.7. SOBRETENSIÓN

8.7.1. Definición. La sobretensión es una elevación súbita del valor de la tensión que llega a ser un múltiplo de la nominal o bien de la máxima del sistema.

Esta se manifiesta como una onda de tensión que tiene un tiempo brevísimo de elevación para llegar al valor máximo y otro un poco mayor para disminuir, con lo cual el primer tiempo es mucho menor que el segundo.

8.7.2. Efecto de la sobretensión. Los distintos componentes de las IE, se fabrican con un aislamiento relacionado con la tensión nominal del sistema a la cual estarán conectados. De allí que se define la TENSIÓN NOMINAL y la TENSIÓN MÁXIMA a la que pueden operar.

Para cada una de las tensiones nominales se define a su vez un nivel de tensión a impulso que pueden soportar, superado el mismo se produce el deterioro parcial o destrucción del aislamiento, que puede provocar a su vez la del elemento en sí y la del equipo al cual pertenece. De no mediar la destrucción inmediata se produce una disminución de las propiedades del material aislante, y por lo tanto queda expuesto a una falla en el futuro.

La destrucción de los aislamientos se produce acompañado de la generación de calor y llamas que al propagarse pueden producir un incendio o una explosión, dependiendo del entorno.

Otro efecto no deseado es que los campos electromagnéticos derivados de las sobretensiones producen tensiones inducidas en distintos elementos circundantes que pueden alcanzar valores que resulten peligrosas para las personas o partes del inmueble.

8.7.3. Procedencia de la sobretensión. Se pueden producir en el exterior del inmueble o en las redes (de BT o MT) que le proveen la alimentación de la energía eléctrica.

8.7.4. Sobretensión procedente del exterior. En cuanto a las causas del origen se pueden citar:

- **contacto** de líneas de BT o MBT con otras de mayor tensión, por ejemplo una línea para la transmisión de datos o telefonía con una de 3 x 380 V (o mayor);
- **inducción electromagnética** provocada en las líneas de menor tensión por otra de mayor tensión. Esto se produce cuando las mismas no guardan las distancias debidas en los tendidos paralelos, cruces o por compartir columnas o soportes;
- **fenómeno climatológico** como las tormentas que producen la descarga de rayos o sobreelevación de la tensión por nubes cargadas que se aproximan a las líneas aéreas de distribución.

8.7.5. Variación de la sobretensión. Cuando se menciona que la sobretensión es una variación brusca de la tensión, implícitamente se hace referencia al tiempo en que se lleva a cabo, que es la duración del fenómeno tanto en su crecimiento como en su decrecimiento. Entonces, atentos a la duración de estas, pueden ser: TEMPORARIAS (de duración relativamente larga) o bien TRANSITORIAS (de brevísima duración, lo cual es del orden de los milisegundos).

Para poder realizar los ensayos de los equipos que comprueban su comportamiento, las normas han definido distintos tipos de ondas de sobretensión.

8.7.6. Clasificación. Para poder determinar las características de las protecciones necesarias y en base a las experiencias registradas es que se ha establecido una clasificación en NIVELES, que permitirán determinar los elementos y la mejor ubicación para las protecciones de los distintos componentes de la IE o bien de los equipos conectados a ella.

Siguiendo un camino en sentido inverso del que hace la energía eléctrica al ingresar a un inmueble podremos encontrar CUATRO NIVELES, que van desde la alimentación a la IE que se está considerando por parte del sistema de distribución de la energía eléctrica hasta el último equipo conectado.

Estos niveles a su vez determinan los valores de tensión de impulso que pueden admitir, lo cual será el valor de la tensión a la que se somete esa parte de la IE. Los aparatos de protección se consideran conectados en forma fija a las IE a proteger.

- **1er. Nivel.** La protección está conectada en el exterior de los equipos a proteger. Están destinadas a los equipos electrónicos. La tensión no supera los 1,5 kV.
- **2do. Nivel.** Se instalan para proteger los equipos y aparatos de uso corriente. Permiten una tensión de 2,5 kV.
- **3er. Nivel.** Se conectan después o en el tablero eléctrico de distribución principal. Soportan una tensión de 4 kV.
- **4to. Nivel.** Se emplean en las cercanías de la fuente de alimentación de la IE, antes del tablero eléctrico de distribución principal. Soportan una tensión de 6 kV.

Las Figuras N° 8.36 y 8.37 muestran el aspecto de elementos destinados a la protección contra las sobretensiones, la primera para una IE monofásica y la siguiente para una trifásica tetrafilar.

Fig. N° 8.36 Descargador
monofásico de
sobretensión acoplable

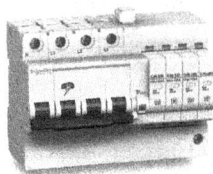

Fig. N° 8.37 PIA
con descargadores
acoplados

8.7.7. Sobretensión de origen atmosférico. Dentro de las de este tipo están las descargas de rayos, que a su vez pueden ser: directas, cercanas o lejanas. En lo que sigue debe tenerse en cuenta que las ondas de sobretensión se propagan por los sistemas eléctricos a la velocidad de la luz

8.7.7.1. Directa: cuando el rayo impacta directamente sobre el inmueble o alguno de sus componentes (antenas, cañerías expuestas, etc.). Los efectos que se producen son: elevación de la tensión en el entorno de la PAT y la inducción de tensiones peligrosas en bucles metálicos (ventanas metálicas, rejas, etc.) que se encuentren próximos al conductor de bajada.

8.7.7.2. Cercana: la descarga se efectúa en las líneas (energía eléctrica, teléfonos, etc.) o en las cañerías de los servicios (agua, gas, etc.) que ingresan al área considerada.

8.7.7.3. Lejana: dada la velocidad de propagación alcanzan distancias considerables.

Las ondas de la sobretensión se pueden acoplar en forma óhmica, inductiva y capacitiva a los conductores o cables que se encuentren en las cercanías.

8.7.7.4. Mecanismo de las sobretensiones de origen atmosférico. En el caso del rayo existen varias teorías para explicar la acumulación de cargas eléctricas en las nubes. Citaremos solo una de ellas. Las pequeñas gotas de agua existentes en toda nube, por la acción de corrientes de aire frío que suben, se congelan y aparecen cristales de hielo. Entre las gotas y los cristales se forma una diferencia de potencial. Las gotas de agua quedan cargadas en forma positiva y tienden a ubicarse en la parte superior de la nube. Las gotas que se congelaron y son más pesadas, se tornan negativas y van hacia abajo. La parte inferior de la nube se comporta como un gran cuerpo negativo ubicada frente a la tierra e induce, por esta causa de proximidad, cargas positivas en la superficie, como se ve en la Figura N° 8.38. El gradiente de potencial en relación a la tierra es bajo, por la gran extensión, pero en los lugares protuberantes como árboles, torres, postes y demás elementos semejantes, se torna importante. Por ello, no es de extrañar que se produzca un arco eléctrico entre la nube y la parte de la tierra que tiene forma aguda. El primer movimiento de cargas es negativo y de poca intensidad, pero enseguida se genera una fuerte corriente eléctrica de tipo positivo y de sentido inverso. Eso se trata de ilustrar en la Figura N° 8.39.

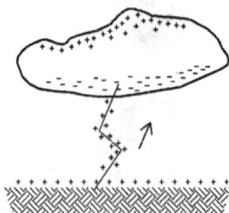

Fig. N° 8.38 Esquema de una descarga ascendente

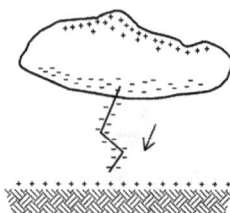

Fig. N° 8.39 Esquema de una descarga descendente

8.8. PROTECCIÓN CONTRA LAS FALLAS DE ORIGEN EXTERNO

8.8.1. Introducción. De acuerdo a lo anterior estos tipos de fallas pueden ser: falta de fase, asimetría de la tensión, baja tensión y sobretensiones, las cuales tienen los orígenes expuestos.

8.8.2. Protección contra la falta de fase, asimetría de la tensión y baja tensión. Estas fallas están relacionadas con la tensión y la protección se hace mediante relés de protecciones especialmente diseñados, que generalmente se montan en los TE, junto a los IA o PIA según se trate.

8.8.3. Protección contra las sobretensiones.

8.8.3.1. Principio. El principio en que se basan las protecciones contra las sobretensiones es limitar el valor de la misma a una tensión que pueda ser admitida por los aislamientos normales de los materiales y aparatos integrantes de la IE o bien de los equipos que se encuentran conectados a ella.

8.8.3.2. Tipos de protecciones. Está relacionado con el tipo de sobretensión esperado, que tiene diversos orígenes con las mismas manifestaciones.

Las protecciones se sitúan físicamente: unas formando parte del circuito general de la IE y otras sobre el inmueble a proteger. Debe resaltarse que no son excluyentes y en general es necesario que ambas se implementen.

8.9. PROTECCIÓN CONTRA LAS SOBRETENSIONES DE ORIGEN ATMOSFÉRICO

8.9.1. Introducción. La manifestación de este tipo de sobretensión es el rayo y el elemento natural para su protección es el pararrayos; a diferencia de los otros tipos de protecciones, este elemento no evita ni detiene al rayo propiamente dicho, solo trata de atraerlo para conducir la corriente eléctrica generada en la descarga por un camino seguro al sistema de PAT. No se trata de un solo elemento sino de un conjunto que configura el sistema.

El pararrayos es un dispositivo de seguridad, no solo para las personas sino también para los bienes.

El rayo es una descarga que ocurre entre una nube y la tierra o viceversa, debido a que por diversas circunstancias llegan a estar a distintos potenciales, estimándose que la tensión en el momento de la ruptura puede ser entre 10 y 50 millones de volt.

Funcionalmente la protección se puede lograr mediante dos tipos de pararrayos: PASIVOS O DE FRANKLIN y ACTIVOS, así como también con conductores formando una JAULA DE FARADAY.

8.9.2. Pararrayo pasivo o de Franklin. Este nombre se asocia a Benjamín Franklin, un estadounidense que fue el primero que lo utilizó; en cuanto al término "pasivo", es contrapuesto al tipo "activo" porque no contiene o utiliza ningún tipo de circuito ya que es un elemento enteramente mecánico. Al elemento que está en el extremo más elevado de la instalación se lo denomina CAPTOR. Puede ser de una punta o de varias, este último se muestra en la Figura N° 8.40. Se construye con bronce y tiene las puntas de acero inoxidable para evitar los efectos de la corrosión.

Fig. N° 8.40 Pararrayo de varias puntas

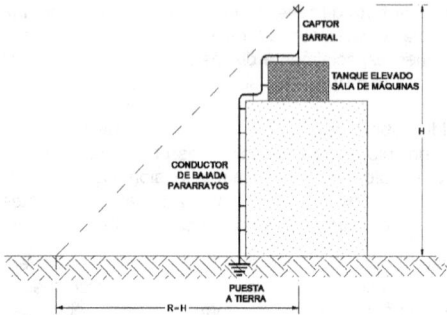

Fig. N° 8.41 Esquema típico del montaje de un pararrayos
1. Captor - 2. Barral - 3. Conductor de bajada - 4. Puesta a tierra
H: Altura - R: radio de cobertura

Un captor de este tipo se monta en un lugar prominente del inmueble, equipo o estructura que se quiere proteger, y se vincula a una PAT por medio de un conductor, que constituye un camino a tierra de baja resistencia. En la Figura N° 8.41 se ilustra la silueta de un edificio en cuya parte más alta (en este caso un tanque de agua) hay un captor.

La cobertura que proporciona, es la zona en que existe la mayor probabilidad de que el rayo no haga impacto es un cono, cuyo vértice es la punta del captor; la generatriz del cono tiene un ángulo de 45 grados con respecto a la vertical (admitiendo una tolerancia del 10%). Si se quiere aumentar la eficacia de la protección el ángulo debería ser de 30 grados (Figura N° 8.42).

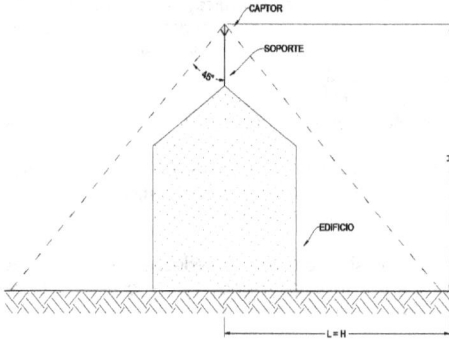

Fig. N° 8.42 Esquema del área de cobertura de un pararrayos

Conforme sea la forma del edificio a proteger, se ubican los pararrayos necesarios para que toda la silueta del mismo quede dentro de uno o de varios conos de protección.

Existen otras metodologías para la determinación de la cobertura probable pero que presentan un grado de elaboración más complicado, que excede a esta publicación.

8.9.3. Jaula de Faraday. Debe considerarse dentro de los sistemas de pararrayos pasivos. La construcción y montaje de este tipo se basa en el principio de la denominada jaula de Faraday. Su fundamento se basa en que el inmueble, equipo o estructura a proteger queden dentro de una jaula que se forma mediante el tendido de conductores en sus vértices y aristas, de ser posible se pueden emplear partes de la propia estructura en caso de ser metálicas (chapas, columnas, vigas, etc.), las que se interconectan entre sí y luego al sistema de PAT.

8.9.4. Pararrayo activo. En contraposición con los pasivos, estos cuentan con circuitos que emiten un tren de ondas electromagnéticas de determinadas características que, dirigiéndose a la nube cargada que se aproxima, facilita el camino para la descarga (emisión del líder ascendente, para asegurar la captación del rayo), o sea que se activa cuando las condiciones atmosféricas están dadas para una descarga. Su radio de captación es mayor que el de los pasivos.

Se utiliza un fenómeno de los materiales denominado "PIEZO-ELÉCTRICO" cuyo antecesor es el tipo radioactivo, que en la actualidad está prohibido.

Este tipo de pararrayos no está normalizado por la IEC.

8.9.5. Montaje de un sistema de pararrayos. Se montan en la parte más prominente o saliente del inmueble, equipo o estructura a proteger. Para ello se recurre a un barral, que por lo general es un caño de acero galvanizado que se fija al techo o piso mediante un soporte especialmente diseñado. La instalación debe conferir una protección eficaz durante toda la vida útil de la construcción. La Figura N° 8.41 muestra una disposición típica.

El montaje deberá ejecutarse de abajo arriba comenzando por la PAT del sistema, que se compone de tres partes, que se describen a continuación según el orden en que se hace el montaje.

8.9.6. Conductor de bajada. Es el que une el captor con el sistema de PAT. El extremo superior del conductor se suelda al cuerpo central del captor y el extremo inferior va soldado a la PAT.

Se emplea un conductor semirrígido de cobre, preservado contra la oxidación por un baño de barniz especial o bien mediante un cable de acero galvanizado.

El conductor se va fijando de modo que quede tenso y recto siguiendo el camino más corto. No se admiten ángulos agudos, y los cambios de dirección tendrán un radio de curvatura mayor de 50 centímetros.

8.9.7. Sistema de puesta a tierra para los pararrayos. Es el que tiene el inmueble, el cual es diseñado de acuerdo con las características constructivas del mismo. La tecnología de los sistemas de PAT se tratará en el ítem 8.14.

8.9.8. Valor de la resistencia de puesta a tierra. Para cualquiera de las disposiciones que se verán a continuación el valor de la resistencia total de la PAT debe ser igual o menor que 40 ohm.

8.9.9. Recomendaciones. En la ejecución de un sistema de pararrayos deberá considerarse que:

- la punta del captor no deberá estar montada a menos de un metro sobre las partes circundantes (torres, tanques, mástiles, chimeneas, cúpulas, antenas, etc.),
- los contactos casuales con el conductor de bajada deben ser evitados en todo su recorrido, por medio de defensas apropiadas, o alejándolos

suficientemente de lugares fácilmente accesibles (balcones, entrada a la tierra, etc.),

* los efectos debido a inducciones sobre otros conductores (eléctricos, telefónicos, rejas, balcones, etc.), resultan peligrosos por lo cual deben ser evitados manteniéndolos convenientemente alejados del conductor de bajada. En caso de no poder hacerlo por las características constructivas, se debe conectar al mismo.

8.10. PROTECCIÓN POR SOBRETENSIÓN INTERNA

8.10.1. Introducción. La sobretensión interna puede tener su origen en los propios sistemas eléctricos o bien en un efecto climatológico como se ha visto en los ítems anteriores, en donde se han clasificado a los fines de poder establecer las protecciones convenientes en cada caso, para lo cual se hace necesario disponer de los elementos adecuados.

8.10.2 Protección. De forma similar a lo que ocurre cuando se produce la descarga de un rayo, en este caso también se necesita establecer un camino de baja resistencia hacia el sistema de PAT de la corriente eléctrica generada por la sobretensión.

La tecnología para lograr esto está relacionada con los niveles establecidos anteriormente, con el ECT de la IE y de las longitudes que tienen los circuitos. Es por ello que se necesitan distintos tipos de descargadores y accesorios complementarios, los cuales deben estar necesariamente conectados a un eficiente sistema de PAT.

En la Figura N° 8.36 se muestra un tipo de descargador para acoplar a un PIA monofásico; nótese en la parte inferior el cable PE para la conexión a la PAT. La Figura N° 8.37 muestra los descargadores ya acoplados a un PIA trifásico.

El mercado ofrece una amplia gama de descargadores y los accesorios necesarios para que su conexión sea eficiente.

8.11. PROTECCIÓN POR ARCO INTERNO

En los párrafos anteriores se han descripto distintos tipos de fallas así como los diversos dispositivos para proteger de estas fallas a las IE, los cuales basan su funcionamiento en la circulación de la corriente eléctrica que los atraviesan como sucede en los IA y fusibles, o bien en las diferencias entre las mismas como sucede en los ID.

Cuando ocurre un arco interno estos últimos parámetros no se modifican sustancialmente como para hacer actuar a los dispositivos de protección, ello es debido a la propia mecánica del arco eléctrico en una IE domiciliaria, lo cual dista enormemente de los que se producen en las de potencia de BT o de MT.

El encendido de un arco eléctrico, su mantenimiento y extinción es debido a complejos fenómenos electrotécnicos que se manifiestan con diversas magnitudes de los sistemas eléctricos (tensión, corriente eléctrica, temperatura, tiempo, etc.), que no serán tratados en esta obra.

Estas manifestaciones permiten ser utilizadas convenientemente por un dispositivo especialmente diseñado para desconectar el circuito afectado a los fines de evitar un daño mayor, como podría ser un incendio; el citado elemento se denomina DETECTOR DE FALLAS POR ARCOS, el cual también es capaz de detectar sobretensiones ajenas a las que se puedan producir en las cargas comunes conectadas a la IE.

Este dispositivo se utiliza acoplado a PIA del tipo bipolar.

8.12. SISTEMA DE PUESTA A TIERRA

8.12.1. Introducción. La PAT juega un rol muy importante en el funcionamiento y la seguridad de los sistemas eléctricos y de los inmuebles a los que sirven.

En el Capítulo N° 1 –Sistemas eléctricos–, se expuso sobre el sistema de distribución de la energía eléctrica en BT y se señaló que el centro del bobinado secundario de BT del transformador, que está conectado en estrella, a su vez se conecta rígidamente a tierra para fijar el potencial cero que corresponde al neutro; es la denominada PAT FUNCIONAL, la cual difiere de la que debe haber en cada inmueble y que es la PAT de SEGURIDAD, como veremos a continuación.

8.12.2. Sistema de PAT. La denominación de sistema de PAT proviene de que son diversos los elementos que lo componen, algunos ya vistos en el Capítulo N° 2 –Materiales para las IE– tales como: terreno, electrodos de puesta a tierra o jabalinas, grapas, soldaduras, cajas de inspección, cables y la barra de los TE.

El valor máximo permanente de la resistencia de PAT de protección debe ser menor o igual a 40 ohm.

8.12.3. Características. Un sistema de PAT debe conducir una corriente eléctrica en forma segura a la propia tierra (tomada como potencial cero). Esa corriente eléctrica puede provenir de un cortocircuito entre el vivo y masa, de la corriente eléctrica de pérdida de los equipos conectados a la IE (a través del cable PE) o bien la que se genera por una sobretensión (sobre todo las de origen atmosférico).

Esa conducción de distintos elementos debe hacerse a través de una baja resistencia eléctrica y robustez mecánica ya que puede estar expuesta a impactos, a la acción del ambiente y de los agentes atmosféricos.

Este sistema, como todos los de protección, debe funcionar en el momento preciso y, aunque es necesaria, no siempre es posible una verificación de su estado en forma práctica y fundamentalmente periódica.

8.12.4. Sistema de PAT de los inmuebles. En la Figura N° 8.43 se muestra el denominado ESQUEMA DE CONEXIÓN A TIERRA (ECT) tipo TT que es exigido para las IE de los inmuebles que se tratan en esta obra y en donde es posible observar la resistencia Ra que corresponde a la PAT del usuario y desde donde parte el cable de protección denominado **PE**; esta es la PAT de SEGURIDAD.

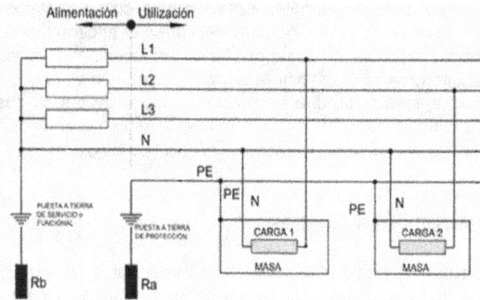

Fig. N° 8.43 ECT TT con una IE en funcionamiento normal

En la figura anterior se muestra este ECT en condiciones normales de funcionamiento (sin fallas), en la Figura N° 8.44 en cambio se muestra el mismo cuando ocurre una falla en la Carga N° 1, específicamente cuando hay una corriente eléctrica de cortocircuito a tierra. Se puede observar que el camino de la corriente eléctrica de falla **Id** circulará por el cable PE, la PAT (de seguridad: Ra) el terreno y la PAT (funcional: **Rb**).

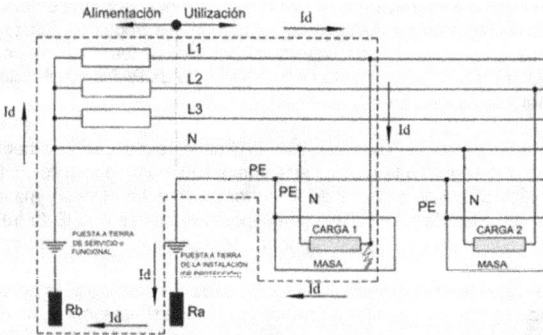

Fig. N° 8.44 ECT TT cuando la IE tiene una falla a tierra

Para que este sistema funcione correctamente es necesaria una distancia (10 x Re) entre ambas PAT (**Ra** y **Rb**) tal como lo muestra la Figura N° 8.45.

Esta distancia es función del diámetro del electrodo de PAT o jabalina y el largo de la misma. Por ejemplo:

*   Diámetro exterior: 14,6 mm (5/8")
    Largo: 1,5 m, Re= 3,20 m
    Largo: 3,0 m, Re= 5,40 m

- Diámetro exterior: 16,2 mm (3/4)
  Largo: 1,5 m, Re = 3,4 m
  Largo: 3,0 m, Re = 5.8 m

Debe quedar claro que el electrodo de PAT, **Ra** es el que se encuentra en el interior de la SET.

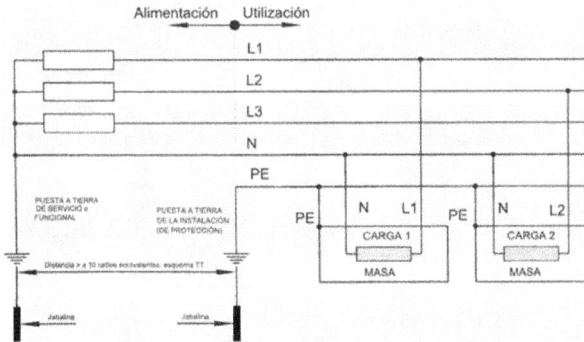

Fig. N° 8.45 Mínima distancia entre las PAT

8.13. RESISTENCIA DE PUESTA A TIERRA

8.13.1. Introducción. La resistencia de PAT en términos de electricidad es una resistencia eléctrica propiamente dicha, que es la propiedad que tienen los materiales de oponerse al paso de la corriente eléctrica.

En consecuencia la resistencia del sistema de PAT es la suma de las resistencias de los elementos componentes del mismo que se mencionaron en el ítem anterior. Este parámetro se mide en ohm y existen varios métodos para efectuar su determinación.

La importancia del valor que presente este parámetro radica en que, cuando se produce alguna de las fallas mencionadas, esa corriente eléctrica debe poder circular lo más fácilmente posible hacia tierra.

8.13.2. El terreno. La RESISTIVIDAD es la resistencia eléctrica específica de cada elemento y por ende el terreno presenta la suya. Esta es muy variable no solo a lo largo y ancho de nuestro país por las diversas características geográficas sino que, aun en una misma zona, puede tener una fuerte variación. Cuando se trata de grandes inmuebles se la mide antes de iniciar la obra a los fines de realizar el cálculo del sistema de PAT lo más ajustado posible.

Este parámetro varía no solo por las características propias del lugar sino también según el contenido de humedad del terreno (de acuerdo con las estaciones del año y a las napas). Otro parámetro importante es la agresividad que presenta el terreno hacia los materiales que estarán enterrados;

esto último se debe a la acción conjunta de las sales disueltas y el agua presente.

Cuando se trata de obras pequeñas se hace un reconocimiento del terreno y luego mediante la Tabla N° 8.1 se obtiene un valor. Los cálculos de los sistemas de PAT son siempre aproximados. La resistividad de los terrenos se mide en: ohm-m u ohm-cm. Su determinación se hace mediante un método denominado Wenner (cuatro electrodos), que la bibliografía específica explica. El símbolo utilizado habitualmente es la letra griega rho (ρ).

TABLA N° 8.1
RESISTIVIDADES TÍPICAS

TIPO DE TERRENO	VALOR MEDIO DE LA RESISTIVIDAD [ohm x m]
Pantanoso	30
Arcilloso, de greda, labrantío	100
Arena húmeda	200
Grava húmeda	500
Arena o grava seca	1 000
Rocoso	3 000

8.14. TECNOLOGÍA DE LA PUESTA A TIERRA

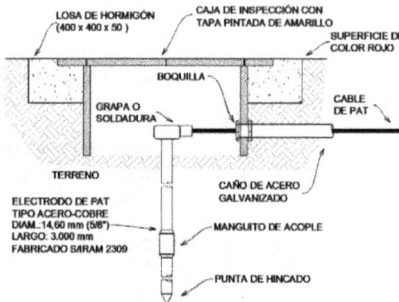

Fig. N° 8.46 Ejecución de una PAT simple

8.14.1. Introducción. Básicamente hay dos tipos de ejecuciones de los sistemas de PAT: simples y compuestas. Las primeras son aquellas formada por un solo electrodo o jabalina que se emplean en general en las IE tratadas (Figura N° 8.46).

Las segundas, en cambio, pueden estar hechas con conductores (Figuras N° 2.2, 2.20 y 2.21) simplemente enterrados, placas de material conductor (cobre o hierro galvanizado), anillos formados por conductores soldados o bien combinaciones de conductores con jabalina, como pueden ser las denominadas mallas o los piquetes de tres jabalinas (Figura N° 8.47).

La ejecución de los sistemas de PAT requiere de la reunión de un diseño correcto, materiales adecuados, ejecución idónea y una posterior verificación.

Para determinados tipos de edificios la PAT propiamente dicha se puede hacer empleando electrodos de PAT (jabalinas) en número suficiente para obtener el valor deseado de resistencia; en cambio cuando se trata de grandes inmuebles se recurre a las denominadas mallas, queen general se construyen,

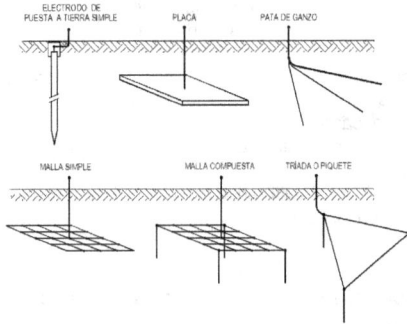

Fig. N° 8.47 Distintas ejecuciones de los sistemas de PAT

como muestra la Figura N° 8.47, con conductores de cobre y electrodos de PAT (jabalinas). La unión entre estos componentes se hace mediante la utilización de soldaduras exotérmicas, grapas fijadas a presión o con tornillos.

La superficie ocupada, el largo de los conductores y el número de electrodos de PAT (jabalinas) se determina mediante un cálculo establecido en las normas IRAM o IEEE.

La Figura N° 8.46 muestra cómo se realiza una PAT simple empleando una jabalina como la del esquema de la Figura N° 2.88.

En el caso de emplear malla y jabalina la misma se conecta a la IE mediante un cable, que pasa por una caja de medición (Figura N° 2.94) como lo muestra la Figura N° 8.48, en donde es posible separar en forma temporaria la PAT y hacer mediciones para verificar su valor.

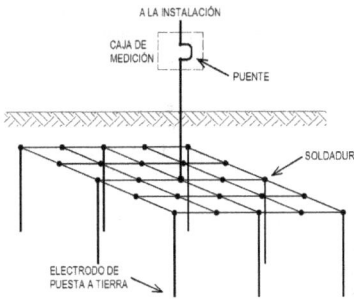

Fig. N° 8.48 Malla de PAT con su caja de medición

6.14.2. Conductores y cables.

Las masas de los diversos componentes de las IE, así como la de los elementos conectados a ellas, se vinculan entre sí mediante los cables de protección PE.

Las conexiones se realizarán en un punto de cada elemento fijado expresamente para ello, de modo que no sea removible cuando se deba trabajar en el lugar.

Este cable PE no debe ser cortado a lo largo de su recorrido; para hacer las conexiones a otros equipos es necesario hacer derivaciones del mismo.

El o los cables PE deberán recorrer inexorablemente toda la IE para realizar las conexiones antes mencionadas y a su vez se deben conectar a la PAT través de la correspondiente barra de equipotencialidad principal, o a la barra de PAT, o al borne del TE principal, según corresponda de acuerdo con el tipo de construcción.

El cable de protección (PE) debe ser de cobre, fabricado y ensayado según la norma respectiva, y cuyo aislamiento deberá ser de color amarillo y verde.

Solamente en el caso de la interconexión de los componentes de los sistemas de BPC se puede utilizar un conductor de cobre ("cable desnudo") (Figura N° 8.51).

La sección de los cables utilizados como cable de protección (PE) en la IE deberán tener las secciones indicadas en la Tabla N° 8.2, siendo la mínima de 2,5 mm².

TABLA N° 8.2
SECCIONES MÍNIMAS DE LOS CABLES O CONDUCTORES
DE PUESTA A TIERRA

SECCIÓN NOMINAL DE LOS CABLES DE LAS LÍNEAS DE LA IE [mm²]	SECCIÓN NOMINAL DEL CABLE DE PROTECCIÓN Y DEL DE PAT [mm²]
$S \leq 16$	S
$16 < S \leq 35$	16
$S > 35$	$0,5 \times S$

8.15. CONEXIÓN EQUIPOTENCIALIZADORA

Los edificios en general y en particular los de ciertos tamaño, no solo cuentan con los elementos propios de las IE que a través de sus masas puedan conducir una corriente eléctrica sino que existen otros elementos, como cañerías de agua, gas, guías de los ascensores, conductos de los sistemas de aire acondicionado, escaleras, rampas, la propia estructura del mismo, etc., que también lo pueden hacer y que se denominan MASAS EXTRAÑAS.

El shock eléctrico de las personas se origina cuando la misma queda sometida a una diferencia de tensión, que se puede establecer entre las masas de los componentes de la IE o de algún equipo conectado a ella que la haya adquirido por una falla y algún otro elemento, como puede ser una masa extraña.

Cuando se establece una tensión entre una masa de los componentes de la IE y una cañería por ejemplo, esto ocurre porque esta última no está PAT, es por eso que se deben interconectar todos los tipos de masas a los fines de que no se presenten tensiones entre los distintos elementos conductores.

El tema adquiere mayor importancia cuando se involucra el sistema de pararrayos, ya que al circular la elevada corriente eléctrica que se produce como consecuencia de una descarga atmosférica se dan dos fenómenos: 1) que entre el conductor de bajada y otra masa (de las nombradas que no sean de la IE) puedan aparecer arcos disruptivos, y 2) que la corriente eléctrica que circula desde el captor hasta el sistema de PAT puede inducir tensiones en algunas masas que ofrezcan un circuito de material conductor cerrado o sea un bucle cerrado (por ejemplo: una reja o una ventana).

La forma de evitar esto es que todas las masas, sean de los elementos de las IE o del propio edificio se interconecten y a su vez se conecten a un sistema de PAT.

Esquemáticamente ello se aprecia en la Figura N° 8.49 y N° 8.50.

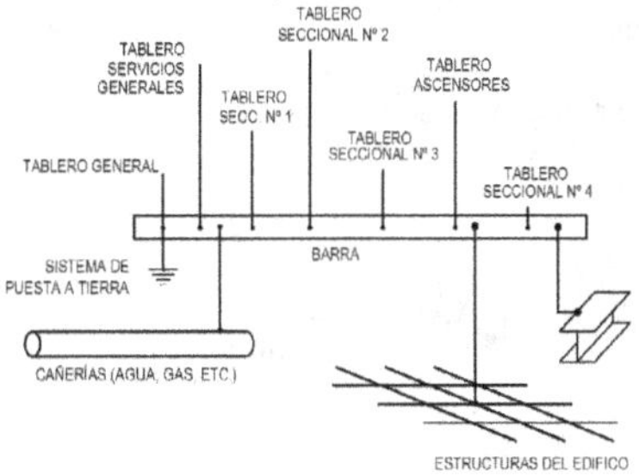

Fig. N° 8.49 Barra de equipotencialización

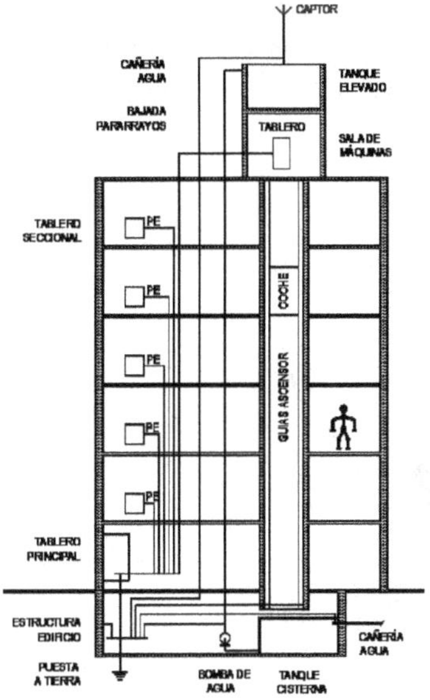

Fig. N° 8.50 Equipotencialización en un edificio

8.16. PUESTA A TIERRA DE LOS SISTEMAS DE BANDEJAS PORTACABLES

Se ha elegido este sistema de canalización para ejemplificar sobre la PAT y equipotencialización a la vez, por ser un sistema que puede llegar a estar compuesto con muchos y variados componentes y que además generalmente atraviesa gran parte de los inmuebles, por lo cual adquiere cierta importancia.

Todos los componentes de un sistema de BPC deben estar conectados al sistema de PAT, por eso es necesario tender junto a ellos un conductor o un cable al cual conectarlos mediante grapas o terminales adecuados. Expresamente se prohíbe utilizar los distintos elementos metálicos como parte de la PAT (Figura N° 8.51).

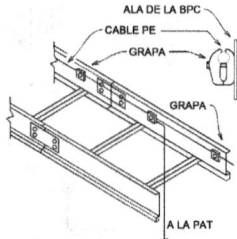

Fig. N° 8.51 PAT de BPC

MOTORES ELÉCTRICOS

9.1 INTRODUCCIÓN

Los motores eléctricos (ME) son los que llevan a cabo las transformaciones de la energía eléctrica en mecánica para accionar a los distintos equipos. En los sistemas productivos o de servicio constituyen el consumo predominante de la energía eléctrica (aproximadamente el 85 %) que no es el caso de las IE tratadas.

Las IE de los inmuebles también deben alimentar ME que no tienen la misma potencia que los anteriores pero si importancia funcional.

9.2. PRINCIPIO DE FUNCIONAMIENTO

Desde el punto de vista del principio de funcionamiento, los ME de corriente alterna que se tratarán a continuación, son los asincrónicos de inducción.

La teoría sobre la cual se basa su funcionamiento se ha desarrollado en el libro *Máquinas eléctricas,* del Prof. M. A. Sobrevila, publicado por esta misma editorial. En lo que sigue, cuando se haga referencia a ME queda sobreentendido que se habla de este tipo de máquinas, señalando además que los ME de corriente continua no tienen aplicación en los tipos de IE tratados en esta obra, salvo que se encuentren formando parte de algún tipo de equipo conectado a ella.

9.3. TIPOS

Dentro del principio de funcionamiento de los ME antes enunciados hay dos tipos: trifásico (Figura N° 9.1) y monofásicos (Figura N° 9.2); cada uno de ellos tiene una forma de alimentación, constructiva y funcional distinta, lo cual deriva en su forma de controlarlo y protegerlo.

Fig. N° 9.1
ME trifásico

Fig. N° 9.2
ME monofásico

En las viviendas, locales y oficinas utilizan los ME del tipo monofásico y son los que impulsan a los electrodomésticos en general, aunque no es excluyente; en los edificios que contienen el agrupamiento de las anteriores se encontrarán los que corresponden a los SERVICIOS GENERALES: sistema de agua, bombas de desagote, ascensores, rampas, etc., que en general son trifásicos.

Los ME monofásicos usados en los electrodomésticos tienen diversos tipos constructivos. Se los suele denominar también como "motores fraccionales", haciendo alusión a que su potencia es una fracción de la unidad utilizada para expresar la potencia de los ME que en general es el KW o el CV.

Los ME monofásicos pueden ser: de bobinado auxiliar con o sin condensador, de espira en cortocircuito y universales. Los primeros tienen potencias entre 0,25 y 2 CV y los otros hasta 300 W.

9.4. MOTOR ELÉCTRICO TRIFÁSICO

Los ME trifásicos constan básicamente de un estator y un rotor, este último puede ser del tipo en cortocircuito o bien bobinado. En la Figura N° 9.1 se muestra el aspecto exterior de uno del primer tipo, donde el estator es la parte fija que tiene incorporados los bobinados. La cantidad de bobinas depende de la velocidad nominal que tenga el ME; en general los que más se emplean son los de 1 500 rpm, que tienen en este caso cuatros bobinas. En cuanto al rotor es del tipo con rotor en cortocircuito. En cambio si el rotor es del tipo bobinado tienen tres bobinas, las que se conectan con la parte fija por medio de adecuados anillos rozantes sobre los cuales hay escobillas para que pueda circular la corriente eléctrica. Estos últimos ME tienen menores posibilidades de aplicación en los edificios, aunque se pueden llegar a encontrar en las máquinas destinadas a impulsar a los ascensores.

En la primera de las figuras anteriores se puede ver a la izquierda la CAJA DE CONEXIÓN conteniendo la placa de bornes, donde finalizan las puntas de las bobinas del estator, en la parte superior un cáncamo para izar y la base para su fijación.

La Figura N° 9.3 permite apreciar la disposición de los bobinados respecto de los bornes de la caja de conexión y las dos posibilidades de conectar a los mismos.

Los ME tienen fijado a su carcasa una chapa en la cual están grabados los datos eléctricos y mecánicos del mismo que se llama CHAPA CA-RACTERÍSTICA. En la misma figuran datos tales como: tensión nominal, corriente eléctrica nominal, par no-minal, etc. Los datos que figuran en esta chapa están fijados por la nor-ma respectiva.

En la Tabla N° 9.1 se muestra un resumen de los distintas varie-dades de ME y sus características fundamentales.

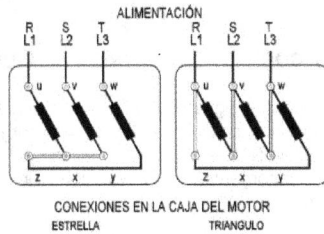

CONEXIONES EN LA CAJA DEL MOTOR
ESTRELLA   TRIANGULO

Fig. N° 9.3 Esquema de conexiones de la bornera de un ME trifásico

9.5. UTILIZACIÓN

Los ME están destinados a impulsar equipos (bombas, compresores, etc.) a través de acoplamientos o formando parte de los mismos (electrobombas, ventiladores, etc.), en consecuencia tienen una cierta potencia mecánica que se refleja en potencia eléctrica y es la que le debe suministrar la IE.

La potencia de un ME se expresa en generalmente en CABALLO VAPOR (CV) aunque está arraigado en nuestro país utilizar el CABALLO DE FUERZA, que corres-ponde al HORSE POWER del sistema inglés (HP).

Las relaciones entre ambos son:

$$1,00 \text{ CV} = 736 \text{ watt} \quad \text{y} \quad 1,00 \text{ HP} = 746 \text{ watt} \qquad (9.1)$$

$$1,36 \text{ CV} = 1 \text{ kW} \quad \text{y} \quad 1,34 \text{ HP} = 1 \text{ kW} \qquad (9.2)$$

A partir de la potencia mecánica (por ejemplo en CV) y conociendo el ren-dimiento del ME, la potencia eléctrica absorbida de la red se determina con la sencilla expresión:

$$\text{Potencia eléctrica} = \frac{736 \times \text{potencia mecánica}}{\text{Rendimiento}} \quad [\text{W}] \qquad (9.3)$$

Cuando se trata de un grupo de ME hay que considerar que la POTENCIA TOTAL INSTALADA es la suma de las potencias en kW de cada uno de ellos, en cambio la POTENCIA TOTAL CONSUMIDA, es la anterior multiplicada por el FACTOR DE SIMULTANEIDAD. Este factor es la relación entre la cantidad de ME que funcionan a un mismo tiempo y la total. Este último factor, es menor que uno.

Una vez determinada la potencia eléctrica consumida por el ME o un conjunto de motores, expresada en watt, se obtiene la corriente eléctrica consumida correspondiente. Ello permite determinar:

- la sección del cable necesario para la alimentación,
- la corriente eléctrica nominal de los aparatos de maniobra,
- el calibre o ajuste de la protección.

9.6. CORRIENTE ELÉCTRICA CONSUMIDA

Lo que sigue es una aplicación para los ME de la forma de calcular la corriente eléctrica consumida por una carga eléctrica en general, que se vio en el Capítulo N° 6 –Circuitos eléctricos–.

La corriente eléctrica que toma un ME monofásico se calcula de la siguiente manera:

$$I = \frac{P}{U \cos\varphi} \qquad (9.3)$$

En este caso U es la tensión monofásica cuyo valor es 220 V y es la que se toma entre un conductor o cable vivo y el neutro.

En un ME trifásico la intensidad de la corriente eléctrica tomada por cualquier conductor o cable vivo está dada por la expresión:

$$I = \frac{P}{\sqrt{3}\ U \cos\varphi} \qquad (9.4)$$

Siendo en ambos casos:
P: Potencia eléctrica del motor [watt]
U: Tensión entre conductores [volt]
cos φ: Factor de potencia del motor
I: Intensidad [ampere]

Al ser trifásico requiere que la red sea trifásica trifilar, sea de tres conductores o cables vivos; y en ese caso, entre los mismos la tensión U es de 380 V.

En las Tablas N° 9.1 y 9.2, se han reunido una serie de datos generales sobre los ME, que permiten usar las fórmulas citadas anteriormente, conocer directamente la corriente eléctrica tomada de la línea así como otros parámetros de los mismos relacionados con su montaje y funcionamiento. Dichos datos son recopilación de diversos antecedentes, y sirven como guía.

Un aspecto muy importante de los ME es el valor de la corriente eléctrica de arranque, la cual depende del método que se emplee; en el caso de que se lo haga en forma directa o a plena tensión la misma tendrá un valor entre seis y ocho veces la nominal. Existen otras formas de hacerlo arrancar que luego se verán.

Esta sobrecorriente tiene su influencia en la sección de los cables y en la regulación de las protecciones.

TABLA Nº 9.1
TIPOS DE MOTORES ELÉCTRICO MÁS COMUNES
Y SUS PRINCIPALES CARACTERÍSTICAS

TIPO	VELOCIDAD	CUPLA DE ARRANQUE	CORRIENTE DE ARRANQUE	PRINCIPALES USOS
Trifásicos rotor jaula	Casi Constante	Baja	Alta	Generales. Máquinas herramientas. Ventiladores grandes. Bombas centrífugas
Trifásicos rotor bobinado (con anillos)	Ajustable, pero con mal rendimiento	Alta	Baja	Grúas. Elevadores. Compresores a émbolo. Mecanismos pesados
Monofásicos asincrónicos	Casi Constante	Baja	Baja	Ventiladores. Lavarropas
Monofásicos asincrónico con condensador	Casi Constante	Alta	Baja	Heladeras. Compresores de aire. Mecanismos pesados. Acondicionador de aire individual
Monofásicos serie (universales)	Variable con carga	Alta	Alta	Aparatos domésticos: aspiradora, enceradora, licuadora, batidora.

TABLA Nº 9.2
MOTORES TRIFÁSICOS ASINCRÓNICOS CON ROTOR EN JAULA DE ARDILLA

POTENCIA		CORRIENTE		VELOCIDAD	RENDIMIENTO	cos φ
CV	Kw	NOMINAL [A]	ARRANQUE X_n	r p m	%	--
0,50	0,37	1,09	4,4	1390	74	3,70
0,75	0,55	1,43	7,0	1440	75	0,79
1	0,75	1,92	6,5	1415	76	0,92
1,5	1,9	2,75	5,5	1440	77	0,79
2	1,50	3,37			90	0,94
3	2,20	4,91	7,5	1420	93	0,92
4	3,00	6,42			94	0,95
5,5	4,00	9,45		1430	96	0,94
7,5	5,50	11,9	7,3		99	0,95
9	7,50	15,1	7,5	1470	99	0,95
15	11,00	22,9	7,0		90	0,94
20	15,00	30,30	6,0	1460	91	0,93
25	19,50	36,50	7,5	1470	92	0,94
30	22,00	42,40		1475	92	0,96

NOTA:
Estos datos corresponden a valores nominales considerando:
- tensión nominal: 380 V,
- velocidad nominal: 1500 rpm,
- grado de protección mecánico: IP55,
- frecuencia: 50 Hz,
- sistema de arranque: directo,
- el rendimiento y el coseno fi se han tomado al 90% de la potencia nominal.

9.7. CARACTERÍSTICAS DE LOS MOTORES ELÉCTRICOS

Las placas de características de los ME señalan cuáles son sus condiciones nominales de funcionamiento, que es el conjunto de prestaciones para las cuales ha sido diseñado, y se dan con una cierta tolerancia. Las normas han clasificado a los ME según sus principales cualidades, y la industria los produce conforme a ello.

De acuerdo con el ciclo de trabajo que han de realizar se pueden encontrar los destinados a SERVICIO CONTINUO, SERVICIO TEMPORARIO Y SERVICIO INTERMITENTE.

En términos generales estas diferenciaciones se basan en cuestiones relacionadas con el estado térmico, más específicamente cómo evacuan el calor generado durante su funcionamiento. Los primeros pueden funcionar indefinidamente, los segundos y terceros en forma intermitente, pero los temporarios alcanzan en sus períodos de reposo la temperatura ambiente, tal como lo señalan las normas IRAM.

La norma IRAM titulada GRADOS DE PROTECCIÓN MECÁNICA PROPORCIONADOS POR LAS ENVOLTURAS DE EQUIPOS ELÉCTRICOS N° 2 444, establece los grados de protección mecánica de los equipos eléctricos en general.

La clasificación se hace con las siglas IP, seguidas de dos dígitos, el primero de ellos, X, se relaciona con la protección contra el ingreso de los cuerpos sólidos y el segundo con los líquidos. Por ejemplo: IP55.

9.8. CONTROL Y PROTECCIÓN

Para que los ME puedan cumplir con las exigencias impuestas por los equipos mecánicos acoplados y no se dañen se los debe conectar, controlar y proteger adecuadamente, para ello son necesarios ciertos dispositivos apropiados, como algunos de los mostrados en el Capítulo N° 3 –Aparatos de las IE –.

Los elementos que permiten controlar y proteger a los ME se alojan en un TE, que está alimentado por una canalización eléctrica desde un tablero general o seccional y desde donde parten otras para la alimentación, para el propio ME, otra para los distintos elementos de censado (límites de carrera, flotantes, presostatos, termómetro, etc.) o bien para los elementos de comando (pulsadores, interruptores remotos, etc.), que es la de control.

La Figura N° 9.4 muestra un circuito de comando y protección que más adelante se describirá.

9.9. ARRANQUE DE LOS MOTORES ELÉCTRICOS TRIFÁSICOS

Los ME trifásicos con rotor en cortocircuito al ser conectados a la IE para su funcionamiento demandan la denominada CORRIENTE DE CONEXIÓN, la cual es mucho mayor que la CORRIENTE NOMINAL O ASIGNADA del mismo. Este fenómeno en los ME monofásicos pequeños no es de mucha importancia.

En cuanto a los métodos de conectar a la IE un ME trifásico, los mismos pueden ser dos: en forma directa o a PLENA TENSIÓN (de la red) y a TENSIÓN REDUCIDA (cuando se reduce el valor de la tensión que se le aplica en el momento de la conexión).

9.9.1. Arranque a plena tensión o arranque directo. Se entiende como método de arranque a plena tensión o directo cuando al ME se lo conecta mediante los dispositivos adecuados directamente a la IE (Figura Nº 9.4). A la izquierda se muestra el circuito trifilar o de fuerza motriz y a la derecha el circuito funcional.

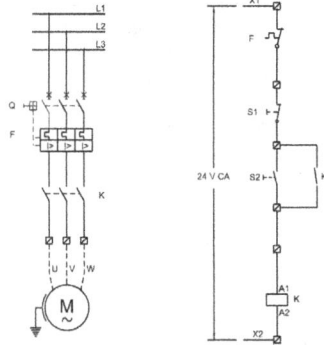

Fig. Nº 9.4 Esquema con el circuito de comando control y protección

Este sistema se puede utilizar si la carga acoplada mecánicamente lo admite, porque significa la aplicación de un esfuerzo (par de arranque) mecánico importante para la misma.

Es el método más simple; la corriente eléctrica de arranque se evalúa en función de la nominal y varía aproximadamente entre seis y ocho veces aproximadamente. En la Tabla Nº 9.2 se dan datos característicos de los ME y entre ellos hay una columna destinada a estos valores.

La importancia de este tema radica en que la corriente eléctrica de conexión al ser elevada produce una caída de tensión importante en la IE durante el tiempo que dura el arranque; la misma se manifiesta en los sistemas de iluminación haciéndole decaer el flujo emitido por las lámparas incandescentes y pudiendo apagar a las lámparas de descarga. También se manifiesta en televisores y computadoras. Estas razones implican la necesidad de prestar la debida atención al tema.

La caída de tensión en los bornes del ME debe ser como máximo el 10 % de la nominal en funcionamiento normal y del 15 % durante el período de arranque.

Existen regulaciones por parte de algunas empresas distribuidoras de la energía eléctrica al respecto, limitando la potencia de los ME que arrancan en forma directa.

Otra repercusión importante de esta corriente de conexión es su incidencia sobre la regulación de las protecciones, ya que al ser un valor elevado puede llegarse a valores cercanos a la corriente de cortocircuito disponible en el lugar.

9.9.2. Arranque a tensión reducida. Existen diversas formas constructivas, la más simple es la llamada ESTRELLA-TRIÁNGULO, otras pueden ser: empleando resistencias estatóricas, mediante transformador de arranque y con dispositivos electrónicos como lo son los denominados "arrancadores suaves".

A continuación se tratará solamente el primer método por ser el más probable de encontrar en las IE que estamos tratando.

Este método de arranque también puede ser automatizado, sobre todo cuando se trata de potencias importantes, para lo cual se requiere el empleo de contactores y dispositivos auxiliares como temporizadores, luces de señalización, etc.

9.9.2.1. Arranque estrella-triángulo. Es el procedimiento de arranque a tensión reducida más simple y se aplica para ME a partir de una determinada potencia, la cual debe estar de acuerdo con las características de la IE a la que se conectará.

Constructivamente se pueden tener tres disposiciones para este método: una es la clásica del tipo electromecánico automático, electromecánico manual y de estado sólido. Las consideraciones funcionales que se hagan son idénticas para todos.

El sistema consiste en suministrarle alternativamente dos tensiones a los bobinados del estator mediante una apropiada conmutación.

Las conexiones en los bornes de la caja de conexión para un caso y para el otro se pueden ver en la Figura N° 9.3.

La conmutación entre estas dos formas de conectar los bornes de los bobinados del estator se puede hacer automáticamente mediante el empleo de contactores comandados por un adecuado circuito de control (electromecánico o electrónico) o bien mediante interruptores conmutadores manuales.

El ME trifásico destinado a ser arrancado mediante este método requiere que los extremos de las bobinas del estator sean accesibles en la placa de bornes dentro de la caja de conexiones. Otra característica se puede apreciar en la chapa característica, donde como tensión nominal se indica 220/380 V, lo cual significa la posibilidad de poder conectarlo a la red en estrella 3 x 380 volt o en triángulo 3 x 220 volt (Figura N° 9.3).

En cambio cuando la chapa característica dice 380/660 V, el ME puede funcionar en triángulo en una red que tenga 3 x 380 V y también en estrella con una red de 3 x 660 V.

Debe aclararse que no hay redes de 3 x 660 V, pero esto indica a su vez que el ME es apto para que pueda arrancar en estrella- triángulo.

Las bobinas del estator tienen sus terminales marcados con las letras normalizadas U V W para los PRINCIPIOS DE BOBINAS y X Y Z PARA LOS FINALES DE BOBINAS (Figura N° 9.3). Los terminales están en la PLACA DE BORNES dentro de la caja de conexiones, lugar en donde se conectan los cables destinados a proveerle la energía eléctrica necesaria.

En la Figura N° 9.3 se puede ver en forma separada las dos formas de conexión de los ME trifásicos a una red de corriente eléctrica alterna trifásica. En el caso de la izquierda en estrella y en la derecha en triángulo. En ninguno de los casos se emplea el neutro, aunque sí se debe conectar la carcasa al sistema de PAT en el borne dispuesto para ello.

Este tipo de arranque consiste en poner en marcha el ME conectándolo en estrella y una vez que arrancó, al cabo de un cierto período de tiempo de conectado y cuando alcanzó su marcha estable, se lo pasa a triángulo, quedando así en funcionamiento para el uso previsto.

Cuando el ME está conectado en estrella la tensión aplicada a cada bobina es de 220 V y cuando está conectado en triángulo 380 volt.

Con este artificio, se consigue aplicar una tensión 1,73 veces menor en el momento de arranque, disminuyendo de esta manera la corriente de arranque; es solo dos veces la nominal, con lo cual se minimiza el efecto producido a la red de BT antes mencionadas.

La corriente inicial de arranque en ese momento se reduce al 59 %. Si se estima que el mismo tiene una corriente eléctrica de arranque de 6 In, la corriente eléctrica de arranque inicial será:

$$Iarr\ inicial = 6 \times In \times 0,5773 = 3,46\ A$$

El par motor es función del cuadrado de la tensión aplicada, por tal causa la misma en el momento del arranque es el 33,33% de la nominal.

Conclusión: con este método se logra disminuir la corriente eléctrica de arranque, pero se sacrifica el par en ese momento. La Figura N° 9.5 muestra el circuito de FM y la Figura N° 9.6 el circuito funcional.

9.9.2.2. Sistema electromecánico manual.

En la Figura N° 9.7 se muestra el circuito de un arrancador estrella-triángulo de accionamiento manual, el cual es fabricado especialmente para esta función y se puede encontrar fácilmente en el mercado.

Su aplicación está reservada a ME de pequeña potencia con esporádicas puestas en marcha. A partir de la posición de reposo (0), accionando el interruptor conmutador a la posición Y los bobinados del ME se conectarán a la red en estrella y luego de un cierto tiempo (cuando el mismo haya alcanzado una cierta velocidad

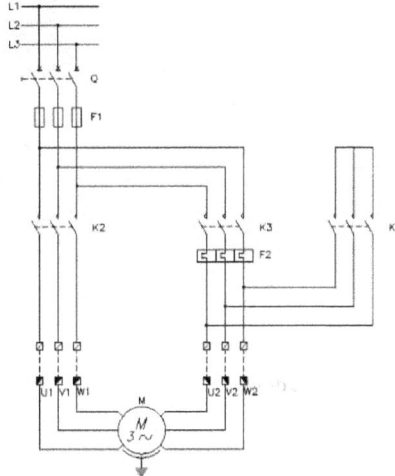

Fig. N° 9.5. Esquema de fuerza motriz trifilar de una ME con arranque estrella-triángulo

estable, lo cual debe ser apreciada por el operador) se accionará nuevamente el interruptor conmutador llevándolo a la posición D. En esta última posición los

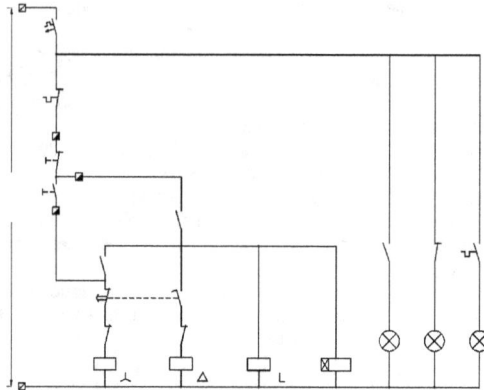

Fig. Nº 9.6. Esquema con el circuito funcional de un arranque estrella-triángulo

bobinados pasarán a estar conectados en triángulo, permaneciendo de esta manera durante el tiempo de funcionamiento del equipo acoplado al mismo. En el circuito mostrado no se ha incluido la protección del ME *ex profeso*.

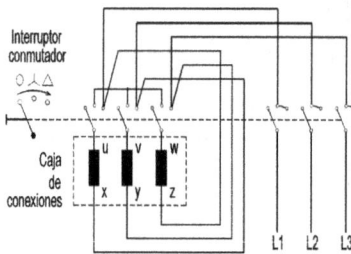

Fig. Nº 9.7 Esquema de conexión de un interruptor manual estrella-triángulo

9.9.3. Sistemas de estado sólido. En este caso puede haber variantes constructivas. Para ciertas potencias hay arrancadores estrella-triángulo de estado sólido que se presentan como una sola unidad, que incluye las protecciones.

Otra de las formas lo constituyen los equipos de arranque a tensión reducida denominados "arranques suaves" o "arranques progresivos". Estos últimos permiten hacer el arranque con alto par arranque y baja corriente de arranque. El empleo de estos sistemas en general no se aplica en los inmuebles.

9.10. INVERSIÓN DE MARCHA DE LOS MOTORES ELÉCTRICOS TRIFÁSICOS

Una posibilidad que presentan los ME es la de invertir el sentido de giro. La Figura Nº 9.8 muestra el circuito de fuerza para realizarlo y la Nº 9.9 el circuito funcional del mismo.

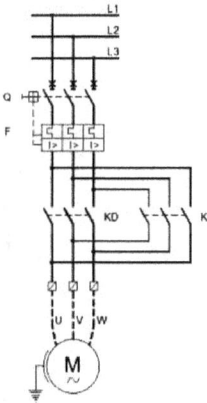

Fig. N° 9.8. Esquema de un circuito de FM para la inversión de marcha

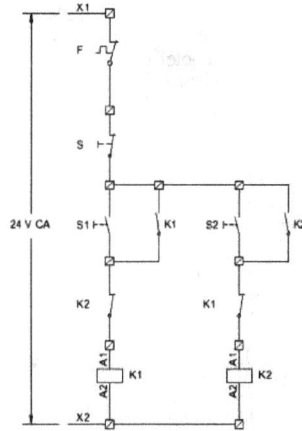

Fig. N° 9.9. Esquema funcional de un circuito de control para la inversión de marcha

9.11. PROTECCIÓN

Los ME requieren dos tipos básicos de protecciones: por cortocircuito (que pueda ocurrir en sus bobinados o en los cables de su alimentación) y por sobrecarga, las que se pueden completar con otras como: falta de fase, subtensión, sobretensión y puesta a tierra. Para hacer estas últimas protecciones se necesitan ciertos relés o dispositivos especialmente diseñados. Las dos primeras de las protecciones mencionadas necesitan, para el caso de cortocircuito: fusibles y guardamotores magnéticos y para el caso de las sobrecargas: relés de sobrecarga y guardamotores termomagnéticos.

Todos estos dispositivos de protección están necesariamente relacionados con los contactores.

Estas relaciones entre los distintos elementos de maniobra y protección se visualizan en los denominados esquemas funcionales, los cuales se diseñan de acuerdo con la forma en que ha de trabajar el ME y según su potencia. En la Figura N° 9.4 se aprecia el esquema de un arranque directo de ME trifásico y en las N° 9.5 y 9.6 el de un estrella- triángulo automático.

La utilización de los distintos tipos de aparatos de maniobras (contactores, interruptores, interruptores automáticos, etc.) y de protección disponibles (fusibles, guardamotores, relés automáticos, etc.) permite la realización de diversos esquemas de comando y control para el funcionamiento de un ME.

9.11.1. Protección contra cortocircuitos. Se emplea fusible o guardamotor magnético. En el caso de los primeros, son especialmente construidos y son del tipo **aM**. La corriente eléctrica nominal de estos fusibles puede tomarse para

ME motores trifásicos rotor en cortocircuito como: **3,0 x I_N**,donde I_N = corriente nominal del ME.

El guardamotor que es solamente magnético, cumple las mismas funciones que los fusibles.

9.11.2. Protección contra sobrecarga. Se puede realizar mediante el empleo de guardamotores termomagnéticos o bien con relés de sobrecarga, los cuales se pueden acoplar a los contactores o bien a un guardamotor magnético. Para ME con grandes potencias existes relés de protección que integran la de cortocircuito con sobrecarga y otras como las ya mencionadas anteriormente.

En el Capítulo N° 8 –Protecciones– se ha visto el principio de funcionamiento de los elementos básicos de protección y en la Figura N° 8.4 se han graficado las curvas que representan la actuación general de los mismos. En esta última figura se muestra la acción combinada de los relés de protección térmica (**1-0**) y magnética (**0-2**) para proteger un ME. La acción combinada de ambos se muestra mediante la zona sombreada.

Para el caso específico de los ME la gráfica equivalente es la mostrada en la Figura N° 9.10. Esta figura muestra la representación de los siguientes parámetros:

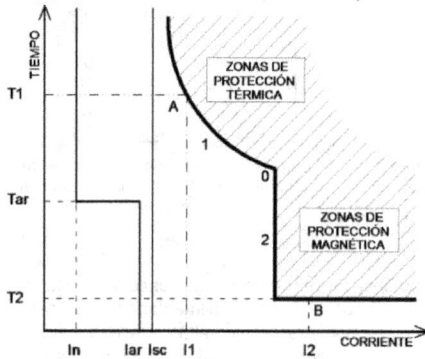

Fig. N° 9.10 Esquema de la actuación de las protecciones

- corriente eléctrica nominal (**In**),
- corriente de arranque (**Iar**)
- tiempo de arranque (**Tar**),
- corriente de una ligera sobrecarga (**Isc**) del orden del 5 al 10% (dependiendo del tipo de ME) que es normalmente posible que se establezca.

Las acciones combinadas de estas protecciones que se pueden dar:

- cuando la corriente eléctrica de funcionamiento (**I1**) sobrepase la línea que representa la de posible sobrecarga (**Isc**) e intercepte a la curva de la protección térmica (**0-1**) en el punto **A**, en cuyo caso el relé dará la señal de apertura al contactor, abriendo el circuito en un tiempo **T1**,
- si se produjese un cortocircuito la corriente eléctrica (**I2**) tomaría un valor mucho más alto que la de sobrecarga, tal que la línea que la representa intercepte a la curva de la protección magnética (**0-2**) en el punto **B**, con lo cual también dará la correspondiente señal de apertura al contactor haciéndolo desconectar el ME en el tiempo **T2**.

Cuando se hace arrancar un ME, el mismo toma una corriente arranque (**Iar**) que es de cinco a ocho veces la nominal, durante el tiempo de arranque (**Tar**), en consecuencia la regulación de los relés de protección debe ser tal que las curvas representativas de esta corriente de arranque (**Iar**) no intercepten a las de las protecciones (**1-0-2**).

Esta es la razón por la cual se emplean las protecciones combinadas, denominadas termomagnéticas y más específicamente cuando se trata de ME los guardamotores termomagnéticos, como los que se muestran en las Figuras Nº 8.34 y 8.35.

La parte de la protección magnética actúa en caso de cortocircuito, mientras que la parte térmica (bimetálica) acciona en caso de una sobrecarga poco pronunciada pero de larga duración, siendo en cambio insensible a una elevación pasajera de la corriente eléctrica.

9.12. TABLEROS PARA MOTORES ELÉCTRICOS

En el Capítulo Nº 3 –Aparatos eléctricos– se ha tratado el tema TE, haciendo una mayor referencia a los utilizados en la medición y distribución de la energía eléctrica en los edificios. A continuación se tratarán los que están destinados a ser utilizados para comandar y controlar los ME.

El tamaño de los aparatos de maniobra y protección de los ME son proporcionales a la potencia eléctrica de los mismos, por lo cual es posible encontrar una gran variedad de tamaños.

Para un ME de pequeña potencia eléctrica (1 a 5 CV) el comando se hace desde el frente del mismo TE, que tendrá como dimensiones máximas aproximadas unos 0,3 m de alto por unos 0,15 m de ancho, el cual se fija directamente a una pared o columna. A partir de estos valores de potencia y número de ME las dimensiones irán en aumento.

En general en los edificios destinados a viviendas colectivas o de propiedad horizontal el lugar más común en donde se puede encontrar más de un ME, es en el sistema de bombeo del agua potable cuyo esquema se puede apreciar en la Figura Nº 9.19.

Los ME utilizados para otros servicios como puede ser ascensores, rampas, etc. son únicos, con lo cual se refuerza lo dicho más arriba respecto de las características de los TE.

9.13. EJEMPLO DE UN CIRCUITO DE COMANDO

Los circuitos de comando o funcionales se han mostrado en las figuras anteriores, luego de los trifilares o de FM. A continuación se desarrollará la forma secuencial en que operan.

9.13.1. Arranque directo. En la Figura Nº 9.4 se muestra el esquema trifilar y funcional de conexión en forma directa de un ME trifásico **M** mediante la utilización de un interruptor automático del tipo guardamotor **Q** magneto-térmico y un contactor **K**.

Para iniciar la marcha, es necesario primero cerrar el IA **Q** y luego oprimir el pulsador de arranque **S2**. Las secuencias y acciones serán las siguientes a partir de que los contactos principales de **K** que están normalmente abiertos. Cuando oprimimos el pulsador de arranque **S2** de la botonera, se cierra el circuito auxiliar que alimenta la bobina del contactor **K**, la cual atrae su núcleo y cierra sus contactos principales poniendo en marcha el ME. El contacto auxiliar **K** del contactor se cierra manteniendo cerrado el circuito auxiliar, con lo cual los contactos principales de **K** se mantienen cerrados.

Si se oprime el botón de parada **S1** se abre este circuito y suelta el núcleo de la bobina del contactor, con lo cual se abren los contactos del contactor **K**, deteniéndose el ME.

Si durante la marcha del ME se sucediera una sobrecarga o un cortocircuito el guardamotor lo detecta y abre el contacto **F** y se produce la misma acción que si se oprimiera el pulsador de parada **S2**.

Si la tensión de la red falta, el circuito auxiliar no puede retener a la bobina del contactor **K**, con lo cual el mismo abre sus contactos principales y auxiliares, deteniéndose la marcha.

Se observa que este tipo de comando se puede hacer a distancia mediante el empleo de una caja para alojar a los dos pulsadores (**S1** y **S2**), estos últimos también pueden instalarse en el mismo gabinete o TE que contiene al guardamotor y al contactor.

En lugar de un guardamotor se podría haber utilizado: seccionador, fusibles y un relé de protección.

9.13.2. Arranque estrella-triángulo. En las Figuras Nº 9.5 y 9.6 se muestran el circuito trifilar y funcional de un arrancador estrella-triángulo del tipo automático para un motor trifásico asincrónico con rotor en cortocircuito.

Siendo la secuencia la siguiente: se cierra el interruptor **Q** (tensión de línea) y luego el **F5** (tensión de control), luego se presiona el pulsador **S2** que corresponde a marcha, con lo cual se energizan los contactores **K2** (línea) y el **K1** (conexión estrella) y el temporizador **KA1**.

La luz de señalización **H2** (indica motor parado) se apaga al abrirse el contacto **K2** y se enciende la **H1** (indica motor en marcha) al cerrarse el contacto **K2**. El motor inicia su marcha conectado en estrella.

Luego de transcurrido el tiempo preestablecido en el temporizador, se abre el contacto del mismo **KA1** desconectando el contactor **K1** que mantenía la conexión estrella, cerrando el contacto **KA1**, conectando el contactor **K3** correspondiente a la conexión triángulo triángulo. Se produjo la conmutación.

En caso de producirse una sobrecarga, la misma hace actuar al relé de protección **F2**, se abre el contacto **F2** con lo cual la marcha del ME se detendrá porque se desconectarán los contactores **K2** y **K3**, situación esta indicada por la luz de señalización **H3**, que es conectada a través del contacto **F2**.

Nótese cómo se utilizan otros contactos auxiliares para hacer un enclavamiento de seguridad.

La Figura Nº 9.7 muestra el esquema de funcionamiento de un interruptor conmutador del tipo manual para efectuar la conexión estrella-triángulo.

9.14. MONTAJE

La forma de montar los ME es de fundamental importancia para su correcto funcionamiento y su vida útil. Es por ello que deben estar firmemente fijados a sus bases y la conexión eléctrica debe hacerse en consecuencia porque los motores y sus equipos asociados siempre producen vibraciones que se transmiten a sus bases y a la conexión eléctrica, debiéndose adoptar las medidas del caso a los fines de evitar deterioros paulatinos, lo cual desembocará en la interrupción del servicio prestado por el equipo impulsado.

Los acoples con el mecanismo arrastrado son flexibles para subsanar las pequeñas imperfecciones naturales de montaje.

En cuanto a la fijación a su base o estructura del equipo impulsado, si los ME son pequeños se fijan directamente sobre la superficie deseada, apoyados sobre tacos de goma para reducir la vibración.

Los ME de mayores potencias se fijan sobre bases de hormigón, utilizándose dispositivos anti-vibratorios, los cuales se fabrican especialmente.

En cuanto a los cables de la conexión eléctrica, en general llegan hasta la proximidad de la caja de conexiones del ME mediante caños rígidos. Para el último tramo (aproximadamente 300 mm según el caso) se utiliza caño de acero flexible para que el conjunto formado por el ME y la carga impulsada no le transmitan vibraciones a la cañería eléctrica, evitando también el roce de los bordes de los componentes metálicos de esta última con el aislamiento de los cables, lo cual traería aparejado su deterioro.

Es importante tener presente que la carcasa del ME (de cualquier tipo) debe estar firmemente conectada al sistema de PAT asegurándose de un efectivo contacto del metal de esta con el terminal del cable, para lo cual de ser necesario debe quitarse la pintura en caso de no traer un tornillo para tales efectos. En el Capítulo N° 5 –Canalizaciones– en la Figura N° 5.41 se muestra la forma de acometer a un ME.

9.15. MOTORES ELÉCTRICOS MONOFÁSICOS

9.15.1. Introducción.
Encuentran su mayor empleo en los denominados electrodomésticos, pero también en otras aplicaciones domiciliarias tales como bombeadores, filtros para piscinas, hidrolavadoras, cortadoras de césped, etc.

9.15.2. Tipos constructivos
9.15.2.1. Los más empleados son los asincrónicos, cuyo esquema de conexiones vemos en la Figura N° 9.11, Tienen en su estator dos tipos de bobinados, uno de trabajo y otro de arranque. Este último está conectado en paralelo con el de trabajo y actúa solo en el momento del arranque.

Al conectar el motor, se energizan ambos bobinados, pero hay un interruptor montado sobre el eje en su interior que es accionado por la fuerza centrífuga adquirida por el mismo, de modo que se abre cuando la velocidad es suficiente desconectando al bobinado de arranque, con lo cual este último termina su misión y el motor marcha normalmente.

A los fines de fortalecer el par de arranque se conecta en serie con el bobinado de arranque un condensador.

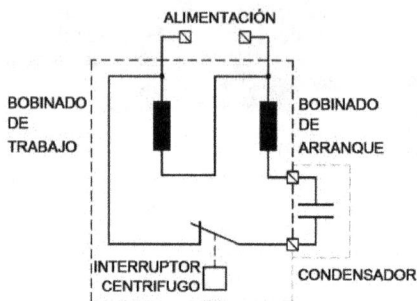

Fig. Nº 9.11 Esquema de un ME monofásico

9.15.2.2. Existen otros tipos constructivos que tienen su aplicación en electrodomésticos que requieren de menores potencias eléctricas.

9.15.3. Arranque. Los ME monofásicos siempre arrancan a plena tensión conectándolos en forma directa a la IE mediante algún dispositivo adecuado para ello.

La Figura Nº 9.12 muestra el circuito de conexión de un motor de este tipo. En este caso a través de un IA del tipo guardamotor trifásico, que oficia de protección del mismo.

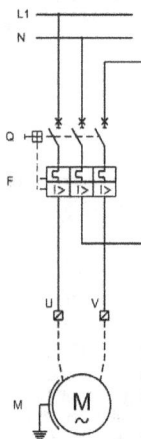

Fig. Nº 9.12. Esquema del circuito de un ME monofásico protegido por un guardamotor trifásico

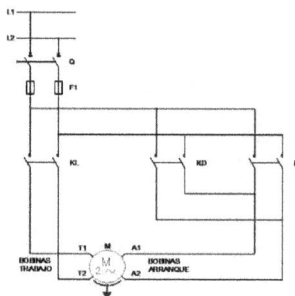

Fig. Nº 9.13. Esquema de un circuito de FM para la inversión de marcha de un ME monofásico

9.15.4. Inversión de marcha. Este tipo de ME no es tan común como en los trifásicos, pero de todas maneras hay aplicaciones que así lo exigen, para lo cual se puede recurrir a un circuito funcional que emplee contactores o bien a un simple interruptor tipo a levas de accionamiento manual. La Figura N° 9.13 muestra el esquema de fuerza de un circuito de este tipo y la siguiente N° 9.14 el circuito funcional empleando contactores.

En la Figura N° 9.15 se pueden ver las conexiones de un interruptor conmutador manual.

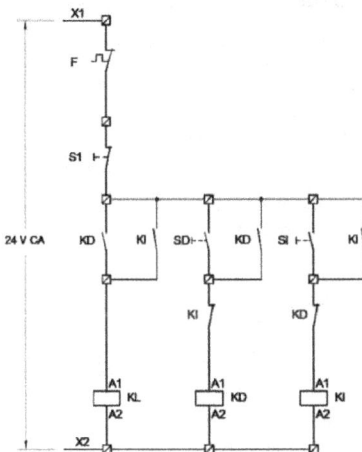

Fig. N° 9.14. Esquema de un circuito funcional de inversión de marcha de un ME monofásico

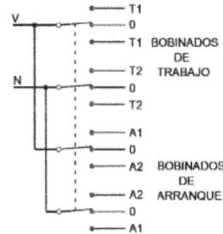

Fig. N° 9.15. Esquema de un circuito para la inversión de marcha de un ME monofásico

9.15.5. Protección. Este tipo de ME es distinto a la de los trifásicos. Con ellos se dan dos situaciones: los más pequeños forman parte de los equipos electrodomésticos y la protección puede estar incluida en estos, en cambio los de cierta potencia (0,33 a 2 CV) requieren de un circuito de alimentación monofásica de pequeños motores (APM) (Capítulo N° 6).

En el primer caso los ME tienen sondas que censan la temperatura de funcionamiento, la cual se elevará en caso de sobrecarga y en determinado momento lo desconectará. De producirse un cortocircuito será la protección del circuito de la IE al cual está conectado quien lo desconecte.

Para los del segundo tipo, la protección se hace como la de los trifásicos. En la Figura N° 9.16 se muestra la forma de protegerlo con un guardamotor.

Fig. N° 9.16 Guardamotor para un ME monofásico

9.16. PUESTA A TIERRA

Necesariamente todos los tipos y tamaños de ME deben ser conectados al sistema de PAT de la IE a la cual se conectan para alimentarlos. Desde todo punto de vista de la seguridad es el equipo eléctrico que más necesita esta conexión.

9.17. APLICACIONES DE LOS MOTORES ELÉCTRICOS

9.17.1. Introducción. A continuación, se tratarán los componentes más comunes que se acoplan a los ME. En lo que sigue no se han separado las aplicaciones de ME entre trifásico y monofásicos, porque depende de la potencia mecánica que requiere el equipo impulsado (en definitiva de la potencia eléctrica necesaria), es por ello que pueden ser de uno u otro tipo.

9.17.2. Compresores. Se pueden encontrar como una unidad independiente, acoplada a los ME o bien como los llamados motocompresores, en los que el ME está acoplado directamente al compresor propiamente dicho.

9.17.2.1. Usos. Es posible encontrarlos cumpliendo funciones tales como alimentador de cilindros neumáticos para la apertura y cierre de los portones de la cocheras, aerografía, aplicaciones artísticas en pequeña escala y usos en centros de atención médica como hospitales y sanatorios.

Se fabrican dentro de un rango de presiones y caudal, de modo que desde el punto de vista eléctrico encontramos compresores impulsados por ME pequeños del tipo monofásicos hasta trifásicos grandes.

En estos equipos se pueden distinguir tres partes fundamentales, a saber:

- Motor eléctrico.
- Compresor propiamente dicho, toma el aire ambiente y luego de filtrarlo lo comprime a una presión preestablecida.
- El tanque o pulmón: es el encargado de almacenar el aire comprimido a los fines poder disponer de él oportunamente.

Cuando se trata de redes de aire comprimido se utilizan componentes propios de estos sistemas como lo son los reguladores, los secadores, etc.

9.17.2.2. Funcionamiento. El ME impulsa al compresor cuyo pistón comprime el aire que luego es acumulado en el pulmón. Un manómetro indica la presión del aire en el interior de este último. El control de la presión en el interior del pulmón se realiza mediante un manómetro con contactos para el circuito eléctrico. Este último es usado para el arranque y parada del compresor cuando la presión del disminuye por debajo de un valor preestablecido o llegue al límite superior, también preestablecido respectivamente.

9.17.3. Bombas. Una bomba es una máquina destinada a impulsar un fluido en un sentido determinado, por lo cual debe ser provista de otra máquina que le suministre la energía mecánica necesaria para poder cumplir con esa función. Fundamentalmente se impulsan mediante el empleo de ME aunque también pueden ser motores de combustión interna, como en el caso de las bombas de los sistemas de extinción de incendios.

Existen distintos tipos de bombas de acuerdo con sus características funcionales, impuestas también por el fluido que debe impulsar.

Con respecto a los fluidos, solo nos ocuparemos del agua y con respecto al tipo constructivo de las bombas, a las del tipo centrífuga. En la Figura N° 9.17 se puede apreciar una con acoplamiento directo (llamada electrobomba) y en la Figura N° 9.18 otra bomba también acoplada a un ME mediante un dispositivo llamado manchón. El primer caso es para bombas de pequeña potencia y el segundo para las de mayor capacidad.

Fig. N° 9.17. Electrobomba centrífuga

Fig. N° 9.18 Conjunto de ME y bomba centrífuga

9.17.3.1. Usos. Tratándose de bombas centrífugas destinadas a impulsar agua, se emplean para:

- elevar agua en los edificios de propiedad horizontal,
- tomar agua de la red pública para hacerla llegar a las viviendas,
- piscinas,
- desagotar,
- extraer agua desde las napas subterráneas.

9.17.3.2. Tipos funcionales de bombas

9.17.3.2.1. Bombas elevadoras de agua: El tipo de bombas de agua utilizado por excelencia en los edificios, es la centrífuga, que tiene los siguientes componentes:

- impulsor (rodete, rotor o turbina), que impulsa el agua desde la boca central hacia la periferia. El agua al desplazarse, genera un vacío que origina la succión del líquido. El cuerpo de la bomba encauza al líquido hacia la boca de salida,
- reserva de cebado: acumula una cantidad suficiente de agua que al ser impulsada, comienza con la succión de la masa líquida.

Las bombas son accionadas por un ME, y constituyen un importante sistema de los edificios, sobre todo si se trata de aquellos de muchas unidades de viviendas. Se colocan en número de dos para funcionar alternativamente según se desee, y toman agua del tanque de bombeo o cisterna situado en el sótano o enterrado, impulsándola al tanque elevado ubicado generalmente en la parte más alta del edificio.

Los que tengan todas sus unidades ubicadas en la planta baja, podrán tomar directamente de la red distribuidora, pero los restantes, necesitan un sistema elevador y un tanque de reserva con capacidad para 24 horas de consumo.

En la Figura Nº 9.19 se muestra el esquema típico de un sistema de agua de un edificio de propiedad horizontal.

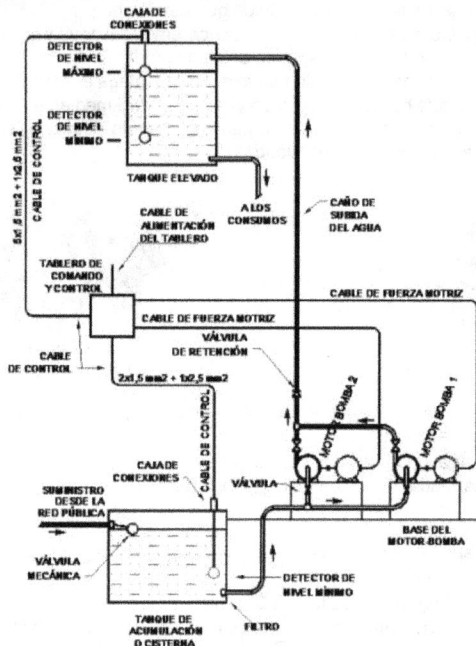

Fig. Nº 9.19 Esquema de un sistema de agua potable de un edificio

Desde el punto de vista eléctrico en el esquema del sistema es posible ver el TE de comando y control, que es alimentado desde el tablero general del edificio como una de las cargas que corresponden a los servicios generales. La Figura Nº 9.20 muestra el circuito funcional de este sistema.

Desde este TE se comandan los ME, pudiéndose seleccionar cuál esta en servicio y cuál de reserva. La Figura Nº 9.21 muestra el circuito de conmutación manual de las bombas. Existen dispositivos para alternar automáticamente las bombas a los fines de tener un desgaste parejo de las mismas o en caso de que una quede fuera de servicio.

El ME arrancará cuando el detector de nivel mínimo del tanque elevado llegue a esa posición y lo detendrá cuando se produzca alguna de las siguientes situaciones:

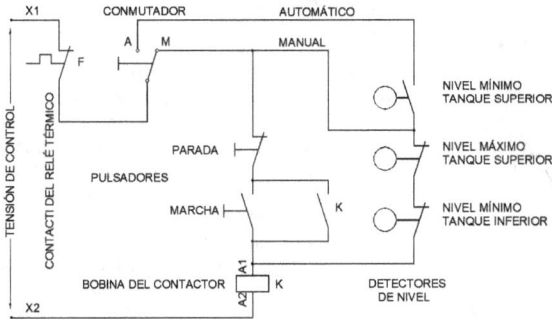

Fig. Nº 9.20 Esquema de un circuito funcional de un sistema de bombas

- el nivel del tanque superior llegue a su nivel máximo, lo cual indica que el tanque superior está lleno,
- el nivel del tanque de acumulación o cisterna llegue a un nivel mínimo preestablecido,
- el ME sufra una sobrecarga y actúe el sistema de protección.

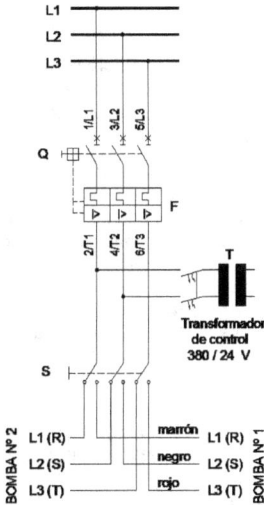

Fig. Nº 9.21 Esquema de un circuito para la conmutación manual de dos bombas

9.17.3.2.2. Bombas para el sistema cloacal. Se utilizan en los edificios en donde el nivel de las cañerías maestras o red cloacal está por encima de las del edificio.

9.17.3.2.3. Bomba de agua con tanque presurizado. Son centrífugas, con un tanque de acero o plástico, en forma de esfera o cilindro, con capacidades de entre 7 y 45 litros de acuerdo al modelo y fabricante (Figura Nº 9.22).

La bomba carga al tanque, que posee un diafragma de goma, sobre el cual hay aire a una presión superior a la atmosférica. El tanque es cargado y desde él se alimenta a la cañería del consumo, manteniendo una presión adecuada en las cañerías.

La bomba sólo trabajará cuando el nivel de agua y presión del tanque hayan caído por debajo del nivel pre-establecido.

Como el tanque que debe llenar es de una capacidad reducida trabajarán más veces al día durante ciclos muy cortos, en comparación con bombas que deben alimentar tanques de agua en altura.

Fig. Nº 9.22 Bomba con tanque de presurizado

El tanque sirve de depósito de agua, de manera que la bomba no tenga que trabajar cada vez que se abre un grifo.

Estas bombas son aplicadas para la presurización directa de cañerías de viviendas en barrios privados residenciales (country) o en casas de fin de semana alejadas de la ciudad, donde la presión del agua provista por la compañía del servicio de aguas puede ser baja o fluctuante de acuerdo con la estación del año.

Las bombas usadas para este sistema de bombeo pueden poseer ME trifásicos o monofásicos, siendo el modelo más difundido el de bomba monofásica con una potencia de ½ CV.

Estas bombas NO son indicadas para el llenado de tanques elevados ni bombeo de agua a plantas superiores. En el caso de viviendas de dos o más plantas se recurre a una bomba sin tanque presurizado que llene un tanque de capacidad más grande elevado por sobre el nivel de construcción.

Si se quisieran minimizar los efectos de la bomba en el servicio, bastará con construir una cisterna de agua, de aproximadamente una vez y media la capacidad del tanque presurizado.

9.17.3.2.4. Sistema de agua para piscinas. En estos sistemas, se pueden encontrar rasgos que comparten todas las bombas para esta aplicación. Los componentes que la conforman se describen a continuación.

Fig. Nº 9.23 Bombas sumergibles

• **Filtro de pelos.** Consiste en una trampa de pelos y hojas, encargada de retener residuos sólidos; posee una tapa transparente para visualizar el llenado de la misma.
• **Extremo líquido.** Se llama así a todas las partes de la bomba en contacto con el agua. Estas partes son, en todos los casos, de plástico. Este es un requisito con base legal ya que estos equipos son considerados artículos del hogar, y deben resguardar la seguridad de las personas.
• **El ME.** Debe ser blindado con protección mecánica de tipo IP 44, y debe contar con la puesta a tierra en todos los casos.

9.17.3.2.5. Bombas de desagote portátiles. Se utilizan para desagotar pozos u hondonadas en las cuales no es habitual la presencia de agua, como puede ser el caso que se suele presentar durante la realización de una obra ante una lluvia. Su diseño está acorde con la función y características de empleo, que generalmente es para casos de emergencia.

Son equipos que trabajan sumergidos en el agua. Se las hace descender mediante el empleo de cables de acero o cadenas acompañadas por el cable de la alimentación.

9.17.3.2.6. Bombas de desagote fijas. Son pequeñas bombas centri-fugas destinadas a lugares en donde se presume que se puede producir alguna pérdida de agua periódica o estacional que pueda acarrear problemas en deter-minados locales.

Su uso más extendido son los sótanos de los edificios en donde está el tanque de acumulación o cisterna de bombeo y las bombas de impulsión al tanque elevado.

9.17.3.2.7. Bombas de pozo profundo. Están destinadas a la extrac-ción de agua desde las napas subterráneas. Para su instalación primero se ejecuta una perforación hasta la napa de agua potable y luego se sumerge la bomba en ella (Figura N° 9.23).

Mediante un cable que llega a la superficie se la conecta a su respectivo TE. Utilizan ME trifásicos asincrónicos.

9.17.4. Medios de elevación

9.17.4.1. Ascensores. Si bien no es objeto de este texto la técnica de los ascensores, es necesario señalar al lector dos tipos de impulsión para los co-ches o cabinas de los ascensores.

El primero y más antiguo que podríamos denominar como "ELÉCTRICO", utili-za motor eléctrico, reductor, poleas, cables de acero y un contrapeso.

El segundo tipo, denominado "hidráulico", utiliza cilindros hidráulicos tele-scópicos. La conveniencia de la utilización de cada uno de estos tipos de-berá hacerse mediante la bibliografía especializada; recordamos que aquí solo se tratarán como una carga para el sistema eléctrico de los servicios generales del edificio.

9.17.4.2. Ascensores hidráulicos. El coche o cabina de este tipo de ascensores es impulsada por un cilindro hidráulico telescópico. El empuje se logra a través de un aceite especial impulsado mediante apropiadas bombas en el interior del cilindro telescópico, lo cual puede hacer subir o bajar al co-che o cabina.

En consecuencia desde el punto de vista eléctrico se alimentan los ME del sistema de bombas, la cual constituye una unidad denominada "central hidráulica".

El control del sistema en general (puertas, paradas, etc.) se hace eléctrica-mente, y puede ser de tecnología tradicional (límites y contactores auxiliares) o bien electrónico (sensores y computadora).

9.17.4.3. Ascensores eléctricos. Los ascensores son suministrados, montados y mantenidos por empresas dedicadas a este tipo de máquinas, siendo ellos los que diseñan el sistema de control y realizan la ingeniería co-rrespondiente.

En el diseño y cálculo de la IE de los edificios se debe tener en cuenta solo la alimentación con energía eléctrica a su TE desde el tablero de servicios ge-nerales, para lo cual es necesario conocer la potencia instalada.

El TE de los ascensores se ubica en la denominada "sala de máquinas", la cual es un recinto construido especialmente que se ubica generalmente en la terraza del edificio, en donde también se montan los equipos electromecánicos (motor, reductor, poleas, etc.)

Los Municipios cuentan con ordenanzas que establecen las condiciones o características constructivas de los principales componentes de un ascensor, a efectos de su correcto diseño funcional. También establecen la metodología y forma de realizar el mantenimiento de los mismos.

Para el Instalador electricista, el ascensor es un problema de potencia eléctrica, ya que la instalación y detalles deben estar a cargo de empresas especializadas.

9.17.4.4. Escaleras mecánicas. Las escaleras mecánicas toman potencias muy variables según su capacidad, la cual puede oscilar entre 4 000 y 9 000 pasajeros por hora. Las velocidades son del orden de los 30 metros por minuto, y las inclinaciones de 30°.

9.17.5. Aire acondicionado. Los sistemas de aire acondicionado y ventilación son denominados INSTALACIONES COMPLEMENTARIAS y están destinadas a proporcionar confort a los ocupantes de los distintos tipos de edificios; en nuestro caso nos referiremos a los de las IE tratadas solamente.

El tratamiento de este desde el punto de vista del diseño y determinación de las características necesarias para cada caso pertenecen al ámbito de la ingeniería mecánica y dentro de la misma a una especialidad: las INSTALACIONES TERMOMECÁNICAS.

Desde el punto de vista de la energía eléctrica el Instalador electricista será el responsable de que cada tipo de estos equipos tenga el suministro adecuado, para lo cual necesariamente debe conocer algunos aspectos funcionales elementales de los mismos, como puede ser forma de arranque, ciclo de trabajo, forma de montaje, número de equipos que funciona en forma simultánea, etc. La aplicación de nuevas y renovadas tecnologías conduce a que periódicamente se produzcan cambios importantes.

A continuación se describirán en forma breve los distintos tipos de equipos habituales en los ámbitos antes mencionados, separando los equipos de aire acondicionado de los de ventilación.

9.17.5.1. Sistemas de aire acondicionado. Son montajes complementarios a los que se les debe proveer la energía eléctrica. Tales mecanismos están destinados a crear una atmósfera que proporcione el máximo bienestar a las personas.

Es así como es posible distinguir dos tipos básicos de equipos: lo del tipo central destinado a grandes ambientes y también a viviendas de gran superficie y los individuales destinados a un solo ambiente.

Con diferencias constructivas ambos tipos toman el aire exterior o interior, lo filtran, lo secan y lo enfrían o calientan según las necesidades y luego se devuelve al ambiente al cual sirven. Los componentes básicos son: el compresor, el o los ventiladores de impulsión y los dispositivos de control (termostatos).

Los de mayor envergadura cuentan con sistemas intercambiadores de calor mediante agua (torres de enfriamiento), lo cual a su vez requiere de otros componentes auxiliares (bombas, válvulas, detectores de nivel, etc.).

9.17.5.2. Equipos centrales. La utilización de sistemas de aire acondicionado central es una determinación hecha por los especialistas del tema y responde a condiciones ambientales determinadas por el tipo de edificio que las contendrá, las actividades desarrolladas en él (viviendas, locales comerciales, oficinas, etc.) y también dependerá del clima de la región.

En la unidad refrigerante, el conjunto motor-compresor, es el equipo de mayor consumo de energía eléctrica. Un ventilador para impulsar el aire hacia los recintos a climatizar, la bomba de refrigeración de la unidad y la bomba de circulación del agua son los componentes que están provistos de ME.

La potencia de todos estos accionamientos depende de las diversas condiciones de la montaje y su cálculo debe hacerlo un técnico en esa especialidad.

Los equipos componentes de las centrales de climatización se ubican en los sótanos o en determinados pisos, desde donde parten los conductos hacia los distintos ambientes o sectores del edificio.

Desde el punto de vista del suministro de la energía eléctrica, se puede decir que el montaje y conexionado de los distintos equipos componentes de estos sistemas lo hacen quienes proveen a los mismos, los cuales a su vez requieren que se les tienda la canalización eléctrica para la alimentación hasta las proximidades de donde se dispondrá el TE del mismo; luego serán ellos quienes procederán a conectar los distintos componentes eléctricos de los equipos a partir de este último.

9.17.5.3. Equipos individuales. Existen dos tipos bien diferenciados: entre los más antiguos aunque vigentes en menor escala están los denominados de "ventana" y los más modernos y más ofertados comercialmente denominados comúnmente como "separados" o "split".

En ambos casos existen un amplio rango de capacidades y que pueden ser a su vez del tipo frío solo o frío-calor, características y capacidades que se ven reflejadas en el consumo de la energía eléctrica.

No solo el tipo constructivo del equipo deberá ser tenido en cuenta sino también la cantidad a instalar. Debe señalarse que los de menor potencia requieren una alimentación monofásica bifilar (+PE), en cambio los mayores requerirán trifásica tetrafilar (+PE).

9.17.6. Ventilación. Los sistemas de ventilación son otras de las aplicaciones importantes de los ME y dependiendo de la potencia que tengan los mismos podrán considerarse como pertenecientes al sistema de FM.

De forma similar a lo explicitado para los sistemas de aire acondicionado, en cuanto a quienes los diseñan y determinan el tipo constructivos de acuerdo con las necesidades, es materia de especialistas.

Cuando se menciona ventilación se está hablando de un amplio rango de tipos de equipos y por ende de la potencia de los ME empleados, por ejemplo desde un pequeño extractor destinado a una cocina hogareña hasta la ventilación de un local.

Los equipos de ventilación tienen como característica el caudal de aire producido, el cual se mide en m^3/hora; la determinación de la capacidad necesaria de los mismos se hace en función de la cantidad de renovaciones del volumen del aire por hora. Ambos caminos están detallados en publicaciones especializadas.

Los equipos más comunes destinados a la ventilación pueden ser los que muestran las Figuras N° 9.24, 9.25 y 9.26.

Fig. N° 9.24 Ventilador axial

Fig. N° 9.25 Extractor de uso domiciliario reversible

Fig. N° 9.26 Ventilador centrífugo

Desde el punto de vista del suministro de la energía eléctrica valen los conceptos proporcionados para los equipos de aire acondicionado. Existen en una gran variedad de potencias y en general son de arranque directo, dependiendo de las mismas será el tipo de la línea de alimentación.

Un equipo destinado a la circulación del aire de una amplia difusión lo constituyen los ventiladores de techo, los cuales como su nombre lo indica son ventiladores de tres o cuatro palas fijados al techo del edificio mediante un caño denominado barral, por cuyo interior se tienden los cables para el ME y la luminaria incorporada, la cual no siempre está presente. El ME es monofásico del tipo a condensador de bajas revoluciones (375 rpm) con una potencia aproximada de 90 watt como máximo, lo cual implica una corriente de 0,5 A aproximadamente. La regulación de la velocidad se hace mediante una impedancia que generalmente permite hacerlos funcionar con cinco velocidades distintas.

ILUMINACIÓN

10.1 INTRODUCCIÓN

Los temas relacionados con la iluminación artificial tienen dos grandes componentes: uno, la LUMINOTECNIA propiamente dicha y el otro, la ESTÉTICA. Es por ello y por tratarse de un libro dedicado a las IE en general que los conceptos expuestos a continuación, son generales y sirven como guía del tema.

Es importante señalar que la continua evolución tanto sea de las lámparas como de las luminarias y sus equipos auxiliares, hacen casi imposible un seguimiento muy de cerca de las últimas apariciones en el mercado de estos elementos. Ello ocurre, entre otras cosas, porque se trata de lograr el mejor aprovechamiento de la energía eléctrica y también de presentar nuevos productos con renovadas estéticas.

Lo anterior no invalida que para comprender algunas cuestiones se tenga que hacer una pequeña introducción teórica del tema.

10.2. NATURALEZA DE LA LUZ

La luz es una manifestación de la ENERGÍA en forma de RADIACIONES ELECTRO-MAGNÉTICAS, capaces de afectar el sentido de la vista. Se entiende como RADIA-CIÓN a la transmisión de la energía a través del espacio, formando el conjunto de ellas el espectro electromagnético que se muestra en la Figura N° 10.1.

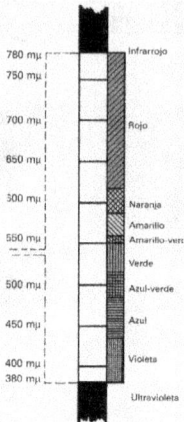

La luz visible está dentro de la gama de las radiaciones visibles, existiendo otras que no lo son (ultravioletas e infrarrojas). La luz del día es blanca, porque está compuesta por un conjunto de distintas radiaciones electromagnéticas.

Estas ondas se miden por sus longitudes y para dar sus valores en luminotecnia se emplea el NANÓMETRO, el cual es un SUB-MÚLTIPLO DEL METRO. Es decir, 1 nanómetro = 10^{-11} metro. Se abrevia nm.

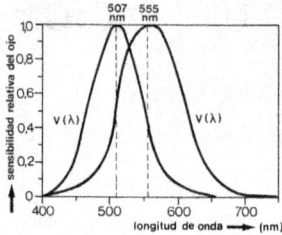

Fig. N° 10.2 Curva patrón de la sensibilidad del ojo humano

Fig. N° 10.1 Espectro electromagnético

El ojo humano presenta distintas sensibilidades de acuerdo con las longitudes de onda (Figura N° 10.2).

10.3. MAGNITUDES Y UNIDADES

El estudio de la luminotecnia y los fenómenos físicos que participan en ella, así como los efectos producidos por estos, han dado origen a una serie de magnitudes y por ende de unidades, las cuales necesariamente deben ser conocidas. A continuación solo se enumeran las principales ya que existen otras utilizadas en estudios más avanzados.

10.3.1. Flujo luminoso (F): es la energía radiante emitida por una fuente de luz capaz de afectar la sensibilidad del ojo durante un segundo. Su unidad es el LUMEN, cuyo símbolo es **lm** (Figura N° 10.3)

Fig. N° 10.3 Flujo luminoso (F)

10.3.2. Rendimiento luminoso: también denominado EFICACIA LUMINOSA, permite relacionar la potencia eléctrica consumida por una fuente de luz y el flujo luminoso emitido. Es la relación entre los **lm** emitidos y los **watt** consumidos. Es de fundamental importancia a la hora de decidir sobre la fuente de luz a emplear. Se expresa en **lm / watt** (Figura N° 10.4).

10.3.3. Intensidad luminosa (I): siempre está referida a una determinada dirección. La INTENSIDAD LUMINOSA de una fuente de luz en una dirección dada es igual a la relación

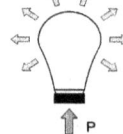

Fig. N° 10.4 Eficiencia luminosa

existente entre el flujo luminoso contenido en un ángulo sólido cualquiera cuyo eje coincida con la dirección considerada
y el valor de dicho ángulo expresado en ESTEREORRADIANES. La
intensidad luminosa tiene como unidad a la CANDELA y su símbolo es **cd**. Se utiliza para determinar la intensidad luminosa
en una determinada dirección (Figura N° 10.5).

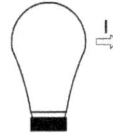

**Fig. N° 10.5
Intensidad
luminosa**

10.3.4. Iluminancia (E) o iluminación de una superficie es la
relación entre el flujo luminoso que recibe la superficie y su
extensión. La unidad es el LUX, y su símbolo **lx** (Figura N° 10.6). La expresión
de esta magnitud es:

$$E = \frac{\phi}{S} \qquad (10.1)$$

La iluminancia se utiliza para expresar el nivel de
iluminación de un lugar (ambientes, puestos de trabajo,
calles, etc.). A los fines de poder determinar el nivel de
iluminancia de un lugar se emplea un instrumento llamado LUXÓMETRO, el cual expresa en escalas adecuadas el
nivel de iluminación directamente en **lux**.

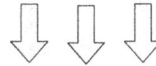

PLANO DE TRABAJO

**Fig. N° 10.6
Iluminancia (E)**

10.3.5. Luminancia (L) de una superficie en una direc-
ción determinada, es la relación entre la intensidad luminosa en dicha dirección
y la superficie aparente (superficie vista por el observa-
dor situado en la misma dirección). Su unidad es la CAN-
DELA POR METRO *cuadrado* denominado **nit**.

La luminancia puede ser directa o indirecta, correspondiendo la primera a las FUENTES DE LUZ y la segunda a
los objetos ILUMINADOS. La importancia de esta magnitud
está relacionada con el efecto llamado DESLUMBRAMIENTO
(Figura N° 10.7).

PLANO DE TRABAJO

**Fig. N° 10.7
Luminancia (I)**

10.3.6. Cantidad de luz (Q) o energía luminosa es el flujo luminoso emitido
en la unidad de tiempo. Se expresa en LUMEN POR HORA. La expresión que la
cuantifica es:

$$Q = F \times t = [lumen] \times [hora] \qquad (10.2)$$

Permite evaluar a las fuentes luminosas a lo largo de su vida útil.

10.4. PARÁMETROS

Los sistemas de iluminación, como cualquier otro tiene características propias. Así como se vio anteriormente que tienen sus propias magnitudes, de
la misma forma se puede decir que también existen parámetros particulares
asociados. A continuación se enumeran los generales, existiendo otros muy
particulares que podrán ser consultados llegado el caso.

10.4.1. Color de la luz: el ojo humano tiene límites en cuanto a la sensibilidad de las radiaciones electromagnéticas que recibe, fuera de las cuales no percibe ninguna clase de radiación. Ese espectro que lo sensibiliza está comprendido en una zona ubicada entre los 3 110 nm y los 7 110 nm. Pero dentro de esta zona, la percepción no es igual para todas las radiaciones. La mayor sensibilidad está dada para una longitud de onda de 555 nm.

Estas longitudes de onda se corresponden con los distintos colores que percibe el ojo humano, así en el extremo inferior 3 110 nm lo identifica como el COLOR VIOLETA, 555 nm como VERDE-AMARILLO y en el otro extremo, 7 110 nm como el ROJO.

10.4.2. Temperatura color: define el color de una fuente de luz. Se expresa en GRADOS KELVIN, siendo su símbolo °K.

10.4.3. Vida útil: viene determinada por la cantidad de horas de funcionamiento; sus valores nominales decaen hasta los previstos. Su importancia está dada a la hora de definir el tipo de lámpara a emplear y también es un dato importante para el mantenimiento.

10.4.4. Índice de reproducción cromática: se utiliza para poder comparar las características del color de los distintos tipos de fuentes de luz, y se lo simboliza con las letras Ra. El valor máximo posible de adquirir es 100, con lo cual se tiene una reproducción del color excelente. También se utiliza la clasificación de la norma DIN 5 035. La misma se refiere a grados de reproducción del color, para lo cual utiliza una denominación alfanumérica: 1, 1a, 1b, etc.

10.4.5. Corriente de conexión: las lámparas, como cualquier otro tipo de consumo al ser conectada a la IE, para su funcionamiento, establecen durante un brevísimo lapso de tiempo una corriente eléctrica mayor que la nominal o asignada la cual se denomina CORRIENTE DE CONEXIÓN. Se la mide en veces la nominal. Por ejemplo: una determinada lámpara tiene una corriente eléctrica de conexión de cinco veces la nominal.

Esta corriente eléctrica de conexión produce el denominado comúnmente PICO DE CORRIENTE ELÉCTRICA. Cada tipo de lámpara (incandescente, fluorescente, etc.) tiene uno propio y determinada corriente eléctrica de conexión. La importancia de esta magnitud está dada por el hecho de que ese pico de corriente eléctrica inicial puede hacer actuar la protección del circuito al cual está conectada, por lo que tiene importancia no solo el tipo sino también la cantidad de lámparas que se quiere conectar a la vez.

10.4.6. Temperatura de funcionamiento: las lámparas son dispositivos que transforman la energía eléctrica en radiación electromagnética. Algunas de esas radiaciones pueden ser captadas por el ojo humano y otras no. Las que no pueden ser vistas se manifiestan en forma de calor. Dependiendo del tipo de funcional este calor puede ser más o menos importante, el cual se transmite a su entorno (portalámpara, cables, soportes, etc.) y por lo tanto es necesario tenerlo presente en el momento de seleccionar los distintos accesorios, como lo es el equipo auxiliar y los cables.

10.4.7. Posición de funcionamiento: está indicada para ciertos y determinados tipos de lámparas de descarga en las correspondientes instrucciones de montaje.

10.5. INSTALACIÓN ELÉCTRICA DE LOS SISTEMAS DE ILUMINACIÓN

10.5.1. Aspectos constructivos. Más allá de los aspectos constructivos establecidos para las IE, los cuales se han desarrollado en los capítulos anteriores, se han establecido cantidades de los circuitos exclusivos así como las cantidades máximas de bocas que se destinan a la iluminación, las cuales son función del GE del inmueble.

Un parámetro de mucha importancia en las IE es la CAÍDA DE TENSIÓN entre la acometida y la boca destinada a la iluminación, la misma no debe exceder el 3%.

Una tensión menor o mayor a la nominal afectan las características del flujo luminoso emitido así como el funcionamiento propiamente dicho de las lámparas.

Otro factor importante a tener en cuenta en la conexión de las luminarias, es la temperatura de funcionamiento, porque la misma puede superar la admitida por los cables de uso común que están aislados en PVC. De ser así se debe recurrir a cables con aislamientos para un funcionamiento a temperaturas más elevadas.

10.5.2. Aspectos funcionales. El funcionamiento de las luminarias como en todo tipo de artefactos de consumo, tiene su repercusión en la IE; es así como se puede apreciar que las lámparas incandescentes solo influyen cuando son conectadas por tener una corriente eléctrica de conexión elevada, la cual puede afectar a los dispositivos de protección del circuito correspondiente.

En cambio las luminarias con lámparas de descarga al necesitar de los balastos para su funcionamiento y que estos tienen un bajo factor de potencia, obligan a su corrección o compensación mediante la conexión apropiada de un condensador.

10.6. SISTEMAS DE ILUMINACIÓN

Los sistemas de iluminación disponibles en el mercado, más allá de los cada vez más específicos (trabajos con grandes exigencias de los detalles, cirugía, etc.), y atendiendo a sus ubicaciones o montaje, pueden ser de INTERIOR O EXTERIOR.

- Los de interior: hogareños, comerciales, emergencia, escape y especiales.
- Los de exterior: decorativos, seguridad, viales así como también algunos de los anteriores que por sus características se monten en exteriores.

Como puede apreciarse el espectro es muy grande en ambos casos; en esta obra se tratarán los conceptos básicos.

10.7. TECNOLOGÍA DE LA ILUMINACIÓN

Los fenómenos físicos, sus relaciones, las leyes que la rigen presentan un grado de complejidad tal que nos permite hablar de la LUMINOTECNIA como una verdadera especialidad y como este libro, tal lo anticipado, solo pretende dar una idea del tema. Luego de haber enunciado ciertos principios, relaciones y sistemas, los cuales necesariamente deben ser conocidos para poder interpretar y evaluar determinados aspectos de los sistema de iluminación, es que se abordará la tecnología empleada en ellos.

A continuación se verán los diversos componentes con los que se cuenta para poder desarrollar los distintos tipos de sistemas de iluminación.

Esta tecnología, independientemente de las nuevas formas constructivas presentadas hasta la fecha y las que podrán adoptar, se ve materializada en LUMINARIAS, LÁMPARAS, EQUIPOS AUXILIARES Y ACCESORIOS PARA EL MONTAJE.

10.8. LUMINARIA

10.8.1. Definición. El Comité Internacional de Alumbrado ha definido a las luminarias como: "APARATOS QUE DISTRIBUYEN, FILTRAN O TRANSFORMAN LA LUZ EMITIDA POR UNA O VARIAS LÁMPARAS, CONTENIENDO TODOS LOS ACCESORIOS NECESARIOS PARA FIJARLAS, PROTEGERLAS Y CONECTARLAS AL CIRCUITO ELÉCTRICO DE ALIMENTACIÓN".

10.8.2. Características técnicas. Las características técnicas de las luminarias se identifican y evalúan por las llamadas CURVAS DE DISTRIBUCIÓN LUMINOSA, como las que vemos en las Figuras N° 10.8, N° 10.9 y N° 10.10. Se trata de representaciones gráficas proyectadas sobre un plano, de los valores de la INTENSIDAD LUMINOSA medida en CANDELAS, conforme a los diversos ángulos bajos los cuales la luminaria emite luz. Tomando todos los extremos de los vectores que parten de la luminaria, se pueden construir esas curvas de distribución luminosa. Si se examinan los catálogos comerciales de los fabricantes de luminarias, se puede apreciar cómo se indican estas curvas, conforme diversos ángulos posibles o de interés.

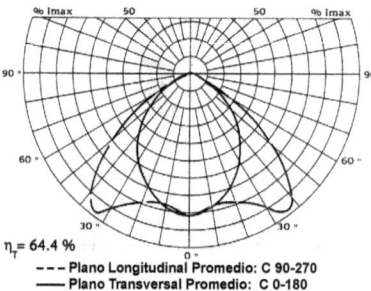

$\eta_T = 64.4\,\%$

--- Plano Longitudinal Promedio: C 90-270
——— Plano Transversal Promedio: C 0-180

Fig. N° 10.8 Curvas de distribución luminosa genérica

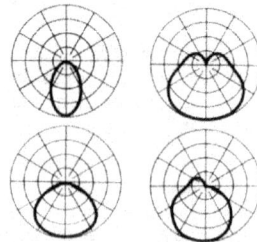

Fig. N° 10.9 Curvas de distribución luminosa de luminarias para interiores

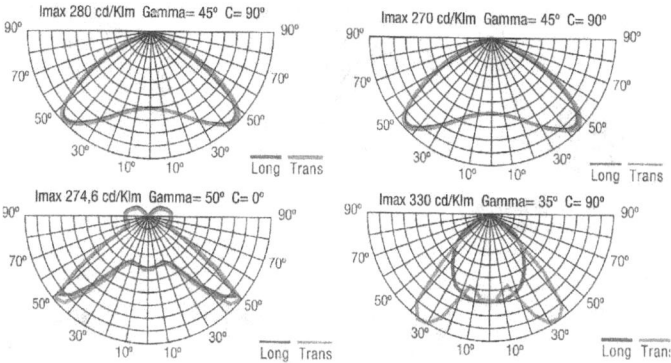

10.10 Curvas de distribución luminosa de luminarias para exteriores

La curva de distribución luminosa sirve para conocer la forma en que la luminaria distribuye la luz emitida por la lámpara.

10.8.3. Tipos. Básicamente se pueden encontrar dos tipos de luminarias de acuerdo a su empleo: las de INTERIOR y las de EXTERIOR O INTEMPERIE. A su vez, cada uno de estos tipos admiten otras subdivisiones de acuerdo a su función, tipo de lámpara, etc.

Dado que ambos tipos presentan una gran variedad constructiva, a continuación se mencionaran solo los tipos más comunes.

10.8.3.1. Luminarias para interiores. En cuanto a su forma de montaje se pueden encontrar: totalmente embutidas en el techo o cielorraso, aplicada sobre este último, colgada o fijada a las paredes; a su vez cada uno de estos tipos presentan curvas de distribución luminosas diferentes que pueden estar relacionadas con el tipo y cantidad de lámparas que utilizan o bien la función específica que cumplen.

En las figuras que siguen se muestran algunos tipos de luminarias (Figuras Nº 10.11 a 10.18).

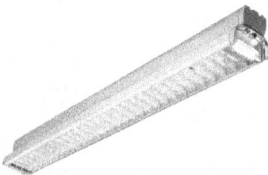

Fig. Nº 10.11 Luminaria para lámpara fluorescente

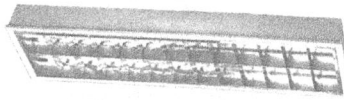

Fig. Nº 10.12 Luminaria para lámpara fluorescente para embutir

Fig. N° 10.14
Luminaria para
embutir

Fig. N° 10.13 Detalle
de un louver

Fig. N° 10.15 Luminaria
para embutir con lámparas
compactas

Fig. N° 10.17 Luminarias para
embutir con led

Fig. N° 10.16
Luminaria para
embutir con
lámparas de bajo
consumo

Fig. N° 10.18
Luminaria con led

10.8.3.2. Luminarias para exteriores. También en estas luminarias existe una amplia variedad constructiva, relacionada con su finalidad, forma de montaje y el tipo y cantidad de lámparas que utilizan.

En las Figuras N° 10.19 a 10.30 se muestran distintos tipos constructivos que se emplean en los más variados usos.

Fig. N° 10.19 Luminaria para calles
tipo pescante

Fig. N° 10.20
Luminaria para
calles tipo
suspensión

Fig. N° 10.21
Luminaria
decorativa para
parques

Fig. N° 10.22 Luminaria
decorativa tipo farola

Fig. N° 10.23
Luminaria tipo
reflector sin caja
porta-equipo

Fig. N° 10.24
Luminaria tipo
reflector con
lámpara de bajo
consumo

Fig. N° 10.25
Luminaria tipo
reflector con caja
porta-equipo

Fig. N° 10.26 Luminaria
tipo reflector
con led

Fig. N° 10.27 Luminaria tipo
reflector con lámpara de inducción

Fig. N° 10.28 Luminaria
estanca para piscina

Fig. N° 10.29. Luminaria estanca
para lámpara fluorescente

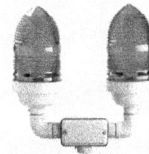

Fig. N° 10.30 Luminaria para
señalización de altura (baliza)

10.9. LÁMPARA

10.9.1. Introducción. Son las fuentes de la luz artificial y constituyen un componente fundamental de los sistemas de iluminación.

10.9.2. Clasificación. De acuerdo con sus principios de funcionamiento, existen tres tipos: de FILAMENTO, de DESCARGA Y LED.

También suelen clasificarse de según la presión de los gases contenidos en las ampollas como: BAJA PRESIÓN (fluorescentes y vapor de sodio de baja presión) y ALTA PRESIÓN (vapor de mercurio, halogenuros metálicos, vapor de sodio de alta presión y mezcladoras).

10.9.3. Características fundamentales. El conocimiento de las características constructivas y funcionales de los distintos tipos de lámparas permitirá hacer una mejor selección del tipo a emplear.

Si bien las magnitudes de las características de las lámparas varía vertiginosamente por la oferta que hacen las distintas fábricas las mismas están dadas por:

- principio de funcionamiento,
- forma constructiva,
- filamento,
- casquillo,
- tensión,
- potencia eléctrica,
- flujo luminoso,
- rendimiento luminoso,
- vida útil,
- temperatura color,
- índice de reproducción cromática,
- conexión,
- atenuación del flujo luminoso,
- influencia de la temperatura ambiente,
- aplicación específica o recomendada por el fabricante.

Estas o algunas de ellas son las que se deben analizar antes de decidir la lámpara a emplear en cada caso.

10.9.4. Tipos. A continuación se muestran distintos tipos de lámparas, cada una de ellas presenta características distintas, como las mencionadas anteriormente.

10.31 Formas de lámparas Incandescentes clásicas

Fig. N° 10.32 Lámpara incandescente halogenada

Fig. N° 10.33 Lámpara halógena

Fig. N° 10.34 Lámpara halógena dicroica

Fig. N° 10.35 Lámpara halógena para reflector

Fig. N° 10.36 Lámpara fluorescente

Fig. N° 10.37
Lámpara de bajo
consumo

Fig. N° 10.38
Lámpara de bajo
consumo

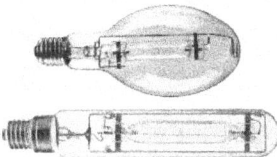

Fig. N° 10.39 Lámparas de vapor de
mercurio

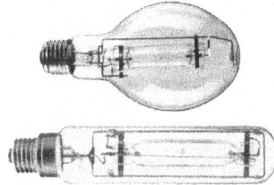

Fig. N° 10.40 Lámparas de mercurio
halogenado o halogenuros metálicos

Fig. N° 10.41 Lámpara de sodio
de BP

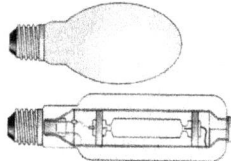

Fig. N° 10.42 Lámpara de sodio
de AP

Fig. N° 10.43 Lámpara
mezcladora

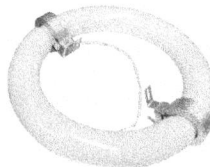

Fig. N° 10.44 Lámpara de
inducción electromagnética

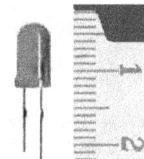

Fig. N° 10.45 Led

Fig. N° 10.46 Lámpara de led
para reemplazo

Fig. N° 10.47 Lámpara
infrarroja

10.10. COMPONENTES DE LOS SISTEMAS DE ILUMINACIÓN

10.10.1. Introducción. El funcionamiento de una luminaria requiere: la luminaria propiamente dicha, lámpara, accesorios y equipo auxiliar si se trata de lámparas de descarga, ya que no pueden funcionar conectadas directamente a la IE.

10.10.1.1. Equipos auxiliares. Son necesarios para los diversos tipos de lámparas de descarga, ello es debido a que, cuando se establece un arco en una atmósfera de gas, la resistencia presentada al paso de la corriente eléctrica es negativa, por lo cual ésta tiende a elevarse indefinidamente; ello no ocurre porque en determinado momento se destruye. Para evitar esto y que funcione normalmente se recurre a un elemento limitador de la corriente eléctrica que se llama BALASTO O REACTANCIA.

En otros casos es necesario dar un pico de tensión para que se inicie el arco que se denomina IGNITOR.

Si bien la correcta selección de una lámpara es importante no menos lo es la de estos últimos. Siempre es conveniente seguir las instrucciones dadas por el fabricante de lámpara.

La Figura N° 10.48 muestra el conjunto de elementos que componen un equipo auxiliar típico para una lámpara de descarga. En este caso los elementos se encuentran montados sobre una bandeja destinada a ser instalada en un cielorraso.

Fig. N° 10.48 Equipo auxiliar
típico para lámpara de
descarga

Fig. N° 10.49
Arrancador

Fig. N° 10.50 Balasto
electromagnético

Fig. N° 10.51 Balasto
electrónico

10.10.1.2. Accesorios. Se consideran como accesorios: portalámpara, portaarrancador, soportes, grapas y todos los elementos necesarios para su conexión a la IE. En este caso el término accesorio no minimiza la importancia que tienen.

10.11. EQUIPOS AUXILIARES

10.11.1. Introducción. Se consideran como tales a los siguientes.

10.11.2 Arrancador. Existen dos tipos constructivos: electromecánico y electrónico, y se utilizan para hacer encender o "arrancar" las lámparas fluorescentes (Figura Nº 10.49). Los electrónicos también protegen a la lámpara. En el caso de que no se produzca el encendido en forma inmediata, directamente la desconecta evitando el molesto parpadeo producido cuando quiere encender y por alguna razón no lo puede hacer. Otra ventaja importante lo constituye el hecho de permitir un encendido instantáneo de la lámpara.

10.11.3. Balasto. Los destinados a las lámparas de descarga gaseosa se construyen de dos tipos bien definidos: los ELECTROMAGNÉTICOS y los ELECTRÓNICOS (Figuras Nº 10.50 y 10.51). En ese orden de aparición, primero fueron los electromagnéticos y luego los segundos. Estos últimos presentan las siguientes ventajas: ahorran energía, hacen que las lámparas tengan una mayor vida útil, desconectan la lámpara defectuosa o agotada, no emiten ruidos y algunos permiten variar el flujo luminoso y no requieren el arrancador. Como inconveniente, algunos producen interferencias radiales. Existen distintos tipos de acuerdo con el tipo de lámpara.

10.11.4. Condensador: en la práctica se le dice "capacitor". Se utiliza para la corrección del factor de potencia o "cos φ", en todos los tipos de lámparas de descarga, el valor de la capacidad debe estar de acuerdo con la potencia de la misma (Figura Nº 10.52).

10.11.5. Ignitor: se utiliza en los siguientes tipos de lámpara de descarga: sodio alta presión, sodio baja presión y mercurio halogenado. Puede generar pulsos de tensión entre los 1 y 5 KV durante un período de tiempo entre 0,5 y 2 microsegundos. Se pueden conectar en serie o en paralelo, de acuerdo con el tipo de lámpara a utilizar.

Fig. Nº 10.52
Condensador

10.11.6. Regulador de flujo: los reguladores del flujo luminoso de las lámparas o DIMMER son equipos de los denominados electrónicos por su construcción. Se utilizan para controlar el flujo emitido por las lámparas de descarga entre valores preestablecidos. El valor de referencia puede ser dado manualmente (mediante un potenciómetro) o bien automáticamente utilizando un fotocontrol.

Se utilizan de diversas formas: puede ser en un auditorio, para ir disminuyendo el nivel de iluminación hasta apagar las luces antes de una proyección, con fines decorativos o bien para ahorrar energía eléctrica, ya que mediante un fotosensor va censando la luz diurna y en función de ella se gradúa el flujo que emiten las lámparas. Habitualmente a este último tipo se lo denomina "inteligente".

10.11.7. Transformador: se utilizan para lámparas del tipo halógenas de BT. La alimentación al primario se hace con 220 V; 50 Hz y tienen un secundario cuya tensión es de 6 V para potencia de 10 y 35 W y de 12 V para 20, 50 y 75 W. En cambio para 24 V la potencia es de 20 W. A través de estos transformadores se puede regular el flujo luminoso de la lámpara (*dimming*) (Figura N° 10.53).

Fig. N° 10.53 Balasto

10.11.8. Probador de balasto e ignitores. Existen dos tipos constructivos: uno en el cual es necesario desconectar el elemento a probar y otro en el cual no. En este último el probador se coloca en lugar de la lámpara. Resulta un elemento importante para el mantenimiento de los sistemas de iluminación.

10.12. ACCESORIOS

10.12.1. Introducción: se considerarán como tales a los siguientes.

10.12.2. Portaarrancador: se utiliza para soportar y conectar al circuito el arrancador, su diseño es tal que permite la reposición del mismo sin hacer conexiones de cables.

10.12.3. Portalámparas: elemento fundamental para la vida de la lámpara y de la luminaria. Sirve para conectar y sostener a la lámpara dentro de la luminaria. Más allá del tipo que se trate (existen tantos tipos como tipos de lámparas hay en el mercado), deben ser de buena calidad porque una mala conexión acarrea innumerables problemas.

Fig. N° 10.54 Sensor de luz ambiente (fotocélula o fotocontrol)

10.12.4. Fotocontrol: llamado también "célula fotoeléctrica". Es un dispositivo destinado a comandar un sistema de iluminación en función del nivel luminoso del entorno en donde se lo instala.

Su aplicación más común es la conexión del alumbrado público al anochecer y su desconexión cuando amanece. Esta aplicación también puede hacerse en ámbitos tales como jardines, parques o grandes superficies, etc. (Figura N° 10.54).

Su funcionamiento se basa en un elemento sensible a la luz que emite una señal que es procesada mediante un circuito auxiliar propio para dar las señales antes mencionadas. Este procesamiento incluye retardo a la conexión o desconexión debido a influencias que pueda recibir, por ejemplo relámpagos, nubes, etc.

Debe prestarse atención a la forma de conexión cuando se trata de circuitos con lámparas de descarga, así como también la capacidad de conducir corriente eléctrica (corriente eléctrica máxima); generalmente se expresa su aptitud en términos de potencia activa (watt).

10.12.5. Sensor: Si bien es un elemento asociado al tema seguridad, merece ser mencionado por la cantidad creciente de su empleo. Se proveen como una unidad independiente como lo muestra la Figura N° 10.55 o bien incorporado a una luminaria para el montaje exterior. Este sensor detecta presencia y conecta a la luminaria (Figura N° 10.56).

Fig. N° 10.55
Sensor de
presencia

10.12.6. Cables. Si bien el tema fue tratado en el Capítulo N° 2 –Materiales de las IE–, es necesario recordar que en determinadas luminarias se debe usar cables para altas temperaturas, debido al calor generado por la o las lámparas contenidas.

10.12.7. Otros: existen otros tipos de accesorios tales como borneras, fichas para su conexión, soportes de las luminarias que por su variedad y cantidad se hace imposible su tratamiento en esta obra.

10. 13. LED

10.13.1 Introducción. Se ha introducido especialmente este ítem en virtud de las expectativas que el mismo despierta en los interesados en la luminotecnia y el público en general,
El led es el hecho tecnológico actual que día a día muestra nuevas facetas sorprendentes, produciendo una cierta tentación de probar alguna de sus aplicaciones, no es la menos importante el ahorro de energía eléctrica que presentan.

Fig. N° 10.56
Luminaria con
sensor de presencia
incorporado

Esta fuente de luz está revolucionado el ambiente de la iluminación, es así que en forma diaria hay novedades al respecto, tanto sea en cuanto a las características propias como de sus aplicaciones.

10.13.2. Nombre. El término **led** está formado con la sigla proveniente de los vocablos del idioma inglés: "LIGHT EMITTING DIODE", lo que indica que son diodos emisores de luz cuando se les aplica una tensión. Físicamente se los puede apreciar como una cápsula transparente o coloreada de pequeñas dimensiones, construida de un material plástico resistente que encierra un elemento semiconductor de cuya parte posterior salen los dos cables necesarios para su conexión a una fuente de tensión (Figura N° 10.46).
También es posible verlos como una pequeña cápsula cuadrada en cuyo interior contiene el o los elementos emisores.

La importancia adquirida por este tipo de fuente luminosa se ve reflejada en la gran cantidad de fabricantes por un lado y en el desarrollo de las luminarias para su aplicación por otro, lo cual hace materialmente imposible que en esta publicación se pueda hacer referencia a cada una de las últimas, por lo cual se abordará el tema tratando los aspectos esenciales de sus características y aplicaciones desde el punto de vista de lo que puede representar para las IE a las cuales se la conecta.

10.13.3. Utilización. Las razones que impulsan a su vertiginoso empleo radica en que es una fuente de luz de reducidas dimensiones, mecánicamente muy resistente, se fabrica en una gama amplia de colores, inclusive con combinaciones de los mismos y fundamentalmente tienen un elevadísimo rendimiento (expresado en lumen/watt) lo que permite lograr una importante reducción del consumo de la energía eléctrica con lo que ello implica, no solo económicamente sino desde el punto de vista ambiental.

Dado que se trata de un diodo, para conocer la teoría así como las particularidades de su funcionamiento, se deberá recurrir a la bibliografía relacionada con la física electrónica o la electrónica en general.

10.13.4. Fuentes de luz. Como son fuentes de emisión de luz se emplean con sus respectivas luminarias. Respecto de estas últimas debe consignarse que salvo los casos de remplazo deben ser fabricadas especialmente. Aunque hay determinados agrupamientos de unidades con formas y dimensiones de las lámparas incandescentes comunes, de las halogenadas y dicroicas. Estas unidades se conectan utilizando el mismo tipo de zócalo que las mencionadas (E27, bi-pin, etc. según se trate) y funcionan como reemplazo (Figura N° 10.47).

10.13.5. Índice de reproducción del color. Con una emisión que está en el orden de los 2 700 °K que es cálida, es de 80.

10.13.6. Rendimiento. El increíble desarrollo alcanzado se debe al elevado rendimiento presentado, el cual se mide en lumen/watt. Este último varía con el color, pero se puede considerar que según el fabricante el mismo varía entre los 150 y los 175 lm/W, valores que se van incrementando con los nuevos desarrollos, lo cual deriva en un ahorro de energía considerable en los sistemas de iluminación.

10.13.7. Vida útil. Es de aproximadamente 50 000 horas según el tipo, lo cual constituye una muy importante vida útil frente a las lámparas convencionales.

10.13.8. Conexión. Cuando son unidades destinadas a remplazar a las lámparas tradicionales se ha comentado en el párrafo anterior (Figura N° 10.47). Como unidades independientes, se conectan a una fuente de tensión continua. Los mismos emiten en forma continua cuando son polarizardos directamente, es decir, con el polo positivo de la fuente de alimentación conectado al ánodo y el polo negativo conectado al cátodo.

10.13.9. Fuente de alimentación. El valor de la tensión que se aplica debe ser superior a la tensión umbral del elemento a partir de la cual empieza a conducir y por lo tanto a emitir. Los valores de tensión oscilan entre los 2 y 4 V, con lo cual la corriente que circula está comprendida entre los 10 y 40 mA. Dada las características funcionales de este tipo de diodo es necesario conectarlo a través de una resistencia a los fines de limitar la corriente que circula por el mismo.

La potencia a suministrar por la fuente de alimentación dependerá de la cantidad de led que se le quieran conectar, debiendo tener en cuenta que cada uno de ellos puede consumir 3 W aproximadamente.

10.13.10. Temperatura. La luminosidad de los led depende de la temperatura del entorno, siendo los 20 °C la de referencia. Funcionan mejor a bajas temperaturas. Las extremos son -40 °C y +85 °C, por lo cual las luminarias construidas con estas fuentes deben poder evacuar eficazmente el calor generado para tener un funcionamiento correcto y una larga vida útil.

10.13.11. Colores. Cada uno de estos emite una luz monocromática de un color determinado que queda determinado por el material empleado para su construcción. Esto significa la no emisión de radiación ultravioleta o infrarroja, lo cual es significativo en algunas aplicaciones en las cuales estas últimas inciden.

Una de las aplicaciones más espectaculares de los led, es aquella en que la luz emitida cambia de color y estos cambios presentan a su vez variaciones de nivel de iluminación así como de secuencia. Para ello se recurre a una unidad que contiene tres led, los cuales son de color rojo, verde y azul (RGB).

10.13.12. Formas constructivas. Comercialmente existen dos modelos de led. Pueden presentarseagrupados con formas de las lámparas convencionales vistas anteriormente (incandescentes, dicroicas, etc.) que se conectan mediante los zócalos conocidos (roscas, pines, etc.). Estas estructuras permiten efectuar el remplazo directo de las lámparas tradicionales. La otra forma de encontrarlos es como unidades individuales, cuyas presentaciones también son variadas, algunas en rollos, otros en tiras, etc.

10.13.13. Aplicaciones. Resultaría muy extenso y seguramente se omitiría alguna de las formas en que se pueden utilizar estas fuentes de luz. Desde las primeras y más simples empleadas para indicar que un electrodoméstico o equipo se encontraba encendido hasta la iluminación vial, pasando por todas las diversas aplicaciones intermedias posibles: automotor, señalización vial y ferroviaria, iluminación general y decorativa, etc.

10.14. MEDICIÓN

La verificación de las condiciones en que se encuentra un sistema de iluminación existente a los fines de efectuar mantenimiento, ampliación o bien la puesta en marcha de uno recién construido, lleva a la realización de mediciones del nivel de iluminación (iluminancia). Otra razón podría ser efectuar mediciones en locales de actividades semejantes para desarrollar un nuevo proyecto.

Fig. N° 10.57 Luxómetro

Para realizar este tipo de medición se requiere de un instrumento denominado LUXÓMETRO, el cual se muestra en la Figura N° 10.57; existen diversos modelos de acuerdo con las características de las mediciones a realizar.

Cuando la medición requerida está relacionada con puestos de trabajo existen protocolos estandarizados para realizarla.

10.15. CONEXIONADO

En los esquemas de las Figuras N° 10.58 a la N° 10.66 se muestran las formas de efectuar las conexiones de los tipos de lámparas mencionadas hasta aquí. Se trata de conexiones generales, cuando haya que realizar una en la práctica se deberá recurrir al recomendado por el fabricante.

Excepto el primero de ellos en todos los demás se ha incluido el correspondiente condensador a los fines de mejorar el factor de potencia del conjunto, cuestión esta que se puede considerar técnico-económica. El tema será tratado en el Capítulo N° 14 –Funcionalidad de las IE–.

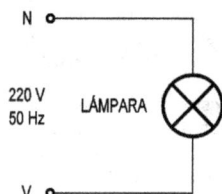

Fig. N° 10.58 Circuito de una lámpara incandescente

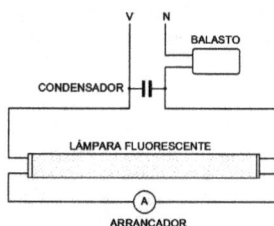

Fig. N° 10.59 Circuito de una lámpara fluorescente con balasto electromagnético

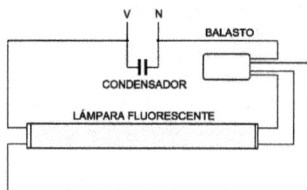

Fig. N° 10.60.Circuito de una lámpara fluorescente con balasto electrónico

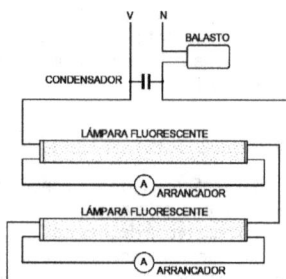

Fig. N° 10.61 Circuito de dos lámparas fluorescentes con balasto electromagnético

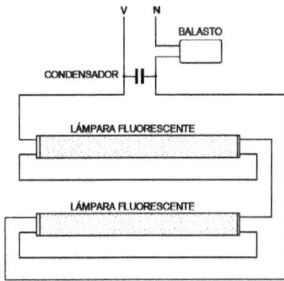

Fig. Nº 10.62 Circuito de dos lámparas
fluorescentes con balasto electrónico

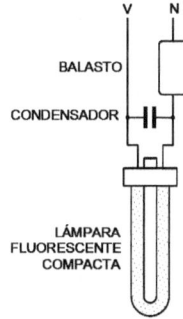

Fig. Nº 10.63 Circuito de
una lámpara de BC

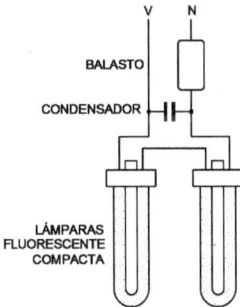

Fig. Nº 10.64 Circuito de dos
lámparas de BC

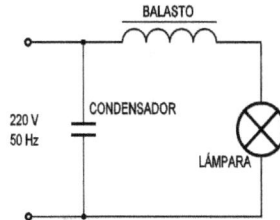

Fig. Nº 10.65 Circuito de una lámpara
de mercurio

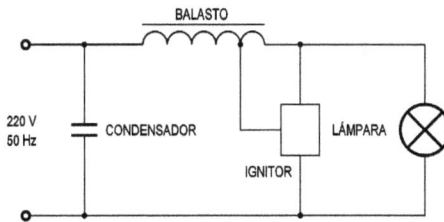

Fig. Nº 10.66 Circuito de una lámpara de vapor de sodio

CAPÍTULO 11

SISTEMAS DE ALARMA Y SEÑALIZACIÓN

11.1 INTRODUCCIÓN

Los inmuebles cuentan, además del de las IE, con otros cableados destinados a conducir otros tipos de señales de sistemas tales como: alarma por intrusión (robo), alarma para incendio, televisión, internet, porteros eléctricos y visores, etc.

Debe considerarse que los sistemas que dan alarmas son de seguridad con lo que ello implica para el usuario. Si bien la tecnología hace que muchos de estos sistemas sean modulares, con lo cual se facilitan sus montajes, es necesario tener en cuenta que el proyecto y la ejecución de las respectivas obras están destinados a especialistas; el Instalador necesariamente debe tener algunos conocimientos elementales y es por eso que se hace una introducción a estos temas.

11.2. TERMINOLOGÍA

En los capítulos anteriores se ha hecho mención al empleo del vocabulario empleado para designar a los distintos elementos de las IE; en este caso también se hace necesario hacer algunas aclaraciones al respecto.

El término sensor *("Dispositivo que detecta una determinada acción externa, temperatura, presión, etc. y la transmite adecuadamente")* y detector *("Aparato que sirve para detectar")* funcionalmente son equivalentes, pero para los sistemas de alarmas en general se utiliza el término **sensor** y para para la detección de gases, humos, etc.: **detector**.

11.3. SISTEMAS DE ALARMAS

Los sistemas de alarmas permiten advertir sobre distintas acciones perjudiciales, tales como: ingreso de intrusos o robo, incendio, presencia de atmósferas insalubres o peligrosas, y sus funcionamientos se basan en circuitos que contienen diversos componentes asociados armónicamente tales como sensores y detectores.

Básicamente están constituidos por una central de procesamiento alimentada en 220 V 50 Hz, sensores de diversos tipos, indicadores luminosos y acústicos (Figura N° 11.1).

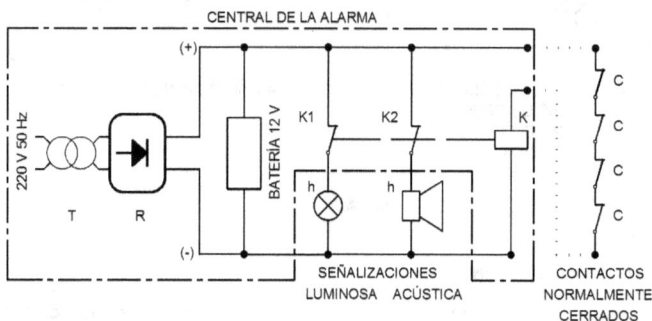

Fig. N° 11.1 Esquema eléctrico de un sistema de alarma

Como principio general se puede decir que los sensores destinados a detectar situaciones anómalas que se encuentran conectados a través de los distintos tipos de circuitos que componen un sistema de alarma están conectados en serie por medio de contactos normalmente cerrados, de modo que la apertura de alguno de ellos por acción derivada de una detección o el corte de un cable activará el sistema. Debe señalarse que la señal de activación también puede provenir de sensores o detectores inalámbricos.

La activación del sistema registrada por algún sensor o detector hace que la central accione las señales acústicas, indicando a la vez con una luz de señalización la zona del edificio en la cual se produjo el imprevisto. A esta señalización básica se le pueden adosar los denominados "discadores telefónicos"

Fig. N° 11.2 Teclado

para hacer una llamada a un teléfono cuyo número se ha prefijado dando un mensaje sobre los sucesos de ese momento.

El control de las centrales se hace mediante un "teclado", el cual puede estar en la misma central de procesamiento o bien en otro lugar, siendo la conexión entre ambos del tipo cableado o en forma inalámbrica (Figura N° 11.2).

11.4. COMPONENTES

A continuación se dan componentes de estos sistemas de alarmas y sus principales características generales.

11.4.1 Central. Las centrales para detectar incendios o contra robo tienen características funcionales similares. Estos equipos tienen como fuente de energía eléctrica una batería de 12 V cuya capacidad es variable (7 a 20 Ah); la carga de la misma se hace mediante un cargador interno el cual a su vez es alimentado desde un circuito del edificio (220 V 50 Hz), permitiendo el funcionamiento de todo el sistema aun cuando falte el suministro normal.

La central recibe las señales provenientes de los diversos sensores o detectores conectados a ella. A los fines de determinar el lugar del edificio donde se produjo la anormalidad, dispone de circuitos independientes para cada uno de los distintos sectores, denominados ZONAS. La cantidad de zonas depende de la superficie que se está controlando.

Las de incendio cuentan con cuatro zonas, pudiendo llegar 30 o más según el modelo. Las antirrobo van desde 1 a 60 aproximadamente (Figura N° 11.3).

Los circuitos, algunos accesorios y la batería se alojan en gabinetes para fijar a las paredes del edificio; su ubicación debe ser tal que facilite el cableado pero a su vez no puede quedar a la vista.

Fig. N° 11.3
**Central alarmas
por incendio**

Cada tipo y marca de central tiene sus particularidades funcionales y de montaje, por lo cual se deberá hacer una prolija lectura de su manual.

11.4.2. Sensor. Es el elemento que detecta el cambio en las condiciones para el cual fue instalado. Existen diversos tipos que se basan en principios físicos y eléctricos distintos. A continuación se describen los más comunes.

11.4.2.1. Sensor de apertura. Comúnmente llamado "magnético". Está destinado a detectar la apertura de una abertura, tal como una puerta o ventana. Son dos piezas, una se instala en la parte fija de la abertura (marco) y la otra en la parte móvil (hoja).

Una de las partes tiene un imán y la otra un microinterruptor o microswitch (*reed switch*). El primero hace cambiar el estado de este último cuando se aproximan.

Hay varios tipos constructivos con respecto a la conexión (bornes o cables) y al montaje (adhesivos, para superficies y de embutir). Los empleados en las viviendas están encapsulados en material plástico, mientras que los que pueden usarse en portones lo están en aluminio.

11.4.2.2. Sensor de presencia o de movimientos. También llamado "SENSOR INFRARROJO PASIVO", haciendo referencia al principio en el cual se basan. Detectan las fuentes de calor en movimiento.

Pueden ser utilizados en sistemas de detección de intrusos (similares al utilizado para el encendido de luces).

Como parámetro fundamental se puede mencionar el ángulo de cobertura, aunque hay otro no menos importante que es la propiedad de evitar que la activen las mascotas.

De este tipo de sensor existe una amplia gama, algunos con propiedades particulares, como la detección en un ángulo de 360 grados.

Debe tenerse en cuenta si el montaje será en el interior del edifico o en el exterior dado que puede afectarlos la luz solar (Figura N° 11.4).

Fig. N° 11.4
Sensor infrarrojo

11.4.2.3. Sensor de rotura de cristal. Basa su funcionamiento en la captación del sonido característico producido por la rotura de un cristal.

11.4.2.4. Sensor de vibración. Utilizado para la protección de cristales.

11.4.2.5. Sensor tipo barrera. Comúnmente llamados solamente "BARRERAS". Permiten hacer una barrera invisible entre dos puntos determinados que pueden ser en intemperie o en interior. Tienen alcance entre 20 y 110 metros.

11.4.2.6. Señales acústicas. Denominadas "sirenas electrónicas" para diferenciarlas de las antiguas "campanas" de construcción electromecánica. Existen una gran variedad constructiva de acuerdo a donde se ubique (interior o exterior), de varios tonos, de distintas potencias (20, 30 W, etc.), combinadas con una luz, con mecanismo de detección de desarme (anti-desarme), con o sin memoria, autoalimentadas o no, con gabinete metálico o plástico.

11.4.2.7. Detector de humo. Su funcionamiento está basado en un principio fotométrico. Consta de un emisor y un receptor de estado sólido, ubicados en una cámara de captación de forma especial. Al ingresar partículas de humo a la cámara, el receptor recibe una fracción de la luz generada por el emisor, de manera que activará un contacto, el cual puede conectarse a una alarma auditiva.

Para evitar disparos de alarmas debidos a condiciones de luz inapropiadas, por ejemplo iluminación directa del sol en la ranura de ingreso, los detectores cuentan, además, con mediciones de temperatura, que darán la alarma sobre los 45 °C, condición presente sólo en principios de incendios.La detección es indicada por una luz y un sonido. La mayoría de los detectores permiten cancelar esta última, persistiendo la señalización luminosa, hasta que desaparezca el humo.

Para asegurar un buen funcionamiento, se debe ubicar cerca del cielorraso, a unos 15 a 30 cm del mismo.

Estos pueden estar conectados mediante cables a un circuito o bien ser autónomos. La Figura N° 11.5 muestra el aspecto general de un detector.

11.4.2.8. Detector de gas natural. El gas natural es altamente inflamable, el escape accidental y su acumulación en ambientes cerrados o poco ventilados, implica riesgo de explosión.

Al ser más liviano que el aire, el detector debe instalarse en la parte más alta del ambiente a proteger. Habitualmente se aconseja colocarlo a unos 15 a 30 cm del cielorraso y a cierta distancia del artefacto de gas. La boca de ingreso de gas al detector debe estar siempre orientada hacia el piso.

Entre el detector y la presunta pérdida de gas no debe haber obstáculos, a saber: divisiones, columnas, muebles, etc., que puedan bloquear el flujo de gas hacia el detector. Además, no deben ubicarse en las proximidades de ventanas, extractores, fuentes de vapor, salidas de humo, etc.

Estos detectores basan su funcionamiento en circuitos electrónicos; algunos modelos son alimentados a baterías, las cuales requieren de un control periódico.

11.4.2.9. Detector de gas envasado. Como el gas licuado envasado GLP (propano / butano) en garrafas o cilindros es más pesado que el aire, el detector debe instalarse en la parte más baja del recinto a proteger. Habitualmente se recomienda colocarla a unos 15 a 30 cm del piso. La boca de ingreso del gas al detector debe estar siempre orientada hacia el piso.

Entre el detector y la eventual pérdida de gas no debe haber obstáculos, a saber: divisiones, columnas, muebles, etc., que puedan bloquear el flujo de gas hacia el mismo. Además, no debe ubicarse en las proximidades de ventanas, extractores, fuentes de vapor, salidas de humo, etc.

Deben tener un mantenimiento regular, debiendo prestarse atención al estado de las baterías o de la fuente de alimentación de la central. Se debe verificar su correcto funcionamiento al menos una vez por mes mediante un encendedor de cigarrillos a butano sin encender la llama o mediante el botón de prueba del mismo equipo. Además hay que limpiarlos mensualmente para quitar el polvo o grasa que pueda perturbar su funcionamiento.

11.4.2.10. Detector de monóxido de carbono. También llamado óxido de carbono (CO) es un gas inodoro, incoloro y altamente tóxico que se produce por la combustión deficiente del gas natural y de otros combustibles normalmente destinados a los sistemas de calefacción, como la madera o el carbón de origen vegetal. La inhalación en determinadas cantidades produce intoxicación y hasta la muerte de los seres humanos.

Este tipo de detector consta de un circuito electrónico calefaccionado, que baja su resistencia en presencia del gas, a su vez cuenta con filtros de carbón que permiten hacer una selectividad del gas presente.

Para tener un buen funcionamiento se recomienda que el sensor sea instalado entre 20 y 40 cm del cielorraso y entre 1 y 8 metros de la eventual fuente de monóxido de carbono.

NOTA IMPORTANTE SOBRE LOS SENSORES

Dado que es un elemento de protección de la vida humana es necesario hacer algunas aclaraciones al respecto.

Cuando se hace la selección de uno de estos dispositivos se debe tener la certeza sobre el tipo de detección que hace el mismo; si bien hay algunos modelos combinados (monóxido y gas natural por ejemplo) los de un tipo gas no necesariamente actúan frente a otros.

La ubicación de estos elementos dada anteriormente es solo orientativa, la definitiva debe estar dada por el fabricante según el modelo que se trate.

Los sensores pueden actuar en forma combinada con electroválvulas que cierren el paso del combustible, con lo cual aumentan su efectividad.

11.4.3. Teclado. Existen dos tipos: uno destinado al control de las centrales de los sistemas contra robo y otros para abrir puertas, este último en combinación con una cerradura electromagnética.

Volviendo a las primeras, pueden ser inalámbricas o cableadas y permiten el control por zonas. Las primeras admiten controles remotos, de distintas variedades.

11.4.4. Pulsadores de emergencia. Permiten activar en forma instantánea el sistema, con lo cual se darán las señales de alarma correspondientes: sonora o silenciosamente (vía telefónica).

11.4.5. Avisadores manuales de incendio. Están destinados a la activación de las señales de alarmas en caso de incendio (Figura N° 11.6).

11.4.6. Señales acústicas. Están destinadas a alertar sobre la detección de alguna anormalidad de los sistemas de alarmas. Existen los más diversos tipos constructivos, en el caso de incendio presentan una construcción distinta como lo muestra la Figura N° 11.7.

Fig. N° 11.6
Avisador manual
de incendio

Fig. N° 11.7
Señal acústica
y luminosa
de alarma de
incendio

11.4.7. Baterías. Forman parte de las centrales, pero es necesario señalar que tienen una vida útil determinada, por lo cual se hace necesario su remplazo. Son del tipo de gel para 12 V, la capacidad se mide en ampere-hora.

11.5. DISEÑO DE LOS SISTEMAS DE ALARMAS Y SEÑALIZACIONES

Debe considerarse que tanto los sistemas antirrobo como los de incendio son áreas de respectivas especialidades. Si bien en cada caso hay mucha y muy amplia información técnica, el diseño y el montaje presentan ciertas complejidades que requieren de experiencia en el tema.

Debe tenerse muy presente que se trata de sistemas de seguridad y como su denominación lo indica, están destinados a brindar seguridad al usuario. Si no funcionan en tiempo y forma pueden producirse lamentables hechos para la vida humana y la pérdida de bienes.

En el caso de incendio la complejidad es tal que las instalaciones están sujetas a normas, como la IRAM 3 554 titulada: *"Instalaciones fijas contra incendio. Sistema de detección y alarma. Proyecto y montaje de la instalación".*

11.6. SISTEMAS DE OBSERVACIÓN

Son aquellos destinados a la visualización directa en un monitor o bien a través de grabaciones de imágenes que se producen en áreas determinadas bajo observación, sea por razones de seguridad o bien estén instalados en zonas de producción o servicios.

La captación de las imágenes se realiza mediante el empleo de cámaras generalmente infrarrojas, que cuentan con iluminadores infrarrojos. Estas imágenes son transmitidas por distintos medios a monitores del tipo LCD o bien a videograbadoras o a ambos a la vez.

Cuando hay más de una cámara se utiliza un accesorio denominado divisor de pantalla para permitir que en una sola pantalla se puedan ver las imágenes captadas por todas ellas a la vez (Figura N° 11.8).

Fig. N° 11.8 Cámara con iluminación infrarroja

11.7. PORTERO ELÉCTRICO

Es un equipo destinado a permitir la comunicación entre quienes llegan a una vivienda y los que se encuentran en el interior de la misma o bien entre los distintos ambientes de la misma.

Existen dos tipos: unos permiten la visión y otros no, en general a los primeros se los llama porteros visores.

11.7.1. Portero visor. Se han popularizado en los últimos años por la seguridad que ofrecen al permitir observar quién está llamando aun en la oscuridad, para lo cual tienen iluminadores infrarrojos. Se utilizan tanto para una vivienda unifamiliar como para edificios en propiedad horizontal.

El sistema cuenta con una fuente de alimentación, un aparato visor instalado a la entrada y uno o más terminales, que se ubican en cada una de las viviendas.

El sistema adoptado por las distintas marcas, permite conectar uno o varios terminales al mismo sistema con la posibilidad de expansión, haciendo posible la instalación de un terminal en cada ambiente de la vivienda sin que exista un límite teórico para estas; sin embargo, la potencia de la fuente de alimentación crece con el número de terminales.

Asociado a este equipo está el circuito que permite el accionamiento de la cerradura eléctrica de la puerta de ingreso.

Fig. N° 11.9 Portero con visor

11.7.2. Portero eléctrico. Se denomina así al sistema destinado a establecer la comunicación verbal entre quienes lo utilizan (sin visión). Es el sistema más antiguo.

TELÉFONO
C 2°
PISO 2   T 2°
AB 2°
CIRCUITO DE LA
CERRADURA
TELÉFONO
C 1°
PISO 1   T 1°
AB 10°
CIRCUITO DE
LLAMADA
CIRCUITO DE VOZ
FRENTE
PARLANTE
AT
FUENTE DE
ALIMENTACIÓN
PULSADORES
P1, P2,....
CERRADURA   12 V
ELÉCTRICA
V N PE
220 V 50 Hz

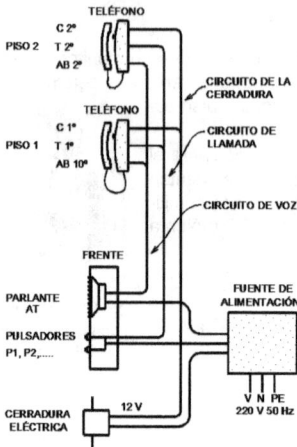

Fig. N° 11.10 Esquema de un portero eléctrico

Originalmente estos equipos utilizaban componentes electromecánicos, que fueron reemplazados por los electrónicos.

Cuentan con una unidad en el frente del edificio, que puede ser una vivienda unifamiliar o multifamiliar y en el interior de cada una de ellas se instala un teléfono interno. Existe la posibilidad de acoplar otros a estos últimos para permitir la comunicación entre las viviendas o los locales de cada una de ellas.

En su circuito puede estar incluido el sistema de comando de la cerradura eléctrica, con lo cual el equipo integra los circuitos de llamadas, telefónico y de accionamiento.

Si bien en la actualidad, con el desarrollo de la tecnología se comercializan equipos electrónicos, aún subsisten innumerables equipos electromecánicos. La Figura N° 11.10 representa el esquema generalmente empleado.

Cerca de la puerta de acceso al edificio, del lado de la calle, se instala el FRENTE **AT** que tiene tantos pulsadores como unidades que permiten hacer las llamadas (P1, P2,...). La chapa lleva pequeñas perforaciones en correspondencia con un parlante y un micrófono situados detrás.

Una persona desea comunicarse con un departamento (por ejemplo el N° 2). Oprimiendo el pulsador de llamada **P2°** suena la señal acústica **C2°**. La comunicación se establece levantando el microteléfono **T2°**.

El microteléfono lleva un micrófono y un auricular. Para abrir la puerta, se oprime el pulsador **AB2°**, cierra el circuito del mecanismo "abre puertas". Este se aloja en el marco de la puerta. Consiste en un retén del picaporte, que se destraba energizando un electroimán. Un zumbido característico indica su funcionamiento, durante cuyo lapso se puede abrir la puerta empujando. Es más familiar el nombre de "cerradura eléctrica".

Los sistemas de "portero eléctrico" tienen una fuente de alimentación centralizada conectada a un circuito de 220 volt.

Estos circuitos deben ser completamente independientes de todo otro circuito eléctrico y de exclusivo uso telefónico. Las líneas pueden colocarse en caños del tipo "liviano" como los de la Tabla 2.4. El tamaño de los caños y las cajas debe estar de acuerdo con los "pares" que contienen.

Para uso como cajas de paso se pueden emplear las comunes cuadradas, y para las salidas a los aparatos telefónicos, se usan las del tipo rectangular común de interruptores y tomacorrientes.

El mercado ofrece una gran variedad de estos equipos y el Instalador deberá utilizar el circuito del equipo que va a instalar.

11.8. SEÑALIZACIÓN

En ciertos tipos de inmuebles de acuerdo con su estilo constructivo y su funcionalidad (vivienda, oficinas, etc.) se pueden llegar a necesitar dos tipos de señalizaciones, según las exigencias que se establecen en los códigos de edificación u ordenanzas municipales.

La primera de ellas está relacionada con la ALTURA TOTAL DEL INMUEBLE (Figura 10.30) y de acuerdo con las disposiciones deben tener una luminaria (balizas) en su parte más alta, que indique la posición y altura del edificio. Estas luminarias son fabricadas especialmente y emiten una luz de color rojo; deben ser tipo estanca para no ser afectadas por el agua. Su encendido se hace en forma automática, lo cual se consigue mediante el uso de un foto-control; la alimentación provendrá de un circuito independiente, dentro de los considerados como "servicios generales".

La segunda de las señalizaciones son los SEMÁFOROS, que están destinados a los edificios utilizados como garaje u otro tipo que necesiten tenerlos. Se trata de una luminaria fabricada especialmente para este fin, que contiene la señal acústica y dos campos independientes, que son iluminados mediante algún tipo de lámparas de modo que desde el exterior se puede apreciar uno de color verde y el otro rojo (Figura 11.11).

Fig. N° 11.11 Semáforo para garaje

La forma de operarlo es muy variable ya que puede ser accionado manualmente o en forma automática. Esta segunda forma es muy diversa: desde las clásicas mangueras de goma que al ser presionadas por el peso del vehículo accionaban un interruptor neumático que daba la señal al circuito hasta sensores ópticos u barreras como las anteriormente mencionadas.

CAPÍTULO 12

FUENTES DE LA ENERGÍA ELÉCTRICA

12.1 INTRODUCCIÓN

Para la inmensa mayoría de los usuarios de la energía eléctrica la fuente de su suministro son las redes de distribución, que de acuerdo con la magnitud de su consumo puede ser de BT o MT, pero existen ciertas tecnologías que permiten la autogeneración ya sea en forma total o parcial.

Cuando el suministro se hace en MT este nivel de la tensión debe ser modificado a los valores de utilización común y es por eso que se hace necesario contar con una subestación transformadora (SET).

Otro caso lo constituye el hecho que surge de la necesidad de instalar una SET en el propio inmueble por las exigencias propias de los sistemas de distribución.

De esta manera es que se ha considerado a una SET como una fuente de energía eléctrica, de la misma manera que lo es un grupo electrógeno o un sistema particular como el solar; sistemas estos que se pueden encontrar en los inmuebles.

A continuación se verán algunos aspectos referentes a los conceptos básicos de las tecnologías empleadas en estos casos.

12.2. SUBESTACIÓN TRANSFORMADORA

12.2.1. Disposición general. Cuando se trata de grandes inmuebles se hace necesario tomar energía eléctrica de la red pública de MT, por ejemplo, 3 x 12 200 volt. En estos casos, es necesario montar en el mismo edificio una SET, correspondiendo un esquema eléctrico de principio como el de la Figura N° 12.1.

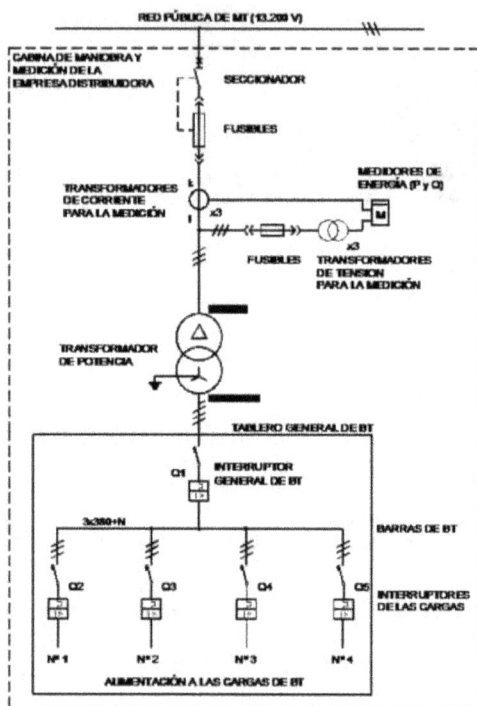

Fig. Nº 12.1 Esquema unifilar de una SET

La alimentación se realiza a través de un seccionador bajo carga con fusibles que permite efectuar las maniobras para conectar o desconectar la SET del sistema de distribución y a su vez proteger al mismo en caso de ocurrir una falla en el transformador o en alguno de sus componentes. Luego se encuentran los transformadores de medida que se necesitan para los medidores de la energía eléctrica consumida; siguiendo con el circuito se encuentra el transformador de potencia propiamente dicho, que es una máquina eléctrica estática, que se encarga de reducir la tensión desde 3 x 12 200 volt a 3 x 380/220 volt. Luego sigue un IA, que alimenta el tablero general de baja tensión (TGBT), desde donde se efectuará la distribución al resto del inmueble.

Muchas y muy variadas son las disposiciones que pueden ser adoptadas, siendo necesario en cada caso un estudio con todos los factores que entran en juego para llegar a la solución más adecuada. Como estos trabajos los realizan personas especializadas en la materia, nos limitaremos aquí a proporcionar una información general, a los efectos de prever espacios y conocer algunos detalles constructivos.

El elemento fundamental de este conjunto es el transformador de potencia, que para el uso a que nos estamos refiriendo es siempre trifásico.

12.2.2. Transformador. Es una máquina eléctrica estática formada por dos bobinados, uno primario alimentado con MT y otro secundario de donde se obtiene la BT. La Figura N° 12.2 muestra el esquema eléctrico de un transformador como el empleado en los sistemas públicos de distribución de la energía eléctrica.

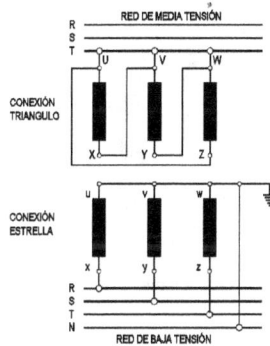

Fig. N° 12.2 Esquema eléctrico del conexionado de un transformador

Entre los transformadores que se construyen son dos los más comúnmente empleados en estos tipos de SET. Siendo el primero, el que emplea como aislante interno y refrigerante el aceite (Figura N° 12.3) y el segundo utiliza aislante sólido; la refrigeración en este caso se hace mediante aire proveniente de ventiladores externos, dispuestos convenientemente (Figura N° 12.4).

En los del primer tipo los bobinados primarios y secundarios se encuentran arrollados en un núcleo formado por chapas de características especiales y sumergidas en el aceite contenido en un recipiente de acero denominado cuba.

Las cubas de los transformadores tienen una forma prismática y tienen tubos o aletas (radiadores) para que por su interior circule el aceite a los fines de su refrigeración, como es posible observar en las Figuras N° 12.2 y 12.6. En la primera de las figuras se puede apreciar que el transformador tiene un pequeño tanque en la parte superior, para permitir la expansión del aceite ya que cuando esta marcha aumenta su temperatura y por ende su volumen.

Es así que es posible distinguir sobresaliendo de la cuba: tres aisladores de entrada para MT (más grandes) y cuatro aisladores de salida para BT (los más pequeños).

Los bobinados y sus conexionados se pueden ver en el esquema mostrado en la Figura N° 12.2. Los seis terminales de alta tensión marcados con: U V W X Y Z están conectados en triángulo. En cambio los seis terminales de BT, marcados con: u v w x y z se conectan en estrella, siendo el centro de la misma el que da origen al conductor o cable del neutro y que está conectado rígidamente a tierra (de acuerdo con el ECT tipo TT).

También se emplean transformadores del tipo seco encapsulado, en el cual los bobinados se encuentran dentro de una masa de resina aislante. Este tipo de transformador elimina el potencial peligro que representa el incendio del aceite (Figura N° 12.4). El funcionamiento es idéntico al descripto anteriormente.

A efectos de tener una idea sobre las dimensiones generales de los transformadores que se utilizan en las SET de los inmuebles se incluye la Tabla N° 12.1.

Fig. N° 12.3 Transformador con
aislamiento líquido

Fig. N° 12.4 Transformador con
aislamiento sólido

TABLA N° 12.1
CARACTERÍSTICAS DE LOS TRANSFORMADORES
TENSIÓN PRIMARIA 13 200 kV

POTENCIA [kVA]	PESO [kg]	DIMENSIONES PRINCIPALES [mm]			
		LARGO L	ANCHO A	ALTO H	TROCHA T
25	300	900	450	1 100	---
80	550	1 320	700	1 400	600
100	590	1 320	700	1 400	600
200	880	1 500	800	1 500	600
315	1.245	1 650	850	1 700	700
500	1.770	1 800	1 050	1 900	800
630	1.990	1 800	1 050	1 900	800
1000	2.990	1 850	1 860	2 050	800

NOTAS:
1. Relación 12 200 + 2 x 2,5 % / 400 – 231 V.
2. La tabla no está completa, solo muestra las potencias más usadas.
3. Estos datos corresponden a la Norma IRAM 2050 (hasta 1 000 kVA inclusive).

12.2.3. Conexión de una SET. Las empresas distribuidoras de la energía eléctrica emplean redes de MT que son independientes de las de BT, que adoptan un esquema denominado "en anillo", por lo cual las SET están "insertas" en ese anillo tal como lo muestra la Figura N° 12.5. En dicha figura es posible ver una salida para el usuario. El conjunto mostrado se encuentra dentro de un recinto denominado CABINA DE MANIOBRA Y MEDICIÓN que es de propiedad de la empresa distribuidora. La salida para el usuario es un cable que alimenta a la SET de este y cuyo esquema eléctrico se muestra en la Figura N° 12.6.

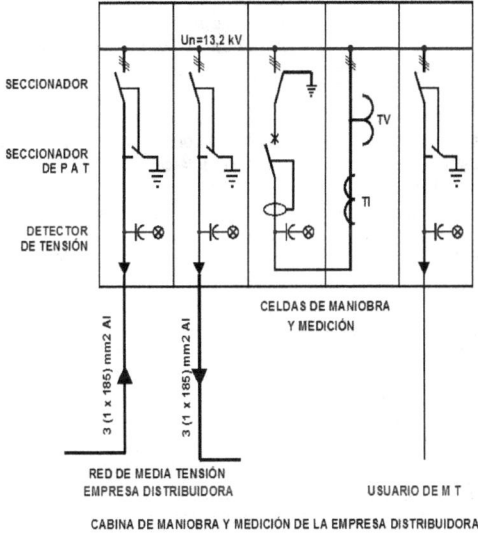

Fig. N° 12.5 Esquema unifilar de una SET en un sistema de distribución

12.3. TIPOS

12.3.1. Introducción. Las SET adquieren distintos aspectos constructivos en función de la potencia, del lugar en donde se deben instalar y de las disposiciones de las empresas distribuidoras. Es así como se pueden encontrar aquellas construidas en locales especialmente acondicionados, tanto sea en interior como en el exterior del inmueble, y las que son hechas en fábricas, que se denominan integradas o compactas. Vale aclarar que las denominaciones de estas últimas no son rigurosas, ya que se suelen utilizar otros nombres según el fabricante o las costumbres del lugar o empresa.

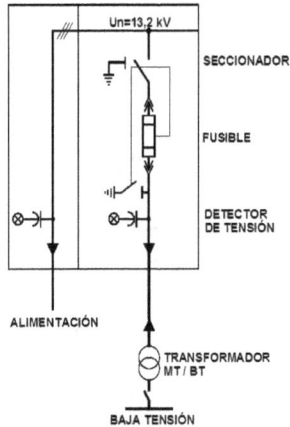

Fig. N° 12.6 Esquema unifilar SET usuario

12.3.2. Subestación transformadora en recinto especialmente construido. Para alojar a los distintos componentes de una SET se hace menester construir un recinto especial en donde se montarán: el transformador, los elementos de maniobra, protección y medición. A este recinto se lo denomina SUBESTACIÓN TRANSFORMADORA. Para el caso de grandes inmuebles en el radio urbano, la SET se instala en el mismo edificio. Para ello debe consultarse a las empresas distribuidoras, las que aconsejarán la forma de disposición estandarizada y proveerán de croquis sobre los cuales poder diseñar la obra civil necesaria, y disponer la colocación de los aparatos que la componen.

En el caso de IE destinadas a grandes inmuebles, grupos de viviendas (barrios) o simplemente en construcciones en donde el valor del terreno no justifica hacer una SET subterránea, para aprovechar la tierra o adaptarse a las condiciones de operación de las grandes ciudades, se puede construir una del tipo a nivel o aérea.

Tratándose de transformadores grandes es conveniente que la SET no se encuentre instalada dentro de ningún edificio principal, sino en uno especialmente construido para ese fin, por lo general alejado lo suficiente como para no dañar a las personas y los bienes en caso de incendio o explosión. Hay que recordar que la inflamación del aceite mineral provoca, además de la consiguiente elevación de temperatura, mucho humo y gases. Si la SET o cámara transformadora (este último es el nombre que suele darse en la CABA) tiene que estar necesariamente colocada en algún edificio donde viven o trabajan personas o se depositan mercaderías, se coloca en la parte periférica y perfectamente aislada por medio de materiales incombustibles.

En caso de incendio, la única solución es facilitar el desagote del aceite mineral inflamado, para que termine su combustión en un lugar que no entrañe riesgos, o circunscribiéndolo para que se consuma en la misma SET o cámara transformadora. Para ello se realizan bajo el transformador cavidades amplias con conductos hacia el exterior, que puedan terminar en tanques de cemento donde se ahoga el fuego. Esto se puede evitar con el empleo de transformadores del tipo encapsulado en resinas ya que la diferencia de precio lo justifica.

A todas las construcciones de los recintos para las SET se las provee de ventilación (natural o forzada llegado el caso), para asegurar un tiraje eficaz del calor e impida la entrada de agua, lluvia, nieve, animales u objetos extraños.

12.3.3. Subestación integrada o compacta. Es un equipo que se construye en una fábrica y luego se traslada al lugar de montaje definitivo. Presenta la ventaja de su construcción en serie y de acuerdo con las normas respectivas. Independientemente de la potencia se fabrican para montar en el interior de un inmueble o a la intemperie, por sus dimensiones y peso su traslado se adecua a las reglamentaciones de Vialidad Nacional.

Antes del montaje definitivo se debe ejecutar una base y las canalizaciones para los cables de entrada y salida.

Se fabrican con potencias de hasta 1 000 kVA. La tensión primaria es de 13,2 kV y la secundaria de 220-380 V.

Estas SET están formadas por un gabinete dividido en dos partes destinados, uno a los aparatos de maniobra y protección de MT y el segundo para los de BT y el transformador.

12.3.3.1. Subestación compacta de interior. La Figura Nº 12.7 muestra una de este tipo, constituida por un gabinete metálico que contiene el transformador, las celdas de MT y el TGBT necesarios a la entrada y salida de la energía eléctrica respectivamente.

Fig. Nº 12.7 SET compacta de interior

12.3.3.2. Subestación compacta de intemperie. La construcción de grandes inmuebles rodeados de parques o en el caso de los barrios privados (*country*) o bien la ubicación de la SET en las plazas públicas, ha hecho que surjan nuevos requerimientos constructivos para las mismas. Estos están fundamentalmente originados en la utilización del menor espacio posible y la estética, acompañado de las obvias condiciones de seguridad y también de un factor muy importante en la ejecución de cualquier tipo de obra: el tiempo de montaje (Figura Nº 12.8).

12.3.4. Subestaciones aéreas. En general no son de aplicación directa en los inmuebles, son utilizadas por las empresas que hacen la distribución de la energía eléctrica en las zonas no céntricas de las grandes ciudades y en ciertas localidades; el tendido de los conductores o cables se hace en forma aérea. Ello obedece a razones económicas, aunque no ofrecen tanta seguridad para las personas y para el propio servicio.

Fig. Nº 12.8 SET compacta de intemperie

12.4. GRUPO ELECTRÓGENO

12.4.1. Introducción. Un grupo electrógeno (GE) es una fuente de energía eléctrica que se puede utilizar como un suministro de emergencia durante un determinado tiempo o bien en forma permanente.

Se fabrican en un amplio rango de potencias, ya que su uso obedece a muy distintas necesidades tales como: respaldo del suministro hecho por las empresas distribuidoras, esparcimientos (camping, casa de fin de semana, etc.), emergencias (equipos de rescates, sanatorios, etc.) o bien para sistemas productivos (lugares alejados de líneas de distribución).

En consecuencia presentan diversas características constructivas, siendo necesario en cada caso un análisis de las necesidades para poder seleccionar el equipo más adecuado en cuanto a la potencia y al combustible a emplear.

Son equipos que van siendo cada vez más comunes en los grandes inmuebles ya que es imprescindible mantener el servicio de los ascensores, el suministro del agua potable y los sistemas de seguridad.

Un sistema de alimentación de energía eléctrica de reserva es aquel destinado a mantener, por razones diferentes a las de seguridad, el suministro a una IE determinada o una parte predeterminada de la misma, mientras no pueda hacerse desde la fuente que normalmente utiliza.

El desarrollo del tema se hará siguiendo esta última premisa, es decir no se abordará el caso de los generadores trabajando en paralelo con la red pública, ya que no está permitido.

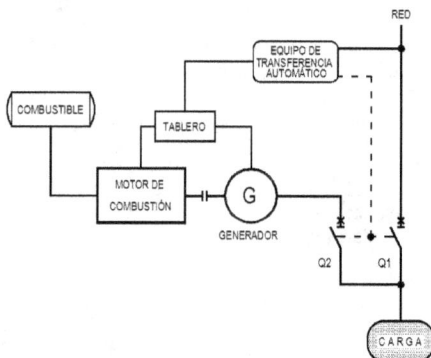

Fig. Nº 12.9 Esquema funcional de un GE

12.4.2. Características constructivas. Básicamente están constituidos por un motor de combustión interna con sus sistemas de refrigeración, escape de los gases producidos por la combustión y de combustible, un generador eléctrico con su correspondiente tablero de comando, control y un tanque de combustible cuando emplea del tipo líquido; en el caso de usar gas natural: una válvula reguladora y de emergencia.

Fig. Nº 12.10 Grupo electrógeno

Se los encuentra comercialmente en forma de bloque sobre una bancada común sobre la cual están montados los elementos componentes, tal como lo muestra la Figura Nº 12.10.

Los motores térmicos se fabrican para funcionar con combustible líquido (nafta o gas oil) o gaseoso (gas natural), aunque no indistintamente.

El generador eléctrico puede ser monofásico (pequeñas potencias) o bien trifásico (para potencias mayores) y la tensión generada es 220 V o bien 380 V, pudiendo ser en ambos casos a 50 o 60 Hz.

Las potencias en que proveen van desde 1 kVA para los primeros y hasta los 1 000 kVA (en forma estándar) pudiendo ser mayores también.

Con respecto a la forma de expresar la potencia del equipo, comercialmente se lo hace en kVA. De acuerdo con las normas ISO, las mismas se expresan como:

- potencia "Prime",
- potencia "Stand by continua,
- potencia "Stand by máxima".

La refrigeración de los motores térmicos puede ser por aire o mediante un líquido refrigerante, en ambos casos tiene que tener un intercambiador de calor, que puede estar montado en el mismo motor como lo son los radiadores o bien ser externo (torre de enfriamiento) y estar montado en otra parte.

El conjunto se provee en forma abierta o bien con un gabinete metálico con las adecuadas puertas y con un revestimiento interior que no permite la transmisión del ruido al medio en el cual está instalado, o sea que es insonorizado.

El arranque en los motores térmicos se hace a través de baterías estacionarias que son recargadas mediante el mismo equipo o bien por un cargador conectado a la IE.

En el caso de equipos de cierta potencia destinados a servicios de emergencia, el motor térmico cuenta en el interior de su block con resistencias calefactoras conectadas a la IE que mantienen la temperatura de funcionamiento del mismo. Estas resistencias consumen una cierta potencia eléctrica que deberá ser tenida en cuenta cuando se proyecta la IE de los mismos.

12.4.3. Sistema de generación. En la Figura N° 12.9 se muestra esquemáticamente la disposición eléctrica de un GE. El motor térmico impulsa un alternador trifásico o monofásico. La salida del generador se conecta a un IA (I1) y la salida de este se puede conectar: la carga directamente o bien a un equipo o interruptor de transferencia (I2), el cual puede ser automático o manual, para su vinculación con la carga.

El equipo automático de transferencia se utiliza para conectar el GE a la IE cuando falta la alimentación normal de la misma. Este controla el conjunto, como se puede ver por las líneas de punto y trazo.

Hay varias soluciones para esta disposición de equipos automáticos que realizan todo esto sin la intervención de las personas por la simple falta de tensión de la red, que inician el ciclo de automatismos hasta dejar el GE en servicio sobre la carga.

En forma manual, en caso de faltar energía de la red pública, los operadores o encargados ponen en marcha el GE, abren I_1 y cierran I_2.

Una vez decidida la necesidad de contar con un GE es necesario determinar la potencia del mismo, debiéndose tener presente en el caso de que las cargas sean ME la corriente de arranque ya que las mismas oscilan entre cinco y ocho veces la nominal, cuando se trata de arranques directos.

Otra carga que debe ser tenida en cuenta son los ascensores. Estas cuestiones son de muchísima importancia a la hora de determinar la potencia del generador.

La forma de onda generada es de suma importancia, ya que tiene mucha influencia sobre el funcionamiento de los equipos electrónicos.

Dado que es una fuente de energía eléctrica deberá tenerse en cuenta la potencia de cortocircuito que es capaz de suministrar.

Una vez que el equipo está funcionando con su carga, lo hace manteniendo los valores de tensión y frecuencia mediante su propio regulador, cuando se quitan las cargas debe tenerse presente que se producirá una elevación de estos parámetros que podrían producir deterioros a los equipos que quedan conectados.

12.4.4. Montaje. Para tener una orientación en cuanto a las dimensiones, vemos en la Figura N° 12.11 un GE instalado en un local construido para este uso exclusivamente ya que el mismo debe cumplir ciertos requisitos.

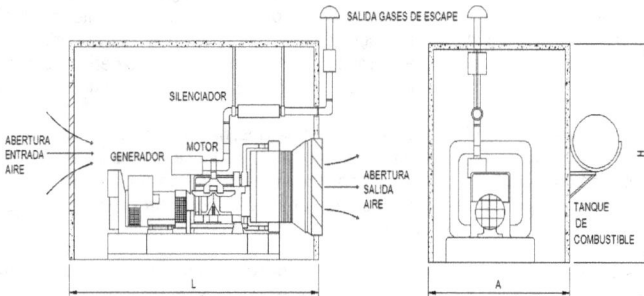

Fig. N° 12.11 Esquema de un local para un GE

El escape se ha enviado al techo, en donde se puede apreciar el correspondiente silenciador, y se ha previsto la adecuada y necesaria ventilación. Hay que dimensionar la puerta para que permita la entrada del GE con facilidad, y si se trata de uno grande, la altura de la sala debe permitir sacar hacia arriba los pistones con sus bielas. En la Tabla N° 12.2 se encuentran dimensiones indicativas de los grupos y locales necesarios.

De la misma forma el recinto debe contar con un sistema iluminación (normal y de emergencia) cuyo nivel sea de 200 lux mínimo de acuerdo con lo establecido en la ley. El de emergencia deberá asegurar un nivel de iluminación de 30 lux a 80 cm del nivel del suelo.

Se exige para el recinto un circuito especial de tomacorrientes monofásicos con dos bocas que tengan tomacorrientes de 2 x 10 A + T y 2 x 20 A + T.

A los efectos de dejar un lugar adecuado al almacenamiento de combustible, debe tenerse en cuenta que un motor diesel tiene un consumo de 200 a 250 gramos por CV-hora, según sea la velocidad y la carga, y que un motor a carburador consume 220 a 400 gramos por CV-hora.

TABLA 12.2
CARACTERÍSTICAS GENERALES DE LOS GRUPOS ELECTRÓGENOS

POTENCIA [CV]	DIMENSIONES						PESO [kg]
	MÁQUINA			LOCAL			
	I [mm]	A [mm]	h [mm]	L [mm]	A [mm]	H [mm]	
5	800	500	600	2300	2500	2500	150
12	1200	630	850	3000	2800	2500	512
20	1700	870	970	3000	3200	3000	1210
40	1900	1400	1200	4000	3700	3000	1650
60	2000	1600	1400	4500	4200	3300	2120
120	2200	1750	1500	4900	5000	3600	2200
150	2400	2000	1700	5500	5000	3800	3800
250	3300	2700	2000	6300	6000	4000	5800

12.4.5. Grupo electrógeno portátil. Son equipos de menores potencias, lo cual permite su fácil traslado. Se fabrican en una gama desde 1 kVA hasta 10 kVA, siendo su peso del orden de los 30 kg a los 100 kg.

La energía eléctrica generada puede ser con un sistema monofásico o trifásico.

En cuanto al combustible que utilizan los motores térmicos que impulsan estos generadores portátiles, pueden ser gas oíl o nafta.

El conjunto formado por el motor, generador y tanque de combustible también vienen montados en un armazón o chasis, el cual facilita su traslado y posterior ubicación (Figura Nº 12.12).

Fig. Nº 12.12 Grupo electrógeno portátil

12.4.6. Equipo de transferencia automática. Los GE destinados a ser utilizados como fuente de energía eléctrica de emergencia se conectan a un tablero denominado de TRANSFERENCIA AUTOMÁTICA, que como su nombre indica lo ponen en funcionamiento y conecta la carga en forma automática.

12.4.7. Puesta a tierra. Las IE alimentadas por los GE deben contar con protección contra los contactos directos e indirectos.

Todos los tipos de generadores cuentan con un borne es su chasis o armazón para permitir su conexión al sistema de PAT del inmueble.

Tanto sea para equipos monofásicos o trifásicos el borne que corresponde al neutro del generador debe ser PAT. La misma deberá tener un valor de 40 ohm o menos.

Los interruptores generales (a la salida del generador) deben ser bipolares o tetrapolares respectivamente.

12.5. ENERGÍA RENOVABLE

12.5.1. Introducción. El estudio de la producción de las llamadas ENERGÍAS RENOVABLES constituye una especialidad que naturalmente no se pretende abordar en esta obra, pero que tampoco se puede obviar al tratarse entre otras cuestiones de la generación y el posterior el empleo de la energía eléctrica. El tratamiento de estos, día a día se hace más popular. Los aspectos fundamentales y las teorías relacionadas se encuentran en la bibliografía específica.

Dentro de las distintas alternativas existentes para producir energía eléctrica nos referiremos a la que tiene como fuente principal al sol o sea la llamada ENERGÍA SOLAR. Esta transformación directa es posible debido al EFECTO FOTOVOLTAICO.

12.5.2. Características. Las posibilidades de aplicar esta última tecnología son muy numerosas y se extiende desde la más elemental de uso hogareño a otras como sistemas de instrumentación remotos, control, riego, seguridad, etc. Las posibilidades de aplicaciones resultan ilimitadas. Como ejemplos se pueden citar las luces de los pasillos y escaleras de los edificios de propiedad horizontal, las cuales se pueden utilizar normalmente y actúan como dispositivos de emergencia en caso de que falte el suministro de la energía eléctrica normal. También es necesario señalar la existencia de otras tecnologías de aprovechamiento de la energía solar no consideradas aquí.

La forma propuesta para generar energía eléctrica está integrada por una serie de componentes dispuestos de manera tal que resulta en un sistema funcionalmente armónico para alimentar una carga determinada (Figura N° 12.13).

En esta figura se puede observar:

- **Panel fotovoltaico o panel solar.** Está destinado a captar la energía incidente del sol y convertirla en energía eléctrica (Figura N° 12.14).
- **Tablero de control y protección.** Es donde se alojan los elementos que se emplean para controlar y proteger los componentes de estos sistemas.
- **Regulador de carga.** La tensión generada por el panel solar debe ser regulada a los valores necesarios para cargar las baterías.
- **Acumuladores de baterías.** Están destinados a almacenar la energía eléctrica producida por el panel fotovoltaico, para utilizarla en las horas en que no se genera.

- **Inversor o convertidor.** La tensión almacenada en las baterías es del tipo continua, por lo cual debe ser convertida en alterna a la frecuencia de 50 Hz para que pueda ser aplicada a los distintas variedades de consumos.
- **Tablero eléctrico.** Es el TE de la IE propiamente dicha compuesto por interruptores automáticos y diferenciales.

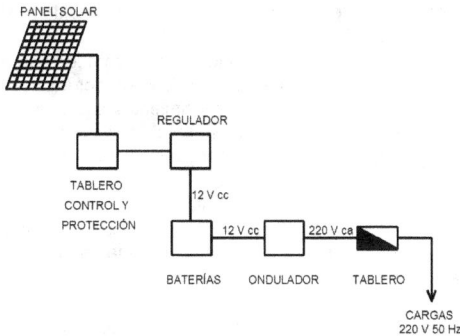

Fig. Nº 12.13 Esquema de un sistema de generación solar

12.5.3. Proyecto de sistemas. El proyecto de un sistema de abastecimiento de energía eléctrica en base al sol, se debe hacer en función del consumo diario que se tenga, teniendo en cuenta las horas en las cuales el sol no está presente, periodo este cuando el suministro se hará desde las baterías.

El cálculo más importante tal vez sea la determinación de la superficie de panel necesario, que puede estar compuesta por varias unidades.

Uno de los factores determinantes del rendimiento del sistema es el emplazamiento del panel solar. Se tratará en

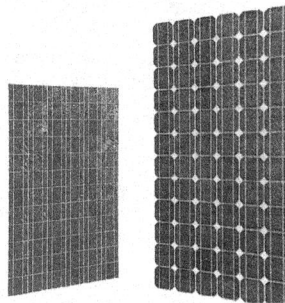

Fig. Nº 12.14 Paneles solares

la medida de lo posible que el mismo se encuentre en la trayectoria del sol de acuerdo con la zona de montaje.

Existen otros parámetros a tener en cuenta como la inclinación del mismo con respecto a la horizontal y la capacidad de las baterías.

La IE a la cual se suministra esta energía eléctrica para abastecer los consumos deberá ejecutarse con pautas idénticas a las empleadas para los otros tipos de suministro, debiéndose destacar la necesidad de minimizar las pérdidas por caídas de tensión.

12.6. FUENTES SEGURAS DE ENERGÍA ELÉCTRICA

12.6.1. Introducción. La necesidad de contar con una fuente segura de energía eléctrica deriva de que hay ciertas cargas de la IE denominadas "críticas" en razón de tener que estar siempre alimentadas porque de no ser así se producirían inconvenientes muy serios. La gravedad de estos estará en función de la aplicación. Por ejemplo: el sistema de control de una caldera, sistemas de comunicaciones de voz o datos, computadoras, etc.

Este tema se ha incorporado porque cada vez es más fácil encontrar una de estas fuentes, por lo cual se hace necesario tener ciertos conocimientos sobre la funcionalidad, resaltando que desde el punto de vista del diseño y la tecnología de sus componentes internos son materia de otras especialidades.

A continuación se tratarán los equipos del tipo estático por ser los más comunes y cuya vista de uno genérico se muestra en la Figura N° 12.15. El tamaño dependerá de la potencia.

**Fig. N° 12.15.
Vista de una SAI**

12.6.2. Denominación. Funcionalmente el tema es: fuentes seguras de energía eléctrica. En el lenguaje corriente se denominan de varias maneras: *Uninterruptible power supply* según el idioma ingles y sus siglas son **UPS** o bien *Sistema de alimentación ininterrumpible,* cuyas siglas son **SAI** y que son las que se utilizarán en lo que sigue.

12.6.3. Descripción. A partir de la premisa de que un SAI está alimentado desde una IE como una carga más de la misma, básicamente estará compuesta por:

- una fuente de energía eléctrica autónoma propiamente como lo son las baterías,
- un dispositivo para permitir reponer la energía eléctrica a la fuente anterior, luego que ha suministrado oportunamente la misma. Un equipo cargador de baterías,
- un equipo que permita censar si se efectúa el suministro desde la IE y en caso de no ser así conectar la fuente de energía autónoma, o sea las baterías.

El SAI de corriente alterna tiene un circuito ondulador para transformar la tensión continua, proveniente de las baterías, en alterna para alimentar la carga.

Existen dos tipos, que se diferencian en la forma de hacer el suministro de la energía eléctrica. Uno de ellos se conoce como en reserva o *stand by* y el otro como en línea u *on-line*.

En el primer caso el equipo está esperando la ocurrencia de una falta de alimentación normal para entrar en funcionamiento o sea para proveerle energía eléctrica a la carga que tiene conectada.

En el caso de las del tipo en línea u *on-line*, la misma está alimentando permanentemente a la carga, por lo cual no se percibe la falta de la línea de alimentación (Figura Nº 12.16).

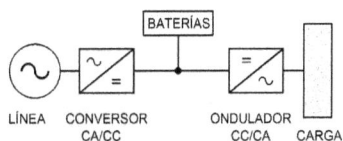

Fig. Nº 12.16 Esquema funcional de una SAI

12.6.5. Protecciones. Los SAI deben ser considerados como un equipo en sí mismo y por lo tanto cada tipo constructivo contará con sus accesorios necesarios.

Desde el punto de vista de la protección de las personas, las medidas a adoptar, como en todas las IE dependerá del ECT adoptado para estas últimas. O sea cuál es la situación del neutro con respecto a tierra. Recordemos que el esquema de conexión obligatorio es el TT.

Las disposiciones en casos de contactos directos e indirectos son las explicadas para el caso general de las IE (Capítulo Nº 4 –Riesgo eléctrico–).

CAPÍTULO 13

PUESTA EN MARCHA
Y VERIFICACIÓN

13.1 INTRODUCCIÓN

El Instalador electricista debe realizar pruebas de sus trabajos durante la ejecución y una vez finalizados los mismos para asegurarse de que la IE sobre la que trabajó tiene un funcionamiento seguro y eficiente, sirviéndole además para evitar reclamos y también para recoger experiencia para las obras posteriores.

El plan de ensayos desarrollado a continuación es entonces deseable, pero no exigible en la mayor parte de los casos, sobre todo si se trata de IE pequeñas.

La realización de pruebas constituye un análisis a conciencia, el cual conduce a tener la seguridad de entregar un trabajo bien realizado.

13.2. INSTRUMENTOS PARA LA EJECUCIÓN DE PRUEBAS

Para las verificaciones se hace necesario contar con un cierto instrumental, que se describe a continuación. En general se trata de instrumentos de mano con un relativo bajo costo y simpleza de manejo.

13.2.1. Instrumento tipo pinza. Se fabrican para distintas magnitudes eléctricas a medir. Tienen un amplio rango de alcances, los cuales se pueden cambiar mediante un interruptor tipo conmutador.

El resultado de la medición puede presentarse en forma analógica o digital y permite retener el valor máximo del parámetro bajo medida. Son instrumentos

Fig. N° 13.1 Instrumento tipo pinza

robustos que se adaptan muy bien a las condiciones impuestas por el trabajo de la obra o de las reparaciones (Figura N° 13.1).

13.2.1.1. Pinza amperomética. Se utiliza para medir las corrientes eléctricas sin tener que cortar el conductor o cable.

13.2.1.2. Pinza amperovoltimétrica. Permite medir la corriente eléctrica en forma igual a la anterior, pero también puede medir la tensión mediante el empleo de dos cables adicionales, en cuyos extremos tiene puntas de pruebas para hacer contacto; estos por un lado se conectan al instrumento en sí y con las puntas de prueba se hace contacto con los puntos en los cuales se quiere medir la tensión.

13.2.1.3. Otros tipos de instrumentos de pinza. Con similares formas constructivas que las anteriores se fabrican otros modelos que permiten medir otras magnitudes de los sistemas eléctricos, como ser: potencias, factor de potencia, etc.

13.2.2. Probador. Es un dispositivo de mano sin partes móviles. Cuenta con un cuerpo principal, el cual tiene incorporada una de las puntas de prueba para hacer contacto con el punto de la IE o componente de la misma a verificar

Fig. N° 13.2 Probador

y desde el cuerpo propiamente dicho sale un cable que tiene conectada la otra punta de prueba utilizada para hacer contacto en el punto en donde se quiera hacer la verificación correspondiente (Figura N° 13.2). Mediante estas dos puntas de prueba se pueden determinar niveles de tensión y continuidad de los circuitos.

La primera de las funciones, la realiza encendiendo diminutas lámparas (diodos emisores de luz o led). A cada nivel de tensión se le asigna una de estas lámparas; el nivel de tensión está indicado con una leyenda grabada en el cuerpo del probador.

Los niveles de tensión que puede detectar en general son: 12, 24, 48, 120, 220 y 400 V en corriente alterna o continua.

Las pruebas de continuidad se hacen utilizando las mismas puntas de pruebas; en este caso la existencia de la misma se indica mediante un sonido. A esta función se accede mediante la utilización de un interruptor conmutador.

Se trata de un dispositivo muy robusto, no solo por los materiales con que está construido sino también por no tener partes móviles; sus indicaciones se hacen mediante una luz o un sonido.

Este instrumento reemplaza muy satisfactoriamente a las clásicas "lámpara de pruebas", por su funcionalidad y por brindar seguridad al ser operado.

13.2.3. Detector de tensión. Se utiliza para verificar la existencia de tensión. Lo hace por inducción eléctrica, y por ende no hace falta involucrar al operador en

el circuito de prueba como lo hacen los
tradicionales "busca polos", lo cual representa seguridad para quien lo emplea. En la Figura N° 13.3 se muestra
un tipo de detector de tensión.

Fig. N° 13.3 Detector de tensión

13.2.4. Multímetro. En el lenguaje corriente se lo conoce con el nombre de
tester, palabra del idioma inglés que significa PROBADOR. Es un instrumento que
permite efectuar la medición de varios parámetros de los circuitos eléctricos,
como ser: resistencia, frecuencia, corriente eléctrica (muy bajas, para una IE),
tensión, etc. Algunos modelos permiten hacerlo con otros parámetros como
capacidad, inductancia, etc. También pueden determinar la continuidad de un
circuito empleando una señal acústica. En la Figura N° 13.4 se muestra un
instrumento analógico y en la Figura N° 13.5 otro digital.

Fig. N° 13.4 Multímetro
analógico

Fig. N° 13.5 Multímetro
digital

Cuentan con distintos rangos de utilización los cuales son conmutables, y
mediante adecuados accesorios también pueden llegar a medir temperatura
por contacto.

13.2.5. Óhmetro. Es un instrumento destinado a la medición de resistencias eléctricas. Las que se necesitan medir en el caso de las verificaciones a
realizar en las IE son de un valor elevado, en consecuencia definen el tipo de
aparato a utilizar. Se descartan los métodos indirectos en función de su poca
practicidad ya que las mediciones propuestas se deberán realizar en una obra
o en un taller.

Los instrumentos destinados a la medición de las
resistencias de valores elevados como los presentados
por los aislamientos de los distintos componentes de
una IE, se conocen popularmente como "megóhme-
tros" (Figura N° 13.6).

Estos instrumentos se conectan a la resistencia a
medir, y una aguja o en un display indican en forma directa el valor de esta directamente en ohm o en Mega-ohm.
Existen distintas variedades, pero paulatinamente los
electromecánicos son superados por los del tipo de esta-

Fig. N° 13.6 Megóhmetro

do sólido, teniendo la particularidad de que pueden hacer las mediciones de resistencia a distintas tensiones de prueba, como ser a 1 000 o 5 000 volt.

13.2.6. Termografía. La técnica de la termografía consiste básicamente en medir temperatura a distancia, sin necesidad de tener un contacto físico, lo cual es óptimo para los sistemas eléctricos de cualquier tipo. Estos últimos están formados por diferentes y variados componentes (cables, borneras, interruptores, etc.); cada uno de ellos tiene una tensión y corriente eléctrica nominal para poder desarrollar su prestación, la cual se hace siempre con generación de calor que se disipa al medio ambiente. Así se ha visto cómo la capacidad de conducir una corriente eléctrica por un cable con determinado aislamiento se hace a una temperatura establecida (Capítulo N° 2 –Materiales de las IE–).

En cualquier elemento componente de los sistemas eléctricos una elevación de la temperatura por encima de la nominal significa un problema para el aislamiento, debido al deterioro que le provoca. Ese exceso de calor puede provenir de una consecuencia eléctrica, como lo es una sobrecarga o bien de una mecánica, como lo es el mal ajuste del conductor de un cable a un borne (bornera general, interruptor, etc.) o que el terminal no se encuentre bien ajustado al borne correspondiente. Un mal contacto significa una mayor resistencia que significa irremediablemente una elevación de la temperatura por efecto Joule.

La tecnología infrarroja permite, a través de un instrumento parecido a una cámara fotográfica, que se enfoque desde una cierta distancia el equipo o aparato a verificar. La cámara termográficatiene una pantalla en la cual aparece representado el elemento enfocado con un espectro de distintos colores que a su vez se corresponden con las distintas temperaturas de los mismos (Figura N° 13.7).

Fig. N° 13.7 Cámara termográfica

Estas imágenes son digitales, lo cual permite que sean procesadas en forma posterior a la toma o bien que sea posible transmitirlas a distancia.

Esta técnica presta una invalorable ayuda por cuanto permite determinar con anticipación, sin sacar el equipo o aparato de servicio, cuáles serán los puntos o componentes de una IE que se están deteriorando, lo cual da tiempo para realizar los preparativos de la corrección a realizar.

13.2.7. Termómetro. Se utiliza para determinar la temperatura de los componentes de la IE, lo cual facilita la detección del posible funcionamiento anormal de alguno de ellos. La medición se hace sin necesidad de hacer contacto físico con el elemento en observación (Figura N° 13.8). En este caso en el display solo se muestra mediante dígitos el valor de la temperatura.

13.2.8. Analizador de vibraciones. Está destinado a detectar anormalidades en equipos rotantes (bombas, compresores, etc.) a través del análisis de las vibraciones generadas, no ya por sus funciones propias (vibradores, transportadores, etc.) sino por el

Fig. N° 13.8 Termómetro

mal funcionamiento de sus componentes. El desperfecto puede derivar de distintos factores, tales como mal diseño, incorrecto montaje, desgaste, etc.

La utilización de este tipo de instrumentos no solo permite realizar rápidamente un diagnóstico del problema sino también hacer un seguimiento en el tiempo. El análisis de los registros permitirá un accionar preventivo.

13.3. VERIFICACIÓN DEL TRAZADO Y UBICACIÓN DE LOS COMPONENTES

El análisis visual permite saber si ciertos aspectos de la obra no han sido hechos correctamente. Esta verificación puede comprender, por ejemplo si los TE están en lugares adecuados, si las cañerías corren por lugares permitidos, si el tipo de cable empleado es el adecuado, si las IE de MBT están debidamente separadas de las otras, si los interruptores y tomacorrientes están en lugares adecuados a su forma constructiva, etc.

13.4. VERIFICACIÓN DE LOS MATERIALES

La primera verificación se debe hacer en el momento de adquirirlo o bien cuando llegan a la obra (según sea el caso), comprobando medidas de los caños, secciones de los cables, características constructivas, sellos de las normas, etc. Otra parte puede estar a cargo de las autoridades municipales durante la obra o las personas autorizadas que efectúan las inspecciones reglamentarias o contratadas.

Luego de la ejecución de las cañerías y antes de "hormigonar" se deben verificar los caños y las cajas alojadas en los encofrados, y posteriormente los gabinetes de los TE.

Al margen de la inspección reglamentaria, si la obra es importante, conviene una revisión general de los pequeños detalles.

13.5. VERIFICACIÓN DE LAS CONEXIONES

Con ayuda de los planos que contienen los circuitos eléctricos se comprueba si todos los cables y demás componentes (interruptores, tomacorrientes, etc.) están debidamente conectados, y si sus capacidades están de acuerdo con las corrientes eléctricas consumidas, de cortocircuito y las tensiones del circuito.

13.6. VERIFICACIÓN DE LAS PROPIEDADES ELÉCTRICAS

Con estas pruebas, se sabe si todo ha sido ejecutado con los materiales adecuados, y si la mano de obra ha sido cuidadosa en la utilización de los mismos.

Estas verificaciones comprenden la realización de tres tipos de ensayos: prueba de continuidad, prueba de aislamiento y verificación de la caída de la tensión

13.6.1. Prueba de continuidad. Se hace para verificar que un determinado cable que comienza en una caja llega a otra, lo cual indica que no se ha cortado durante su tendido, o bien si el que sale de una caja, es efectivamente el que se supone aparece en la otra. La Figura N° 13.9 nos indica un caso común de verificación.

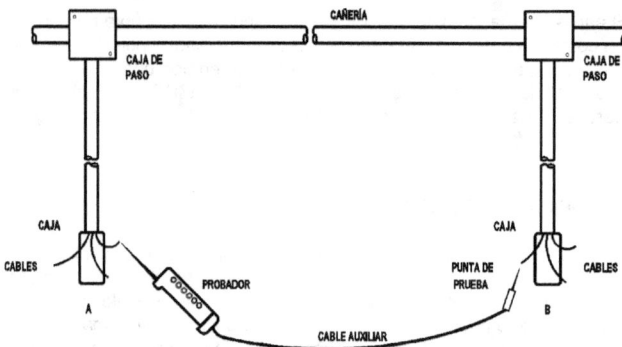

Fig. N° 13.9 Forma de identificar un cable

En esta última figura se pueden apreciar dos cajas (A y B) de una IE embutida que dejan ver tres extremos de tres cables cada una, en donde es necesario identificar a los mismos. En este caso se utiliza un probador, comenzando por conectarlo a uno de los cables, por ejemplo el de la derecha, en la caja **A**, mientras con la punta de prueba **P** se hace contacto con cada uno de los de la caja **B**, y cuando se escuche la señal o se encienda alguna de las luces del probador estará indicando que se ha cerrado el circuito y por lo tanto ha sido identificado en el otro extremo del cable.

Si las distancias son grandes, puede usarse la cañería en caso de que sea metálica como conductor de unión o bien recurriendo a un tramo de cable. Los aparatos para probar aislamiento y los llamados "*tester*" también sirven para hacer la identificación de los cables.

Se debe descartar el empleo de la clásica "lámpara de prueba" por no ser segura para quien la usa.

13.6.2. Prueba de aislamiento. Es un ensayo muy importante. Una IE con un aislamiento deficiente es peligrosa para las personas y los bienes; las corrientes eléctricas de fuga generan tensiones a las que puede quedar sometida una persona provocándole un shock eléctrico. Además estas corrientes originan calentamientos que pueden derivar en incendios en algunos entornos. A su vez estas corrientes de fugas son registradas por los medidores de la energía eléctrica como si fueran un consumo menor, con lo cual se incrementa el monto de la facturación.

Siempre interesa saber con cierta exactitud el valor de la resistencia de aislamiento; el valor mínimo debe ser de 1 000 OHM POR VOLT DE SERVICIO. Por ejemplo, un circuito con 220 V de tensión nominal debe tener como mínimo 220 000 ohm de resistencia con respecto a tierra.

Las resistencias de aislamiento dependen de la humedad, la química del ambiente, la temperatura y la tensión. Por esta causa los ensayos deben hacerse en las condiciones de servicio, sobre todo en lo que respecta a la tensión, la cual es un factor definitivo. No deben aceptarse medidas efectuadas con equipos que utilicen tensiones muy bajas, como ser las realizadas con multímetros comunes (*tester*), o los puentes de medida alimentados con pilas. Lo más frecuente y más seguro, es el empleo de los aparatos de medición directa para medir aislamientos en los cables de la IE (Figura N° 13.6).

Cuando la IE tiene una falla por deterioro del aislamiento se debe proceder a determinar el tramo de cable o el elemento donde se origina la misma.

Desde el TG se debe dejar la IE sin tensión, para lo cual se debe abrir el interruptor principal; luego se deben quitar todos los consumos y cerrarse todos los interruptores. Desde el TG se procede a verificar el estado del aislamiento de los cables de cada circuito, primero con respecto a tierra, como lo muestra la Figura N° 13.10, y luego entre los cables como indica la Figura N° 13.11. Esta es la manera en que se llega a localizar el tramo de cable fallado o si en alguno de los tramos hay algún elemento deteriorado.

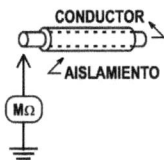

Fig. N° 13.10. Verificación del aislamiento de un cable respecto de tierra

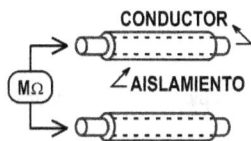

Fig. N° 13.11 Verificación del aislamiento entre dos cables

13.6.3. Determinación de la caída de tensión.

13.6.3. Determinación de la caída de tensión. Para hacer esta determinación es necesario contar con un voltímetro.

De intentar utilizar un probador, debemos tener presente que solo indica la presencia de tensión y su nivel.

Se comienza midiendo la tensión en los bornes de entrada del interruptor general y luego, con todas las cargas conectadas y funcionando en distintos puntos de la IE, llegar al más alejado del TE en donde se encuentra el interruptor general. La diferencia entre ambos valores es la caída de tensión real. La caída porcentual se obtiene refiriendo este valor al nominal. Se admite para los circuitos de iluminación el 3 % y el 10 % para los circuitos de FM como máximo.

13.7. ENSAYO A PLENA CARGA

Una vez alimentada la IE, se conectan todas las cargas y mediante un amperímetro (se puede utilizar la pinza amperométrica) se verifica la corriente eléctrica a la salida del interruptor principal y en cada uno de los circuitos eléctricos que la forman. Según sea el inmueble será la disposición que adopte la IE en cuanto a los circuitos y TE.

Luego que las corrientes eléctricas están circulando durante un tiempo prudencial por todos los circuitos y elementos de la IE, se deber recorrer a la misma en toda su extensión para verificar la temperatura alcanzada por los cables y los distintos componentes.

Si alguno presenta una temperatura excesiva, puede deberse a una capacidad inadecuada, o a un falso contacto. Una persona experta que hace contacto con los componentes básicos y los cables, puede determinar en primera instancia si la temperatura que tiene es admisible. Se considera que si la mano puede tolerarla, el elemento está en condiciones satisfactorias de funcionamiento. En realidad se debe determinar la temperatura mediante el empleo de un termómetro.

De observarse un parpadeo en las luces, el mismo es generalmente motivado por un contacto defectuoso, y deben investigarse las conexiones. Los falsos contactos son fáciles de solucionar mediante la desconexión y revisión de los empalmes o ajuste en los bornes, pero la falta de capacidad de un cable, interruptor o tomacorriente, es un problema que sólo puede repararse cambiándolo por otro adecuado.

13.8. LOCALIZACIÓN DE FALLAS

La localización de las fallas es relativamente simple aunque laboriosa, y se emplea alguno de los instrumentos que se describieron en el párrafo referido a estos.

Las fallas más comunes son:

- falta de tensión,
- corte de un circuito,
- cortocircuito,
- puesta a tierra,
- mezcla de circuitos.

13.8.1. Metodologías. La forma de ejecutar las IE ha ido variando con el correr de los años. Ello se debe al avance de la tecnología, lo cual se aprecia en la mayor cantidad de componentes que es posible encontrar en el mercado, así como la aplicación de nuevas normas y reglamentaciones.

Es posible encontrar estas innovaciones en las nuevas obras pero no en las de mayor antigüedad, lo cual indica que es muy difícil, al menos en el ámbito de las viviendas, que las IE se modernicen; excepcionalmente se pueden encontrar aquellas a las que se les ha incorporado un ID.

A continuación se describirá una de las técnicas empleadas para las IE que tenían la clásica disposición de un interruptor-seccionador bipolar y un solo fusible en el conductor vivo. En caso de tener IA las operatorias descriptas mantienen su vigencia.

13.8.2. Falta de tensión. Esto es consecuencia de la interrupción en la continuidad de un circuito en algún punto, sea en un cable o en un aparato de maniobra. A este tipo pertenecen también los llamados FALSOS CONTACTOS, los cuales son interrupciones intermitentes en la circulación de la corriente eléctrica.

La búsqueda de un corte en los cables o la falta de tensión en una IE debe comenzarse desde el TEP; para ello se utiliza fundamentalmente el probador, aunque en algunos casos se puede recurrir al *tester*.

Se comienza verificando si llega la tensión al TEP desde la red de la empresa distribuidora de la energía eléctrica. Para ello colocamos el probador como lo muestra la Figura N° 13.12. De no verificarse tensión, es por falta del suministro.

Si se comprueba la presencia de tensión en los bornes superiores del interruptor, es necesario verificar el interruptor, para ello colocaremos el probador en cada uno de los bornes de salida del mismo, como lo muestra la Figura N° 13.13.

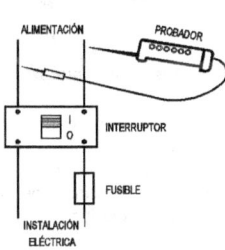

Fig. N° 13.12 Verificación de la tensión de alimentación

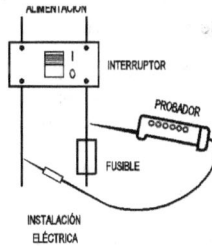

Fig. N° 13.13 Verificación del interruptor

La presencia de tensión indica: descartar al interruptor como elemento fallado y continuar la búsqueda.

La misma continúa con el siguiente elemento, el cual puede ser un fusible. Para ello colocamos el probador en los bornes de salida del interruptor y del fusible, como muestra la Figura N° 13.14. De verificarse la presencia de tensión es que no hay problemas con este último.

Si en lugar del interruptor y fusible se tienen un IA se procede de igual forma a verificar la tensión en los bornes de salida del mismo.

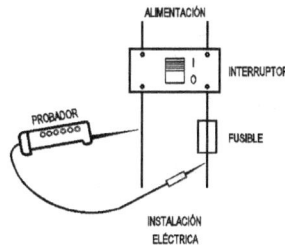

Fig. N° 13.14 Verificación del fusible de entrada

13.8.3. Verificación de la continuidad. Mediante el empleo de un probador se analizará el circuito que presenta la falla, comenzado por uno de los dos cables.

Ubicado el probador como muestra la Figura N° 13.15, si no indica tensión significa que el cable está cortado, de no estarlo se hace la verificación en el otro. Una vez determinado cuál es el que está cortado se procede a su reemplazo.

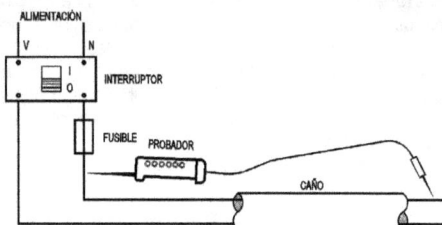

Fig. N° 13.15 Verificación de la continuidad de un cable

La localización de cables cortados es un trabajo de paciencia, porque es necesario hacer desconexiones y proceder por eliminación, lo cual en una IE grande puede demandar mucho tiempo.

13.8.4. Cortocircuito. Es la unión directa de dos puntos a diferente potencial, que normalmente deben estar aislados.

La localización de un cortocircuito entre cables se puede hacer siguiendo la idea bosquejada en la Figura N° 13.16. Se abre el circuito a la salida del interruptor, y en su lugar se coloca el probador como indica la parte (A) de la figura citada. Si el probador indica la presencia de tensión estando todos los consumos desconectados, indica que el cortocircuito existe, porque hay retorno de corriente eléctrica pese a estar todo abierto.

A continuación se procede a revisar cada uno de los circuitos y para ello se comienza por desconectar la línea hasta la primera caja **C** en nuestro ejem-

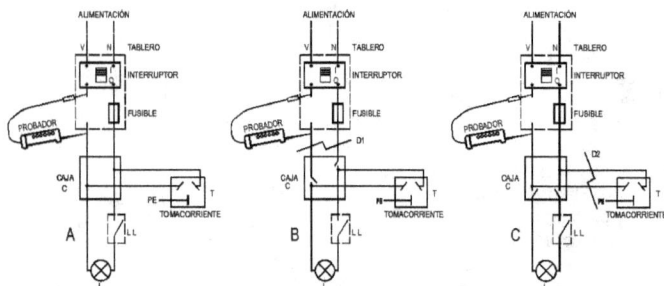

Fig. N° 13.16 Búsqueda de un cortocircuito

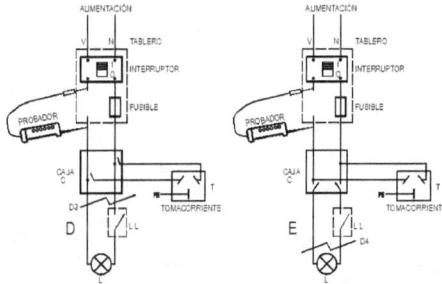

Fig. N° 13.17 Búsqueda de un cortocircuito

plo, como muestra la parte (B) de la figura. Si el probador indica la presencia de tensión, el defecto está en **D1**, y será necesario reemplazar los cables que van desde el fusible hasta la primera caja. De no ser así, porque el probador no indica la presencia de tensión, seguimos con la búsqueda como se indica en (C) y desconectamos el ramal que va a la luz **L** con interruptor **LL**. Si el probador indica tensión, el defecto está en el punto **D2** del ramal entre la caja **C** y el tomacorriente **T**. De no ser así, se aísla el circuito del tomacorriente con el interruptor **LL** abierto. Si el probador indica la presencia de tensión, el defecto está en **D3**. De no ser así, se cierra el interruptor **LL** y se vuelve a verificar. En caso de que el probador indique la presencia de tensión, el defecto está en **D4**, como se indica en la figura **E**. Este procedimiento consiste en una verdadera investigación, procediendo por eliminación.

13.8.5. Puesta a tierra. Es la falla parcial o total del aislamiento de uno o más cables. Al producirse este tipo de falla, el conductor propiamente dicho puede hacer contacto con algún elemento PAT o con otro. De esta manera se produce un cortocircuito a tierra.

Si descartamos las fallas que puedan tener algunas de las cargas conectadas a la IE (lámparas, electrodomésticos, etc.), la PAT de un circuito se debe a una falla en el aislamiento de los cables.

La manifestación de una PAT es la actuación de las protecciones, sobre todo la del ID.

En consecuencia deberemos proceder como se explicó anteriormente a la verificación del aislamiento de los cables con respecto a tierra y entre sí.

13.8.6. Mezcla de circuitos. Son confusiones del Instalador al ejecutar la IE, que ocasionan accionamientos equivocados, como encender dos luces desde un interruptor cuando eso no está previsto, y otras semejantes.

Para el caso de una mezcla de circuitos, o una equivocación en las conexiones, es preferible recorrer visualmente primero la IE y de no localizar a simple vista el defecto, se puede proceder a individualizar los cables uno por uno, entrada y salida, con el procedimiento indicado en la Figura N° 13.9.

13.9. SECUENCIA DE FASES

Los ME trifásicos son alimentados con las tres fases que componen el sistema de distribución de la energía eléctrica, las cuales se denominan L1 (R), L2

**Fig. Nº 13.18
Secuencímetro**

(S) y L3 (T) (Figura Nº 1.4); según el orden en que se conecten será el sentido de giro del motor.

Esto tiene importancia de acuerdo al equipo mecánico al cual está acoplado. En el caso de edificios con bombas para impulsar el agua es necesario que se hagan girar de acuerdo con lo indicado por el fabricante de las mismas. Es por ello necesario determinar la fase correspondiente a cada uno de los cables a conectar a la bornera de la caja de conexiones del motor.

Para hacer esta identificación de cada una de las fases se debe recurrir a un sencillo aparato denominado secuencímetro. La Figura 13.18 muestra el aspecto de un tipo de ellos, que se vincula a los cables a los cuales se les quiere determinar la identidad; mediante el encendido en un cierto orden de las tres lámparas se puede determinar cuál es el cable que correspnde a de cada fase.

13.10. INSPECCIÓN PERIÓDICA

Hasta aquí se han tratado las verificaciones y ensayos de la IE antes de su puesta en servicio, pero también deberán considerarse las inspecciones periódicas que se deben efectuar cada cinco años.

Las mismas consisten en una inspección visual de todos los componentes, la medición de la resistencia de aislamiento de los cables, verificación de la continuidad del cable de protección (PE) y fundamentalmente del valor de la resistencia de PAT.

13.11. MEDICIÓN DE LA PUESTA A TIERRA

Es de suma importancia el valor que presenta la resistencia de PAT; en el ítem anterior se ha recomendado la verificación periódica de la misma, para lo

**Fig. Nº 13.19
Telurímetro**

cual se hace necesario realizar mediciones. La forma de hacerlo es utilizando un instrumento destinado especialmente a esta tarea llamado telurómetro o telurímetro; la funcionalidad interna no es tratada por exceder el alcance de este libro (Figura 13.19).

De no contar con el mismo es posible hacerlo (con ciertas precauciones y la limitación explicada más abajo) empleando el método sugerido por la RIEI, el cual es el siguiente.

La Figura Nº 13.20 muestra el esquema de los componentes necesarios y su forma de conectarlos. En el mismo es posible distinguir:

I: interruptor (preferiblemente uno termo-magnético de 4 o 6 A),
Rx: resistencia a medir,
R: resistencia variable entre 20 y 100 ohm,
A: amperímetro,
V: voltímetro con una resistencia interna superior a 40 kiloohm, que permita medir entre 0 y 5 volt,
E: electrodo enterrado 0,5 m a una distancia mayor de 20 m de la resistencia a medir Rx.

El valor de **Rx**, expresado en ohm, está dado por el cociente entre el valor de la tensión leído en volt en el voltímetro **V** y la intensidad de la corriente eléctrica en ampere medida por el amperímetro **A**.

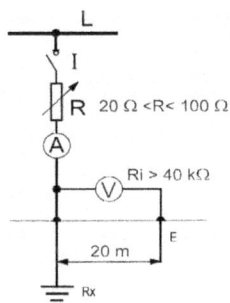

Fig. Nº 13.20 Esquema de un circuito para la medición de la resistencia de PAT

Una vez hecha la lectura debe abrirse el interruptor **I** y luego verificar que el voltímetro no indique nada o muy poco, de no ser así este método no es aplicable. La lectura de una tensión en estas condiciones es debido a un complejo fenómeno derivado de la circulación de corrientes eléctricas vagabundas por el terreno, derivadas de otros sistemas eléctricos.

Muy importante: este procedimiento requiere tomar la tensión antes del ID, lo cual implica que esta medición deberá ser hecha por una persona con práctica profesional o experiencia en IE.

13.12. EQUIPO DE PROTECCIÓN PERSONAL

La ejecución de algunas de las tareas descriptas hasta aquí se hace con la IE bajo tensión, por lo cual las mismas deben ser planeadas de antemano, de acuerdo a la disposición que ésta adopta en el inmueble a los fines de evitar accidentes personales. Lo cual incluye necesariamente a los instrumentos y otros accesorios a utilizar. En este orden de cosas se deben utilizar los elementos de protección personal (EPP). Los mismos deben ser: calzado para electricista, casco dieléctrico, anteojos de seguridad, máscara y guantes dieléctricos.

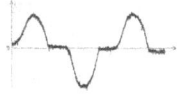

FUNCIONALIDAD

14.1 INTRODUCCIÓN

Antiguamente las viviendas contaban con algunas lámparas incandescentes, un televisor, heladera y lavarropa, que demandaba unos pocos tomacorrientes (sin puesta a tierra). Hoy en día se presenta otra situación desde este punto de vista, hay nuevos equipos de audio, discos compactos, lámparas de bajo consumo, computadoras, microondas, secarropas, lavaplatos, electrodomésticos de mesa y de mano, etc. No solo se incorpora una nueva variedad de equipos sino también una importante cantidad de ellos por cada vivienda.

De la misma manera el antiguo equipamiento de las oficinas o locales constaba de la iluminación, ventilación y algunos con equipos de aire acondicionado, en cambio hoy en día se puede apreciar no solo a estos últimos en forma infaltable sino también: computadoras, equipos de telefonía con equipos de fax, fotocopiadoras, impresoras, posnet, etc., y cuando se trata de edificios con numerosas unidades se emplean también sistemas de bombeo, rampas para automotores, iluminación de los espacios comunes, portones automatizados, etc.

El grado de complejidad tecnológica presentado por estos nuevos y numerosos equipos, en definitiva constituyen las cargas de las IE, lo que les impone a estas nuevas exigencias para su correcto funcionamiento.

Hay otros aspectos en cuanto a las exigencias constructivas impuestas, como son las REGLAMENTACIONES (puestas a tierra, ID, etc.) y demás disposiciones de orden legal vigentes (Ley de higiene y seguridad en el trabajo, decretos ley, etc.) así como otras contractuales como las de los seguros (ART).

A esto se le suman las empresas distribuidoras de la energía eléctrica que imponen el mejoramiento del factor de potencia no solo a los grandes usuarios trifásicos sino también a los monofásicos.

La modesta pretensión de este libro, es transmitir, al menos, un ligero pero sólido conocimiento de la realidad como para poder reconocer y actuar en consecuencia o para poder hacer fundadas consultas sobre estos temas a los fines de no provocar ningún tipo de daño y sí un correcto funcionamiento.

La incorporación de las más modernas y variadas tecnologías hace surgir la necesidad de conocer los principios y fundamentos de estas para saber de las imposiciones a que se deberán someter las ejecuciones de las IE y también a las redes del suministro de la energía eléctrica.

14.2. FUNCIONALIDAD

Es a partir de cuando la IE está vinculada a la red pública de distribución de la energía eléctrica que se comienzan a conectar los distintos tipos de cargas como las que se describieron anteriormente y empiezan a circular las corrientes eléctricas por los distintos circuitos establecidos, con lo cual los diversos componentes están sometidos a la tensión nominal y por ende se generan las distintas corrientes eléctricas. Este hecho hace que cada una de las cargas estos cumplan con su función, y se comiencen a producir a su vez los diversos efectos, interacciones o manifestaciones que pueden acarrear ciertos problemas.

Estas manifestaciones se han explicado en los capítulos anteriores (cortocircuito, sobrecorrientes, etc.) y a las que se referiremos ahora son el factor de potencia y las ONDAS ARMÓNICAS. A continuación se verán los orígenes y efectos producidos por estos últimos y la forma de mitigarlos o eliminarlos.

14.3. RED DE DISTRIBUCIÓN Y USUARIOS

La distribución de la energía eléctrica en BT se hace mediante líneas de un sistema trifásico tetrafilar (cuatro conductores o cables según se trate) de corriente eléctrica alterna de 50 ciclos por segundos o 50 Hz de frecuencia.

Cada consumidor de acuerdo con el tipo de carga (trifásica o monofásica) y según la potencia instalada (cada empresa distribuidora fija los rangos de valores de potencia) podrá ser conectado como usuario trifásico o bien como monofásico.

En el primer caso se conecta mediante cuatro conductores o cables, correspondientes a las fases R, S, T y al neutro N. La tensión entre cada una de las fases es de 380 V y entre cada una de las fases y el neutro es de 220 V. En el segundo caso, cada usuario monofásico se conecta entre una fase y el neutro siendo la tensión entre estos dos conductores o cables de 220 V (Figura N° 1.4).

Este sistema de distribución de la energía eléctrica es alimentado por una máquina estática llamada transformador (Capítulo N° 11 –Fuentes de energía–), que suministra (es la fuente) las tensiones a cada una de las fases y al neutro, constituyendo un sistema trifásico tetrafilar de tensiones alternas a las cuales se le asigna para poder estudiar los sistemas eléctricos una forma de onda del tipo sinusoidal (Figura N° 14.1).

Las cargas trifásicas puras como son los ME trifásicos se conectan a través de su TE a la red. Como las corrientes eléctricas que circulan por los bobinados son de igual magnitud se equilibran entre si dentro de estos últimos.

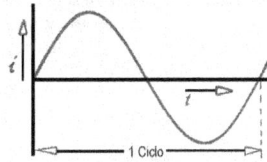

Fig. N° 14.1 Onda sinusoidal

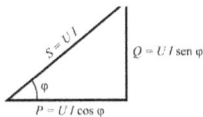

Fig. N° 14.2 Triángulo de potencias

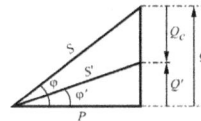

Fig. N° 14.3 Potencias y compensación

Con las cargas monofásicas ocurre algo distinto, dada la dificultad de lograr la igualdad entre las mismas (Figura N° 1.4), lo cual derivará en una corriente eléctrica resultante circulando por el conductor o cable correspondiente al neutro. Las corrientes eléctricas naturalmente tratan de equilibrarse entre sí al tener la misma frecuencia (50 Hz), pero cuando no lo logran, aparece una circulando por el conductor o cable correspondiente al neutro, con un valor menor a la circulante por cada uno de los conductores o cables correspondientes a las fases.

Al circular una corriente eléctrica por el cable del neutro se genera una diferencia de potencial con respecto a tierra. Esta condición se ve reflejada en la fabricación de los cables multipolares en donde la sección del neutro es la mitad del de las fases. Por ejemplo: 3 x 50 + 1 x 25 mm².

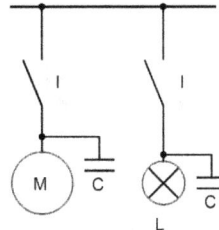

Fig. N° 14.4 Compensación individual

14.4. FACTOR DE POTENCIA

14.4.1. Introducción. La importancia de este tema está dada por las connotaciones netamente económicas que trae aparejado cuando no se cumple con los requisitos de las empresas distribuidoras de la energía eléctrica. A diferencia de otros temas tratados en esta obra,

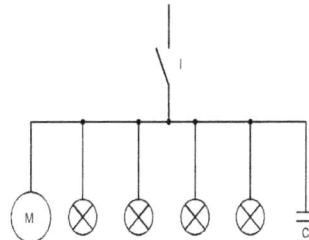

Fig. N° 14.5 Compensación grupal

este tiene una consecuencia inmediata por estar asociado a la facturación de la
energía eléctrica consumida.

Hasta hace muy poco tiempo este tema estaba relacionado exclusivamente
con los usuarios que recibían la energía eléctrica mediante un sistema trifásico
tetrafilar (3 x 380/220 V), en cambio en la actualidad ciertas empresas distribuidoras están controlando a los usuarios de los sistemas monofásicos (220 V),
lo cual corresponde a las IE que se han venido tratando. Con lo cual el conocimiento del tema, al menos elemental, adquiere una relevante importancia.

14.4.2. Factor de potencia. Cuando se habla de este tema se mencionan: FAC-
TOR DE POTENCIA, COSENO φ (cos φ) O TANGENTE φ (tg j φ, los cuales son términos
interrelacionados.

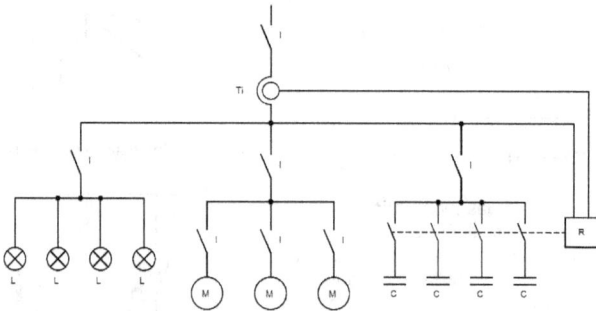

Fig. N° 14.6 Compensación centralizada

El factor de potencia es UNA CONSECUENCIA propia del funcionamiento de los
circuitos de corriente alterna. Al circular una corriente eléctrica por un circuito de
una IE, la misma en realidad es la suma de dos con efectos complementarios.
Siendo estas:

- **Corriente productora de potencia útil** o CORRIENTE ACTIVA: es la que
  se convierte en trabajo útil por intermedio de un equipo determinado,
  por ejemplo un ME o un ventilador, etc.
  La unidad de esta POTENCIA ACTIVA es el watt (W), empleándose también
  un múltiplo, el kilo-watt cuyo símbolo es el kW.

- **Corriente de magnetización, denominada corriente inactiva** o CO-
  RRIENTE REACTIVA: NO se transforma en trabajo útil. Pero es necesaria
  para producir el flujo magnético de aquellos equipos basados en este
  principio, por ejemplo: ME, trasformadores, balastos, etc. Sin esta corriente estos dispositivos no podrían funcionar.
  La POTENCIA REACTIVA se mide en volt-ampere-reactivo (VAr), o bien en
  su múltiplo, kilo-volt-ampere-reactivo y su símbolo es kVAr.

La corriente eléctrica que circula por conductores o cables de los circuitos
eléctricos es una composición de ambas corrientes eléctricas y es la que se
puede medir con un amperímetro.

14.4.3. Definiciones. Las potencias tanto la activa como la reactiva y la aparente, se determinan a partir de los parámetros eléctricos de la siguiente manera.

- Potencia activa monofásica: $P = U \times I \times \cos \varphi$ [watt]   (14.1)
- Potencia activa trifásica: $P = 1,73 \times U \times I \times \cos \varphi$ [watt]   (14.2)
- Potencia reactiva monofásica: $Q = U \times I \times \text{seno } \varphi$ [VAr]   (14.3)
- Potencia reactiva trifásica: $Q = 1,73 \times U \times I \times \text{seno } \varphi$ [VAr]   (14.4)
- Potencia aparente monofásica: $S = U \times I$ [VA]   (14.5)
- Potencia aparente trifásica: $S = 1,73 \times U \times I$ [VA]   (14.6)

En un sistema monofásico el valor de la tensión medida entre el conductor vivo y el neutro, es la tensión de fase o TENSIÓN SIMPLE (220 V).

Al tratarse de un sistema trifásico, la tensión medida entre dos de las fases o TENSIÓN COMPUESTA, es de 380 V.

Las fórmulas que se reproducen expresan las relaciones fundamentales de las potencias en los sistemas eléctricos tanto sean monofásicos como trifásicos.

Se define al cociente entre la potencia reactiva y la activa, como TANGENTE φ.

Tangente φ = potencia reactiva / potencia activa   (14.7)

Tangente φ = [kVAr] / [Kw]

Siendo el ángulo φ, el ángulo del factor de potencia, existiendo además la relación siguiente:

Tangente φ = seno φ / coseno φ (14.8)

Tanto la TANGENTE y el SENO, como el COSENO no tienen unidades.

La expresión TANGENTE φ cuyo valor se puede encontrar en las facturas de los servicios de suministro de la energía eléctrica, es el parámetro de control del consumo de energía reactiva del usuario.

En la práctica corriente se utiliza la expresión: coseno φ, que es el coseno del ángulo φ, siendo este el parámetro más utilizado como cifra característica en los equipos consumidores.

Los valores de este parámetro para las cargas más comunes son: balasto con su lámpara tiene un coseno φ = 0,68, estufa eléctrica (resistencia) tiene un valor muy cercano a 1,00, en cambio los motores eléctricos tienen valores comprendidos entre 0,5 y 0,88 (depende de la potencia y estado de carga), etc.

El coseno φ puede variar entre 0 y 1, aunque difícilmente se puedan encontrar en las IE estos valores extremos.

La CORRIENTE ELÉCTRICA REACTIVA NO PRODUCE UN TRABAJO EFECTIVO. Es por ello que a las empresas distribuidoras de la energía eléctrica no les resulta provechoso que los usuarios le introduzcan este componente de la corriente eléctrica en sus redes, así que esas empresas establecen como valores mínimos del cos φ entre 0,80 o 0,95, lo que equivale a la tg φ de 0,329.

El control del cumplimiento de este requerimiento se ve materializado a través de un sistema de multas si la tangente φ no está comprendida entre los valores exigidos, aunque también se hacen de bonificaciones si la misma resulta con un valor mayor al valor exigido.

Como el valor de la tangente φ o del coseno φ es determinado por el tipo de carga que tiene el usuario, se hace necesario efectuar una corrección a los fines de cumplir con los requerimientos de la empresa distribuidora.

14.4.4. Consecuencias. Como la corriente eléctrica consumida es la suma de dos corrientes: la activa y la reactiva, entonces si aumenta esta última también aumentará la corriente eléctrica total. Recordemos: la corriente eléctrica reactiva no produce trabajo efectivo.

Una mayor corriente eléctrica consumida provoca mayores caídas de tensión en las líneas de alimentación y por ende se producen mayores pérdidas por efecto Joule (generación de calor), en consecuencia hay un menor aprovechamiento de estas. Sumado a esto último, recordemos: el calor adicional producido con el transcurso del tiempo deteriora los aislamientos. La mayor corriente consumida genera una mayor potencia y por ende más energía eléctrica lo que se refleja directamente en la facturación de esta última.

14.4.5. Corrección del factor de potencia. Los fenómenos eléctricos son estudiados en electrotecnia, y una forma de analizarlos es mediante algún tipo de representación geométrica. Es así que oportunamente se ha establecido hacerlo mediante los denominados vectores.

La corriente eléctrica, la tensión y la potencia se representan gráficamente mediante vectores (para conocer o ampliar este tema recomendamos recurrir al libro titulado *Electrotecnia,* del Prof. M. A. Sobrevila, de la Editorial Alsina).

Las magnitudes de las potencias eléctricas antes definidas se pueden representar vectorialmente y como tales pueden componer el triángulo denominado: TRIÁNGULO DE POTENCIAS (Figura N° 14.2).

En este triángulo si se disminuye el valor del ángulo φ, aumenta el valor del coseno φ, disminuyendo en consecuencia el valor de la potencia reactiva **Q**, a otro menor **Q'**.

La compensación del factor de potencia es necesaria cuando en una IE, debido a las características de las cargas conectadas, tiene un consumo de energía reactiva que supera el máximo exigido por la empresa distribuidora.

Manteniendo la potencia activa constante (de otra forma no podrían funcionar las cargas), la potencia reactiva asociada será:

$$Q = P \times \mathrm{tg}\ \varphi \qquad (14.9)$$

Entonces, la potencia reactiva necesaria para efectuar la corrección será:

$$Q' = P \times \mathrm{tg}\ \varphi' \qquad (14.10)$$

En donde el valor de tg φ' corresponde al valor final pretendido, siendo este el valor de la potencia reactiva necesaria para la compensación; y será la diferencia entre estas dos (existente – pretendida).

$$Q_c = Q - Q' = P \times \mathrm{tg}\ \varphi - P \times \mathrm{tg}\ \varphi' \qquad (14.11)$$

$$Q_c = P\ (\mathrm{tg}\ \varphi - \mathrm{tg}\ \varphi') \qquad (14.12)$$

Siendo Q_c la potencia reactiva de los condensadores necesarios para llevar a cabo la compensación.

14.5. CONEXIÓN DE LOS CONDENSADORES

Siempre se deben conectar en paralelo con el circuito eléctrico a los fines de absorber la energía reactiva por los distintos tipos de cargas conectadas a la IE.

14.5.1. Conexión monofásica. Se realiza empleando condensadores monofásicos.

14.5.2. Conexión trifásica. A los fines de lograr el valor necesario para hacer la compensación, muchas veces se debe recurrir a un conjunto de condensadores, los cuales se pueden conectar entre sí en estrella o en triángulo.

14.5.3 Unidades. La POTENCIA de los condensadores se expresa en kilovolt ampere reactivo y su símbolo kVAr y la capacidad se expresa para estos órdenes de magnitud en faradio. Cuando se trata de cargas monofásicas, como pueden ser un solo balasto, se emplea el microfaradio.

14.6. FORMAS DE EFECTUAR LA COMPENSACIÓN EN LOS SISTEMAS MONOFÁSICOS

Para efectuar la compensación del factor de potencia en los circuitos monofásicos se debe recurrir a condensadores también monofásicos. Cuando se trata de equipos o aparatos se conectan directamente a sus bornes.

14.7. FORMAS DE EFECTUAR LA COMPENSACIÓN EN LOS SISTEMAS TRIFÁSICOS

La compensación del factor de potencia se puede realizar de tres formas.

14.7.1. Individual: una carga individual puede ser monofásica o trifásica. Entre las primeras se encuentran los circuitos de iluminación en donde se compensan los balastos de las lámparas de descarga (fluorescente, mercurio, sodio, etc.).
En el caso de las segundas también se las emplea cuando se trata de ME relativamente grandes que en general tienen una marcha continua en el tiempo (que no arranquen y paren frecuentemente) (Figura Nº 14.4). Su conexión se hace a los bornes del ME pero con elementos de maniobra y protección contra cortocircuito solamente.

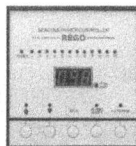

Fig. Nº 14.7 Regulador automático

14.7.2. Grupal: se recurre a este método cuando se trata de grupos de cargas cuyos componentes no trabajan constantemente. No se consigue una com-

Fig. Nº 14.8 Contactor para maniobrar condensadores

pensación completa sino que da una base de corrección, la que se completará con alguna de las otras formas (Figura Nº 14.5). La conexión de los condensadores se hace al TE de cada grupo y se emplean elementos de maniobra y protección contra cortocircuito.

14.7.3. Centralizada: es una corrección automática, que mantiene un valor prefijado del factor de potencia (0,95; 0,99; etc.) de toda una IE (Figura Nº 14.6), para lo cual se utiliza un REGULADOR AUTOMÁTICO DEL FACTOR DE POTENCIA o relé varimétrico (Figura Nº 14.7), que va censando la potencia reactiva consumida y en función de un valor preestablecido, se conectan o desconectan grupos de condensadores a los fines de mantener el valor establecido.

El total de los condensadores necesarios se divide en grupos de modo de hacer una corrección sin sobreelevamiento de las corrientes eléctricas y la tensión.

Fig. Nº 14.9 Tablero para la compensación del factor de potencia

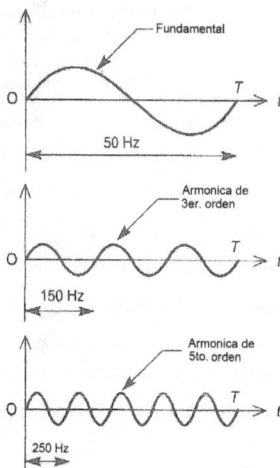

Fig. Nº 14.10 Formas de ondas

Los componentes necesarios para hacer la maniobra y protección junto con el regulador automático se montan en un TE dedicado exclusivamente a esta función (Figura Nº 14.8). El regulador automático toma señal de la corriente eléctrica mediante un transformador de intensidad y de las tres tensiones de fase.

Para realizar la conexión y desconexión de los condensadores se utilizan contactores con un accesorio especialmente diseñado (Figura Nº 14.8) para disminuir la corriente eléctrica de conexión. Los condensadores en cada circuito en que se subdivide el conjunto deben contar con protección contra cortocircuito.

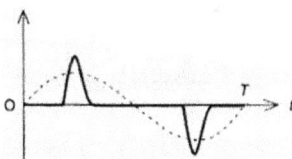

Fig. N° 14.11 Onda distorsionada

Este método se utiliza en IE en donde hay fluctuaciones de las cargas conectadas, lo cual permite asegurar un valor preciso del factor de potencia, el que estará acorde con las exigencias de la empresa distribuidora de energía eléctrica.

El regulador automático cuenta con una forma de dar alarma en caso de que el factor de potencia no sea el prefijado, lo cual indica una falla en alguno de los circuitos que lo componen.

14.7. ARMÓNICAS

14.7.1. Introducción. Para lograr un nivel de conocimiento aceptable de este tema se requiere que sea estudiado convenientemente, para lo cual es necesario tener ciertos conocimientos de matemáticas. No obstante ello y dado la importancia creciente adquirida, se ha considerado necesario reflejarlo en forma elemental en estas páginas.

Es absolutamente necesario CONOCER LA EXISTENCIA de este fenómeno y de sus manifestaciones, el cual es considerado como una verdadera contaminación de las redes destinadas a la distribución de la energía eléctrica y que seguramente irá adquiriendo mayores proporciones con el correr del tiempo si se tiene en cuenta lo expresado en la introducción de este capítulo.

14.7.2. Origen de las ondas armónicas. Se había anticipado que para el estudio de los distintos fenómenos de la electricidad, la electrotecnia recurre a representaciones gráficas. Es así como se muestra la evolución de los parámetros (tensión, corriente, etc.) con el tiempo como una onda sinusoidal como la empleada en los sistemas eléctricos de distribución, de manera que en el tratamiento de estas ondas la utilización del término es: ONDAS ARMÓNICAS.

La tensión de las redes destinadas a la distribución de la energía eléctrica que llega a las IE de los edificios, se representa mediante una onda sinusoidal (Figura N° 14.1) denominada ONDA FUNDAMENTAL, y su forma corresponde a una senoide cuya frecuencia en nuestro país es de 50 ciclos por segundo o 50 Hertz. La presencia de otras tensiones de distintas frecuencias se suman a esta onda fundamental produciéndole una DISTORSIÓN (Figuras N° 14.10 y 14.11),con lo cual las cargas dejan de recibir la tensión sinusoidal pura, que es para lo cual fueron diseñadas y eso acarrea aparejados distintos efectos indeseados.

Estas tensiones que se suman tienen frecuencias múltiplos de la onda fundamental (100 Hz, 150, Hz. etc.). Desde el punto de vista matemático se considera que cualquier forma de onda puede descomponerse en otras de distintas frecuencias, de allí deriva el término armónica. La demostración de esto excede el alcance de esta publicación.

El origen de estas tensiones armónicas está en los nuevos equipos productos del avance tecnológico, entre otros los de la tecnología electrónica, que generan las denominadas corrientes eléctricas armónicas, las cuales a su vez en la IE darán origen a las tensiones armónicas que se sumarán o restarán a la tensión fundamental.

14.7.3. Clasificación. Las tensiones y corrientes eléctricas armónicas tienen frecuencia que son múltiplo de la onda fundamental (50 ciclos por segundo), lo cual se utiliza para denominarlas.

Es así que a partir de la onda fundamental de 50 Hz se tienen las ondas armónicas de: tercer orden (150 Hz); quinto orden (250 Hz); séptimo orden (350 Hz) y así sucesivamente.

No se consideran las de orden par (100, 200, etc.) por ser múltiplos de la fundamental y no constituyen un problema.

14.7.4. Definición. El valor de la distorsión debido a la presencia de ondas armónicas, expresado en por ciento y mediante las siglas THD (Total Harmonic Distortion) se define como "LA RELACIÓN ENTRE EL VALOR EFICAZ DEL CONTENIDO DE ARMÓNICA (SIN INCLUIR ONDA FUNDAMENTAL) Y EL VALOR EFICAZ DE LA MAGNITUD ALTERNA (INCLUYENDO LA FUNDAMENTAL)".

Es necesario destacar que en el caso de los equipos, los valores correspondientes a los contenidos de ondas armónicas deben ser declarados por el fabricante, que en general se ajustan a las normas internacionales.

14.7.5. Medición. La medición del THD requiere de una metodología e instrumental relacionado con el destino de los valores obtenidos.

La metodología estará relacionada con el tipo de IE sobre la cual se quiere llevar a cabo la medición, pudiendo ser necesario hacer una determinación en un solo sector o en varios, así como también es posible hacerlo en un solo equipo.

El destino de los datos obtenidos puede ser determinante del equipo de medición a utilizar. Si se quiere tener una visión general se puede hacer una medición instantánea utilizando un instrumento tipo pinza (como el descrito en el Capítulo N° –13 Puesta en marcha y verificación–) o bien un equipo fijo que registre los valores obtenidos durante un cierto tiempo. El registro de los valores a lo largo de una jornada dará un panorama más amplio de la situación y es el requerido para tomar medidas de fondo (por ejemplo un dispositivo corrector o compensador).

Con respecto a los instrumentos tipo pinza, los mismos no solo dan el valor de THD, sino también del valor eficaz de la corriente eléctrica (RMS), la tensión, la amplitud de cada onda armónica, frecuencia y otros de acuerdo con el modelo utilizado.

Es necesario señalar: la medición de la corriente eléctrica circulante por cada uno de los conductores o cables correspondientes a cada una de las fases y neutro debe realizarse con un instrumento que permita obtener el valor eficaz (*true RMS*) de la misma. Si se utilizase otro instrumento los valores obtenidos no son los reales.

14.7.6. Efectos de la presencia de armónicas. La circulación de las corrientes eléctricas armónicas contribuye al aumento de las pérdidas por el efecto Joule (proporcional al cuadrado de la frecuencia) en los conductores o cables, disminuye el factor de potencia de la IE y afecta funcionalmente en forma aleatoria a los equipos conectados a la misma.

En el caso de los conductores o cables se puede detectar esta presencia por una sobrecarga en el que corresponde al neutro, si la sección del mismo es menor de las de cada una de las fases.

Factores estos que se ven reflejados en primera instancia por un mayor costo de la energía eléctrica consumida y en segundo lugar por los inconvenientes acarreados. Uno de ellos es el bloqueo o disparo intempestivo de los ID. La presencia y la magnitud de las ondas armónicas deben valorizarse a través de la correspondiente medición.

14.7.7. Determinación de la sección de los cables. La forma de determinar la sección de los cables vista en el Capítulo N° 7 –Diseño proyecto y cálculo–, no contemplaba la presencia de las corrientes eléctricas con contenidos de ondas armónicas, pero si están presentes deberá hacerse en función del contenido de las mismas (fundamentalmente el que corresponde a la onda de la tercera armónica). Una medición del factor denominado THD (Total Harmonic Distortion) dará una idea certera del problema.

Volviendo a la determinación de la sección, seguirá valiendo la metodología expuesta en el Capítulo 7 –Diseño, proyecto y cálculo–, en primera instancia y luego se corrige por reducción de la intensidad de la corriente eléctrica admisible en los conductores o cables de las fases y el neutro, para determinar la sección final.

14.7.8. Corrección de los efectos. La forma de efectuar la neutralización de estas corrientes eléctricas y tensiones es mediante la utilización de FILTROS PASIVOS O ACTIVOS, que deberán ser diseñados de acuerdo con el grado y tipo de perturbación presente la IE afectada, para lo cual se impone la realización de mediciones.

BIBLIOGRAFÍA

- *Instalaciones eléctricas.* M. A. Sobrevila – A. L. Farina. Editorial Alsina.
- *Reglamentación para la ejecución de instalaciones eléctricas en inmuebles.* AEA 90.364.
- *Riesgo eléctrico.* A. L. Farina. Editorial Alsina.
- *Manual de baja tensión Siemens.* Paraninfo.
- *Cuadernos técnicos Schneider Electric.*
- *Revista Ingeniería eléctrica.* Editorial Editores.
- *Revista Ingeniería de control.* Editorial Editores.
- *Revista Luminotecnia* (Asociación Argentina de Luminotecnia).
- *Revista Avance eléctrico* (CADIME).
- *Normas IRAM.*
- *Manual de aplicación de fusibles.* J. C. Gómez.
- *Manual de luminotecnia Osram.* Editorial Dossat.
- *Cables y conductores.* A. L. Farina. Editorial Alsina.
- *Accionamientos mediante motores.* M. A. Sobrevila. Editorial Alsina.

OTRAS OBRAS
DEL AUTOR

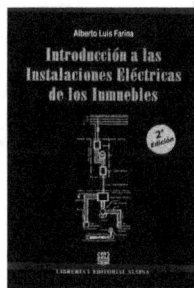

www.ingramcontent.com/pod-product-compliance
Lightning Source LLC
Chambersburg PA
CBHW071842270326
41929CB00013B/2079